Monika Specht-Tomann
Doris Tropper
ZEIT ZU TRAUERN

Monika Specht-Tomann
Doris Tropper

ZEIT ZU TRAUERN

Kinder und Erwachsene verstehen und begleiten

Patmos Verlag

Den Menschen, die uns nicht nur „Freunde in der Freude", sondern auch „Freunde in der Trauer" waren – allen voran unseren Lebenspartnern Werner und Hans-Georg

Von den gleichen Autorinnen erschienen im Patmos-Verlag:
„Zeit des Abschieds. Sterbe- und Trauerbegleitung" (3. Auflage, 1999)
„Wir nehmen jetzt Abschied. Kinder- und Jugendliche begegnen Sterben und Tod" (2000)

im Springer Verlag:
„Hilfreiche Gespräche und heilsame Berührungen im Pflegealltag" (2000)

Die Deutsche Bibliothek – CIP-Einheitsaufnahme

Specht-Tomann, Monika: Zeit zu trauern :
Kinder und Erwachsene verstehen und begleiten /
Monika Specht-Tomann ; Doris Tropper. –
Düsseldorf: Patmos-Verl., 2001
ISBN 3-491-72441-4

Umschlaggestaltung: Groothuis & Consorten, Hamburg
Satz: Medienhaus Froitzheim AG, Bonn, Berlin
Druck und Bindung: Clausen & Bosse, Leck
ISBN 3-491-72441-4

INHALTSVERZEICHNIS

1 EINFÜHRENDE GEDANKEN

Das Gefühl der Trauer ist ein *Lebens-Gefühl.* Es gehört ebenso elementar zur menschlichen Existenz wie die Freude. Gleichsam wie ein Geschwisterpaar begleiten Freude und Trauer den Menschen auf seinem Lebensweg. Freude und Trauer sind seelische Reaktionsweisen auf all das, was das Leben in seiner Fülle für jeden Menschen bereit hält.

Die schönen Ereignisse, die Menschen widerfahren, sind eingebettet in einen Hof von positiven Gefühlen, Stimmungen und körperlichen Reaktionen. Am besten kann man diese Glücksgefühle, dieses Aufgehen in der Freude bei Kindern beobachten, die noch in der Lage sind, sich ganz diesen Gefühlen hinzugeben und diese auch ganz offen zeigen. Freudestrahlend, mit glänzenden Augen und einem hellen Lachen wirbelt so ein Kind durch die Welt, ganz erfüllt vom Gefühl der Freude und des Glücks über die schönen Dinge des Tages! Aber auch bei Erwachsenen sind die Spuren glücklicher Stunden und schöner Erlebnisse in Mimik und Gestik zu sehen, finden Ausdruck in einer gewissen Leichtigkeit und Lebendigkeit. Der Begleiter der Sonnenseiten des Lebens, das Grundgefühl, das hier formend und gestaltend wirkt, heißt *Freude.*

Doch kein Leben bleibt frei von Schatten, besteht ausschließlich aus positiven, heiteren und schönen Erlebnissen. So wie Lachen, Freude und Heiterkeit jeden Lebensweg begleiten, so legt sich immer wieder auch Einsamkeit, Beklemmung und Finsternis über den Menschen. Die körperlichen und seelischen Begleiterscheinungen solch negativer Ereignisse lassen sich wiederum recht deutlich an Kindern ablesen, die einen Verlust erlitten haben. Wie mit einem Schlag scheint jedes Lachen aus so einem Kindergesicht verschwunden, die Augen lassen jeden Glanz vermissen, die Bewegungen erstarren und der ganze kleine Körper wirkt wie niedergedrückt. Eine bleierne Schwere, ein dunkler Schatten scheint sich über Menschen zu legen, die Trennung und Verlust erfahren. Das Grundgefühl, welches zu diesen Schattenseiten gehört, heißt *Trauer.* Und in diesem Gefühl steckt eine enorme Kraft! Sie macht es möglich, die dunklen Lebensstrecken zu bewältigen und

wieder an die Sonnenseiten des Lebens zu gelangen. Durch die positive Kraft der Trauer können Menschen mit den unterschiedlichsten Trennungen, Abschieden und Verlusten fertig werden.
Zu Unrecht löst das Wort Trauer sehr oft Angst und Schrecken aus. Zu Unrecht suchen Menschen dem Gefühl der Trauer zu entfliehen. Es ist ein weit verbreiteter Irrtum, dass das Eintreten in einen Trauerprozess etwas Negatives sei. „Immer nur lächeln, immer vergnügt . . ." – diese Parole unserer Zeit ist verführerisch! Vordergründig scheint es ja auch vernünftig zu sein, sich nach einem Verlust abzulenken, Vertröstungen unterschiedlichster Art anzunehmen und den inneren Seelenregungen auszuweichen. Doch diese Versuche scheitern meist kläglich. Der Körper streikt nur zu oft dort, wo die Seele nicht zu ihrem Recht kommt! Schlaf- und Arbeitsstörungen, körperliche Beschwerden und innere Rastlosigkeit deuten darauf hin, dass dieser Weg der Ablenkung, der Verdrängung nicht wirklich heilsam ist und keine echte Lösung anbietet. Dabei könnte sich jeder Mensch auf die seelisch-körperlichen Regulative verlassen, die dem einzelnen auf seinem Lebensweg mitgegeben sind. In Bezug auf Verlust- und Trennungserlebnisse ist das die heilsame Kraft der Trauer. Diese Kraft macht es möglich, die Schattenseiten des Lebens gut zu bewältigen, mit den Mühen des Lebens fertig zu werden, Belastungen auszuhalten oder sogar an ihnen zu wachsen.
Niemand ist den zahlreichen Verlusterfahrungen des Lebens hoffnungslos ausgeliefert! Allerdings bedarf es in jeder Abschiedssituation, bei jedem Verlust, bei jeder Trennung der Bereitschaft, sich auf einen Prozess einzulassen, der den Schmerz nicht einfach wegwischt, der die inneren Spannungen nicht einfach löst und weg zaubert. Vielmehr bricht mit dem Eintreten in den Trauerprozess eine Zeit an, die mit Arbeit verbunden ist. Es mag sonderbar erscheinen, den Begriff der Trauer mit dem der Arbeit zu verknüpfen. Und doch umschreibt das Wort *Trauerarbeit* am besten die körperlichen und seelisch-geistigen Anstrengungen, die mit dem Eintritt in einen Trauerprozess zu leisten sind.

- Es fällt *schwer*, die niederdrückende Schwere zu ertragen, das Fehlen von Spannkraft und „Power" auszuhalten. *Leichter* scheint es, all die seelisch-körperlichen Regungen nicht wahrzunehmen und so zu tun, „als sei nichts gewesen".
- Es fällt *schwer*, Tränen, Wut und Zorn auszuhalten oder einen in verzweifeltem „Nein" sich aufbäumenden Körper anzunehmen. *Leichter* scheint es, diese Reaktionen niederzuhalten, wegzuschieben, zu kompensieren.

- Es fällt *schwer* den bohrenden Fragen nach dem „Warum" nachzugehen, immer wieder neue Antworten zu finden, deren Sinn anzuzweifeln, wiederum nach neuen Antworten zu suchen . . . *Leichter* scheint es, in die Welt der Ablenkung einzutauchen.
- Es fällt *schwer*, dunkle, schwere, tiefschwarze Stunden, Tage, Wochen zu ertragen, Phasen der Hoffnungslosigkeit, in der das Leben und Weiterleben scheinbar keinen Sinn mehr hat. *Leichter* scheint es, sich „zusammen zu reißen", keinen Zweifel an dem eigenen Leben und seiner Sinngebung aufkommen zu lassen.

Mit den Versuchen, dem Trauerprozess zu entfliehen, versäumt man jedoch wesentliche innere Entwicklungsschritte und verschleppt nur zu oft die Probleme, die mit negativen Erfahrungen verbunden sind. Die Strategie der Verdrängung und des Zudeckens bedeutet aber auch, dass man sich den positiven Kräften jenes Gefühls entzieht, die jeden Menschen von der Geburt an befähigen, mit Verlusten und Trennungen, mit den schmerzhaften Empfindungen eines Abschieds fertig zu werden.
Allerdings bedeutet das Eintauchen in den Trauerprozess auch, dass wir immer wieder aufs Neue bereit sein müssen, ein Stück jener Verkrustung abzulegen, die wir uns im Laufe des Lebens zugelegt haben. Wir müssen bereit sein, Geduld zu haben, Geduld mit uns selbst und Vertrauen auf die positiven seelischen Kräfte in uns.
Wir können also mit anderen Worten sagen, dass die adäquate Antwort auf Trennung, Abschied und Verlust „Trauerarbeit" heißt. Trauerarbeit ist jedoch kein Zauberwort, hinter dem sich eine rasche Auflösung unangenehmer, lähmender, niederdrückender Gefühle verbirgt. Trauerarbeit bedeutet nicht, ein rasches Abhacken von Verlusten, ein schnelles „Durchtauchen" durch die belastenden Gefühle. Trauerarbeit bedeutet eine sehr persönliche Auseinandersetzung mit den Fragen des Lebens und Sterbens – und das geht nicht auf die Schnelle. Man kann nicht sagen: „Jetzt bin ich ein paar Tage so richtig traurig – und dann geht das Leben einfach weiter". Der Trauerprozess hat seine eigene Dynamik und seine eigene innere Zeit! Es ist ein Wagnis, sich auf den Strom von Gefühlen und Gedanken einzulassen, die mit Trauerarbeit verbunden sind. Aber dieser Weg birgt auch enorme Chancen in sich. So bedeutet Trauerarbeit immer auch, mit den eigenen kreativen Kraftquellen in Kontakt zu kommen. Die Auseinandersetzung mit dem Lebens-Gefühl Trauer kann auch dazu führen, Beziehungen unter einem andern Gesichtspunkt zu betrachten, auf eine

ganz neue Art zu leben und Abschiede anders gestalten zu lernen. In der Konfrontation mit der Trauer geht es immer auch darum, das eigene Leben in die Hand zu nehmen, seine Möglichkeiten auszuloten und auszuschöpfen und so den Weg von der Dunkelheit ins Licht zu finden.

Betrachtet man die Lebensstrecke, die ein Mensch von der Geburt bis zu seinem Tod zurücklegt, so fällt auf, wie sehr Leben und Wachsen, Reifen und Erfüllung finden mit dem Thema Abschied und Loslassen verbunden ist. Damit erscheint auch die Trauer als Lebensmerkmal, als Gefühl des Wandels und der Neugestaltung in einem anderen Licht. Wie verschieden sind doch die Anlässe, die mit Trauer verbunden sind! Einige wenige sollen hier exemplarisch angeführt werden, um die Vielfältigkeit von Verlusterfahrungen anzusprechen und die unterschiedlichen Formen von Trauererfahrungen.

Bereits bei der Geburt zeigt sich, wie eng Freude und Trauer miteinander verbunden sind. Jede Geburt ist auch ein Abschiednehmen – und das für alle Beteiligten. Das Kind verlässt sein erstes Paradies, den Körper der Mutter. Die kindlichen Reaktionen unmittelbar nach der Geburt bringen dies meist sehr deutlich zum Ausdruck. Nur durch die Geborgenheit der schützenden Arme der Mutter und in der weiteren Folge durch das Aufgehobensein im „sozialen Uterus" der Familie kann dieser Abschied von der vorgeburtlichen Existenz, von dem Leben im Schlaraffenland, überwunden werden. Aber auch auf der Seite der Mutter, der Eltern ist die Geburt Freude und Trauer zugleich. Viele Mütter erleben ein Wechselbad an Gefühlen, ein Pendeln zwischen überströmender Freude und unerklärlicher Trauer. Der Abschied von einem Zustand völligen Einsseins mit dem Kind muss verkraftet werden. Der Abschied von einer Zweierbeziehung macht traurig – auch wenn die Freude über das geborene Kind im Vordergrund steht. Schon zu Beginn des Lebens steht also das Geschwisterpaar „Freude – Trauer" gleichsam als Pate an der Seite jedes Menschen. Und hier – an der Wurzel des Lebens – wird auch gleich deutlich, wie Trauerbewältigung möglich wird: Annehmen der Trauer, tröstendes, beruhigendes Begleiten, Eröffnen von Perspektiven, sich mit der neuen Lebenssituation positiv auseinandersetzen zu können.

Folgt man nun dem Lebensweg des Kindes, so kann man auf jeder Stufe seiner Entwicklung sehen, wie wichtig es ist, Altes aufzugeben und Neues zu wagen. Ob das nun der Schritt von der Geborgenheit der Kleinfamilie in die Welt des Kindergartens ist, der Schritt vom spielerischen Umgang mit Gleichaltrigen hin zur Schule oder dann später der Schritt in die erste Beziehung zu einem Partner, der Schritt hinaus aus der Ursprungsfamilie. Nicht jeder dieser vielen Schritte ist gleich bedeutsam, gleich wichtig und folgenschwer. Demnach ist auch nicht jeder Abschied, jedes Loslassen von tiefgreifenden Trauerprozessen begleitet. Und doch wird man bei genauem Hinsehen immer auch die Schatten der Trauer sehen können, die Momente des bedauernden Zurückschauens, das Gefühl von Schmerz trotz aller Freude.

Eingebettet in diese entwicklungsbedingten Abschiede kommen in jedem Leben immer auch Erfahrungen von Trennung, Verlust und Tod vor. Nicht immer sind es die großen Verluste, die – unbearbeitet – oft ein Leben lang nachwirken. Vielmehr sind es gerade auch die kleineren Trennungen, für die eine positive Bewältigung wichtig wäre. So ist es beispielsweise wichtig, wie Kinder den Tod ihres geliebten Haustieres erleben und wie dabei auf ihre Gefühle eingegangen wird. Auch der Umgang mit Lieblingsspielsachen, die nicht mehr dem ästhetischen oder hygienischen Empfinden der Eltern entsprechen, kann zu einer Quelle von Trennungs-Erfahrungen werden. So mancher Wutausbruch, so manche Einschlafschwierigkeit mag mit übergangenen Trauergefühlen verbunden sein. Trauer hat so viele Gesichter und niemandem steht es zu, darüber zu urteilen, was einen anderen Menschen traurig macht!

Die Geschichte der Abschiede verändert sich im Laufe des Lebens. Waren es zu Beginn eher entwicklungsbedingte Trennungen und Abschiede, die als Hauptursache der Trauergefühle zu nennen waren, so ragen nach und nach immer häufiger Begegnungen mit Sterben und Tod ins Leben, die eine intensive Trauerarbeit nötig machen. Aber auch Scheidungen, Ortswechsel, der Verlust eines Arbeitsplatzes und der Verlust von körperlich-geistigen Fähigkeiten und Fertigkeiten zeigt Menschen die Schattenseiten ihres Lebensweges. Wie der einzelne mit seinen Verlusterfahrungen umgehen kann, wird zum Großteil davon abhängen, ob er einen positiven Zugang zu dem Lebens-Gefühl Trauer finden kann.

Manchmal wird es notwendig sein, auf dem Weg durch das Land der Trauer Begleiter zu haben, die Sicherheit und Halt geben. Trauerbegleitung ist jedoch nichts, was ausschließlich Experten vorbehalten ist. Vielmehr betrachten wir die Begleitung eines Menschen, der in Trauer ist, als ein Grundelement zwischenmenschlicher Beziehungen schlechthin. *Wir alle sind Experten in Sachen Trauer! Wir alle sind Experten in Sachen Trauerbegleitung!*

Ziel dieses Buches ist es:
- eine Auseinandersetzung mit dem Tabu-Thema Trauer anzuregen;
- einen positiven Zugang zum Thema Trauer zu ermöglichen;
- durch ein tieferes Verständnis der Trauerprozesse eine klare Sicht auf die heilsamen Kräfte der Trauer zu lenken;
- einen Beitrag zu leisten zur Überwindung von Hilflosigkeit und Ohnmacht angesichts von Trennung, Tod und Verlust.

Trauer und Trauerprozesse sollen nicht isoliert anhand von einzelnen Ereignissen dargestellt und erläutert werden. Vielmehr geht es uns darum, das gesamte Trauergeschehen in einen *lebensgeschichtlichen Bogen* einzuspannen, der von der *Geburt* bis zum *Tod* reicht.

Inhaltliche *Schwerpunkte* lassen sich wie folgt zusammenfassen:
- *Merkmale* verschiedener Trauerprozesse, typische Verlaufsformen, Unterscheidungskriterien zwischen „gesunder" Trauer und krankhaften Ausprägungen sowie Hinweise auf typische *Trauerreaktionen* werden ausführlich dargestellt.
- Ein weiterer Schwerpunkt liegt in der *Trauerbegleitung*. Konkrete Impulse für die Begleitung trauernder *Kinder* und *Erwachsener* soll Menschen in die Lage versetzen, tröstendes, solidarisches Verhalten wirkungsvoll und gezielt anbieten zu können. Welche persönlichen Voraussetzungen dabei hilfreich sind und worauf in Gesprächen und Begegnungen besonders zu achten ist, soll den Einzelnen befähigen, ein guter Trauerbegleiter zu sein.
- Besondere Beachtung wird auch dem Aspekt der *Trauerarbeit* geschenkt. Beispiele aus der Kunst, aus der Welt der Musik und Literatur sollen Zeugnis ablegen von der enormen *kreativen Kraft* der Trauer und dem Einzelnen Mut machen, seine eigenen schöpferischen Quellen zu entdecken.
- Durch zahlreiche *Fallbeispiele* aus der eigenen Arbeit und Begleitung trauernder Menschen, durch literarische Texte sowie meditatives Bildmaterial möchten wir den LeserInnen ein lebendiges Bild von der Fülle an *Möglichkeiten* eines *positiven Umgangs* mit dem Tabu-Thema Trauer vermitteln.

Für wen ist dieses Buch geschrieben?
- Das Buch ist für *alle* jene Menschen geschrieben, die um einen *natürlichen, positiven Zugang* zu dem belastenden Gefühl Trauer bemüht und interessiert sind.

- Das Buch ist für alle jene Menschen geschrieben, die sich *privat* oder *beruflich* mit Menschen auseinandersetzen, die einen Verlust erlitten haben.
- Das Buch ist für alle jene Menschen geschrieben, die sich ihrer *eigenen Trauergeschichte* nähern wollen und einen Zugang zu den Möglichkeiten einer kreativen Trauerbewältigung suchen.

Das Buch wendet sich somit an:
- Eltern, Großeltern, Verwandte, Freunde
- Pädagogen, Psychologen, Seelsorger, Therapeuten
- Pflegepersonal, Ärzteschaft

. . . und alle Menschen, die nicht nur „Freunde in der Freude" sondern auch „Freunde in der Trauer" sein wollen.

2 TABU-THEMA TRAUER

2.1 Sterben, Tod und Trauer im Wandel der Zeit

Gleich zu Beginn möchten wir die Leser zu einer Zeitreise einladen. Diese Reise führt uns viele hundert Jahre zurück in ein kleines mittelalterliches Städtchen:

Wie jeden Tag gehen die Bewohner des Städtchens ihren Beschäftigungen nach. Meister und Gesellen, Mägde und Knechte, Frauen, Männer und Kinder bevölkern die kleine Stadt. Alles ist in Bewegung. Es herrscht reges Treiben, munteres Stimmengewirr liegt in der Luft. Pferdehufe klappern über das Pflaster, Hunde bellen und Katzen huschen eilig davon. Im Haus des Schneidermeisters Edelbert jedoch ist es stiller und ruhiger als sonst. Der alte Großvater liegt in seiner Stube. Er kann schon lange nicht mehr das Haus verlassen, doch hat er gern Besuch. Seine Kinder berichten von dem Lauf der Dinge draußen im Städtchen, die Enkelkinder bevölkern sein Zimmer immer neugierig auf Geschichten, die ihnen ihr Großvater wie kein anderer so spannend und humorvoll zu erzählen weiß. In der letzten Zeit möchte Meister Edelbert oft mit seinem ältesten Sohn sprechen, er will für die Zeit Regelungen treffen, in der er nicht mehr am Leben sein wird.
Allmählich wird es ruhiger in dem schönen, kleinen Haus, das so lange das Heim und die Arbeitsstätte des alten Mannes war. Hier hat er selbst schon oft mit schweren Krankheiten gekämpft, stand mehrmals an der Schwelle zum Tod und hat zusehen müssen, wie einige seiner Kinder bereits in jungen Jahren starben. Jetzt neigt sich sein Leben dem Ende zu.
In unausgesprochenem Einverständnis achten alle Familienmitglieder darauf, die Treppen nicht zu laut hinunterzupoltern, die Stimmen nicht zu heftig zu heben. Die Tür zu Meister Edelberts Stube bleibt einen Spalt breit offen, um ihn nicht jedesmal aus seinem leichten Schlaf aufzuschrecken, wenn einer aus der Familie nach ihm schaut. An seinem Bett steht eine Tasse mit Lindenblütentee, die soll den Husten lindern.
Langsam geht die Lebenskraft des alten Mannes zur Neige. Das spürt jedes Familienmitglied. Jeder weiß, was zu tun ist.
Der alte Mann nimmt noch einmal alle seine Kräfte zusammen und versammelt seine Lieben um sich. Er streicht dem jüngst Geborenen zärtlich über den Kopf, ermahnt den Ältesten, nach seinem Tod auch gut nach dem Rechten zu sehen, dankt seinen Kindern, Schwiegertöchtern und -söhnen und jenen Menschen, die ihm geholfen hatten, sein Leben aus der bitteren Armut herauszuführen und in geachteten Wohlstand zu wandeln. Jedes Familienmitglied kommt ans Bett, lässt sich segnen und dankt für den Segen dieses Mannes, der am Ende seiner Lebensreise angelangt ist. Er hat sich gut auf den Tod vorbereitet und schaut gelassen dem Ende seines ir-

dischen Dasein entgegen. Im Vertrauen auf himmlische Hilfe in der Stunde seines Ablebens und im Glauben auf ein Weiterleben im Paradies kann er sein Sterben annehmen.
Alle haben in den letzten Tagen die Boten des Todes erkannt und akzeptiert. Viele Menschen des kleinen Städtchens nehmen Anteil an dem Sterben des alten Meisters. Nachbarn gehen noch einmal in das Haus, um ans Sterbebett zu treten, Freunde bringen letzte Grüße.
Meister Edelbert ist gestorben und mancher in der Familie meint, einen Engel gesehen zu haben, der die Seele des Meisters in den Himmel geleitete.

Nun machen wir einen gewaltigen Zeitsprung. Wiederum geht es um dieses einst so schmucke mittelalterliche Städtchen, das in der Zwischenzeit zu einer ansehnlichen Stadt geworden ist. Vieles ist anders geworden. Verkehr donnert über die Brücken der Stadt, Menschen hasten zur Arbeit, große Geschäfte und Fabrikhallen stehen dort, wo einst kleine Handwerkerstuben angesiedelt waren. Nicht nur die Arbeitsbedingungen und das Aussehen der Stadt haben sich verändert. Verändert hat sich auch die Art und Weise, wie Menschen zusammenleben, wie sie ihr Leben gestalten und mit der eigenen Sterblichkeit umgehen:

In dieser Stadt lebt ein alter Handwerksmeister, Herr Wolfgang. Gemeinsam mit seiner Frau hat er in den Nachkriegsjahren seinen Betrieb aufgebaut. Er hatte geschickte Hände und so mancher in der Nachbarschaft war über seine tatkräftige Hilfe froh. Seine Kinder sind früh aus dem Haus gegangen und haben alle Berufe gewählt, die sie weit vom elterlichen Handwerk entfernten. Bereits vor Jahren musste Herr Wolfgang seinen kleinen Betrieb schließen. Keines seiner Kinder hatte Interesse, das väterliche Erbe anzutreten. Herr Wolfgang hat dank der Errungenschaften der modernen Medizin so manche Krankheit überstanden. Doch nach dem Tod seiner Frau gibt er seine Wohnung auf – er fühlt sich alt und gebrechlich, kann nicht mehr gut für sich selbst sorgen. Zu den Nachbarn besteht kaum Kontakt.
Er kommt in ein Altenpflegeheim. Die Ärztin, die schon seine Frau betreut hat, versucht, die immer schlimmer werdenden Beschwerden mit entsprechenden Medikamenten zu lindern. Doch gegen die Einsamkeit des alten Mannes ist sie machtlos. Die Jahre gehen dahin, die Beschwerden werden immer stärker und die Angst vor dem Sterben nimmt zu. Fragen tauchen in Herrn Wolfgang auf, Fragen, ob seine Lebensreise denn kein neues Ziel mehr habe. Bilder aus Kindertagen tauchen in ihm auf, Bilder von Himmel und Hölle, von Engeln und Licht. Herr Wolfgang drängt sie alle weg – Kindergedanken! Religiösen Beistand will er nicht, er lehnt Gespräche mit dem Heimseelsorger ab. Herr Wolfgang will mit seinem Herrgott allein „ins Reine" kommen. In der Nacht liegt er oft wach, stellt sich vor, wie das wäre, zu Hause zu sein ... Hin und wieder bekommt er Besuch von seinen Kindern, doch sein Wunsch, den eben erst geborenen Enkel im Arm halten zu können, geht nicht in Erfüllung.
Herr Wolfgang stirbt allein. Seine persönlichen Dinge werden rasch weggeräumt, die Familie wird telefonisch vom Ableben des alten Mannes verständigt, die Krankengeschichte „Wolfgang" wird geschlossen.

Als in der Tageszeitung eine kleine Todesanzeige erscheint, weiß kaum einer mit diesem Namen ein Gesicht oder eine Geschichte zu verbinden. Nur ein alter Rentner aus der Nachbarschaft fragt seine Frau: „War das nicht der alte Mann, der so geschickte Hände hatte und nach dem Tod seiner Frau ins Altersheim kam? Vielleicht. Ob der noch Verwandte hatte . . .?"

Beide Geschichten handeln vom Leben und Sterben eines alten Mannes. Das unterschiedliche Erleben ihrer letzten Wegstrecke ist aber nicht nur eine Frage der persönlichen Bereitschaft oder Fähigkeit, sich den Fragen von Sterben, Tod und Trauer zu stellen, sich beizeiten mit ihnen auseinander zu setzen. Es ist auch geprägt von dem, was in der jeweiligen Zeit „üblich" ist. Tod und Trauer gehören zum menschlichen Leben, sind Bestandteil dieses Lebens. Wie jedoch mit diesen Themen umgegangen wird, welchen Zugang der Einzelne zu diesen Lebensthemen finden kann, wird ganz wesentlich von den historischen, kulturellen und sozialen Rahmenbedingungen abhängen, in denen er lebt.

Lange Zeit war der Tod allgegenwärtig. Dies geht nicht zuletzt aus den Statistiken über die Lebenserwartungen der Menschen vergangener Jahrhunderte hervor. Bis in die Anfänge des 20. Jahrhunderts waren die Menschen mit einer großen Lebensungewissheit konfrontiert. Nicht nur die Kindersterblichkeit war hoch, auch Männer und Frauen „im besten Alter" mussten permanent mit ihrem Tod rechnen. Krankheit und Tod waren gleichsam ein kollektives Schicksal, dem man durch kollektive Handlungen begegnete. Generationen unserer Vorfahren waren sich darüber im Klaren, dass ihr Leben und das ihrer Lieben in kürzester Zeit zu Ende sein konnte. Die Allgegenwärtigkeit des Todes zog sich durch unterschiedlichste Kulturen und gesellschaftliche Schichten. Schlechte Hygiene, Ernährungsprobleme und andere Mangelzustände führten zu zahlreichen Krankheiten, gegen die „kein Kraut" gewachsen war. Seuchen griffen um sich. Infektionskrankheiten, die sich epidemieartig ausbreiteten, setzten den Menschen zu. Exemplarisch erwähnt sei hier die Pest, die über viele Jahrhunderte hin in regelmäßigen Abständen auftauchte und jedesmal etwa ein Drittel der Bevölkerung hinwegraffte.

Auch die unzähligen kriegerischen Auseinandersetzungen forderten ihren Tribut. Die Friedenszeiten waren im Vergleich zu den Kriegsjahren kurz und reichten oftmals kaum aus, die Menschen wieder zu Kräften kommen zu lassen.

Was taten die Menschen, um mit dieser Situation besser zurecht zu kommen? Ein Verdrängen des Todes war angesichts seiner Allgegenwärtigkeit nur schwer möglich. Zwar gibt es Berichte, denen zufolge die Bevölkerung bei rasch aufeinander folgendem Auftreten von Epidemien verzweifelt versuchte, die Augen vor der neuerlich hereinbrechenden Katastrophe zu verschließen. Doch auch in diesen Fällen wurde auf kollektive Handlungen gesetzt (z. B. Sühneopfer, Bußübungen, Gelöbnisse, Suche nach Sündenböcken etc.), und schließlich beugten sich die Menschen dem abermaligen Schicksalsschlag und taten das, was Generationen vor ihnen taten: sie versuchten, Sterben zu *lernen.*

Dafür gab es im mitteleuropäischen Kulturkreis beispielsweise seit Beginn des Mittelalters ein Buch über die *ars moriendi* – die Kunst des guten Sterbens. In einer Reihe von Holzschnittzeichnungen sollten möglichst viele Menschen – zur damaligen Zeit waren nur wenige des Lesens kundig – die Möglichkeit haben, sich beizeiten in die Kunst eines „guten" Sterbens einzuüben. Der Inhalt dieses sehr erfolgreichen und weitverbreiteten Werkes war von den damals herrschenden Glaubensbildern bestimmt. Es ging den Menschen vor allem darum, ihre Seele zu retten. Und die Todesstunde war oftmals ausschlaggebend dafür, dass die Seele ihren Frieden in Gott finden konnte oder für immer verdammt war.

So stellen die Abbildungen denn auch die Versuchungen der Abgesandten des Satans dar, die mit List und Tücke den Sterbenden zusetzen. Nur durch die Hilfe herbeieilender himmlischer Mächte gelingt es dem Sterbenden zu widerstehen. Das letzte Bild stellt schließlich die Seele des Verstorbenen dar, wie sie von Engeln in Empfang genommen und in den Himmel getragen wird.

Neben diesen Holzschnitten gab es noch weitere künstlerische Beiträge, die den Sterblichen in ihrer Auseinandersetzung mit der Unausweichlichkeit des Todes helfen sollten und eine Dimension für das Leben nach dem Tod öffnen konnten. Wandteppiche, Gemälde, Totentanzbilder – aber auch knappe Texte, Geschichten, Märchen und erste dichterische Werke geben Zeugnis vom Umgang unserer Vorfahren mit Sterben, Tod und Trauer. Behutsam oder deftig, mit abschreckenden Beispielen oder durch den Hinweise auf vorbildliche Menschen wurde unseren Vorfahren ein positiver Zugang zur Endlichkeit des Lebens ermöglicht. Die Hoffnung auf Auferstehung und die Aussicht auf ewige Glückseligkeit ließen den Tod als Verlierer zurück. Dort, wo dies nicht möglich war, wurde der Tod als grausamer, brutaler Herrscher über die Menschen dargestellt.

So wie der Tod in der Realität die unterschiedlichsten Gesichter zeigte, so griffen auch Künstler in ihren Arbeiten unterschiedliche Themen auf. Einige gaben dem Tod die Gestalt von Pest, Hunger und Krieg, stellten ihn als brutalen, unversöhnlichen, herrischen und gewalttätigen Gebieter über Leben und Tod dar. Andere wiederum sahen den Tod als Freund und Bruder, als „gerechten" Mann, der keinen Unterschied zwischen arm und reich, jung und alt, Mann oder Frau, Kaiser oder Bettelmann macht.

So waren unsere Vorfahren viele Jahrhunderte lang zwar ständig vom Tod und seinen Folgen bedroht, doch dies gehörte gleichsam zu ihrem Selbstverständnis – der Tod war ein kollektives Ereignis, ein zu erleidendes Schicksal, ein gesellschaftliches Gesetz. Auch die verschiedenen Bräuche und Rituale, die rund um den Tod entstanden und praktiziert wurden, schufen jenen Rahmen, der trotz allen Schmerzes und so mancher Auflehnung gegen die Grausamkeit des Todes Halt und Sicherheit vermittelte. Das Sterben war eine Kunst, die man erlernen konnte. Der Umgang mit den Toten hatte feste Regeln und Rituale. Die Zeit des Trauerns war eine Zeit des Lebens und der Neuorientierung.

Wodurch hat sich der Umgang mit dem Tod verändert? Was hat dazu geführt, dass Gedanken an den Tod für die meisten Menschen etwas Erschreckendes haben und die Zeit der Trauer als „tote" Zeit verstanden wird?

Kulturhistoriker führen bei der Beantwortung dieser Frage zwei Aspekte an: 1. den *Fortschritt in der Medizin* und 2. *andere Formen der Kriegsführung.*

Zu allen Zeiten war es das Anliegen heilkundiger Frauen und Männer, gegen Krankheiten anzukämpfen, Beschwerden zu lindern und Schmerzen zu vertreiben. Doch nur wenig konnte man gegen Pest, Typhus, Cholera, Malaria, Tuberkulose, Rachitis und andere Geißeln der Menschheit ins Felde führen. Erst die intensiven Forschungen und das mutige Eintreten medizinischer Pioniere der Neuzeit führten zu durchschlagenden Erfolgen im Kampf um das Leben der Menschen. Nach und nach wurden Krankheitsbilder erforscht, verloren im Licht der Wissenschaft ihren rätselhaften Charakter und konnten erfolgreich behandelt werden. Viele Krankheiten waren nicht länger schicksalsbedingte Urgewalten, denen die Menschen auf Gedeih und Verderb ausgeliefert waren. Krankheiten waren nicht mehr „gottgewollt", in der Gemeinschaft weitverbreitete Ereignisse. Auch konnte „die Krankheit" mit einem Mal als Feind betrachtet werden und nicht länger als

Abb. 1: Der Tod als Freund

Schicksal. Hand in Hand mit dieser Entwicklung veränderte sich auch die Einstellung zum Tod. Der Tod als medizinische Niederlage – dies ist für Menschen des 20. Jahrhunderts kein fremder Gedanken!

Was früher ein kollektives Ereignis war, ist heute eine individuelle Angelegenheit. War viele Jahrhunderte über allen Menschen klar, dass das Leben jedes einzelnen jederzeit äußerst unsicher, verletzlich und flüchtig war, fällt es den Menschen unserer Tage schwer, sich mit der eigenen Endlichkeit abzufinden. Dort wo kollektive Interpretationen fehlen, einheitliche Weltanschauungen und Glaubenssätze aufbrechen, wird der Tod zum individuellen, ganz persönlichen Ereignis,

dem der Einzelne kaum gewachsen ist. So wird der Tod verdrängt, aus dem Leben ausgeklammert und höchstens in seiner abgeschwächten Form, als Krankheit hingenommen. Aus dem Fehlen kollektiver Strategien im Umgang mit Sterben, Tod und Trauer entsteht bei vielen Zeitgenossen der Wunsch, möglichst schnell zu sterben, möglichst im Schlaf überrascht zu werden, ohne Bewusstsein, ganz und gar nicht „sehenden Auges und bei vollem Bewusstsein" die Schwelle ins Reich der Toten zu überschreiten. Auch die Boten des Todes werden verscheucht, vertrieben, ausgesperrt. Unvorbereitet, einsam und voller Angst stoßen viele Menschen am Ende ihres Lebens an die Grenzen medizinischer Möglichkeiten und müssen erkennen: auch ihr Leben geht zu Ende, trotz medizinischen Fortschrittes, trotz Verdrängungs- und Verleugnungsmechanismen.
Durch die Individualisierung der Gesellschaft hat sich auch der Umgang mit Krankheiten verändert. Der Mensch ist einsamer geworden in Situationen, in denen der Tod seine Vorboten schickt, wie sie in dem nachfolgend wiedergegebenem Märchen der Brüder Grimm so eindrücklich beschrieben werden! Es fehlt die Gemeinschaft, in der diese Boten ebenfalls wahr- und ernst genommen werden. Es fehlt die Gemeinschaft, in der jeder weiß, welche Aufgaben angesichts des Todes zu erledigen sind. Der Schritt von einem öffentlich akzeptierten Tod zu einem privaten Sterben hat sich vollzogen.

Die Boten des Todes

Vor alten Zeiten wanderte einmal ein Riese auf der großen Landstraße, da sprang ihm plötzlich ein unbekannter Mann entgegen und rief: „Halt! Keinen Schritt weiter!" – „Was", sprach der Riese, „du Wicht, den ich zwischen den Fingern zerdrücken kann, du willst mir den Weg vertreten? Wer bist du, daß du so keck reden darfst?" – „Ich bin der Tod", erwiderte der andere, „mir widersteht niemand, und auch du mußt meinen Befehlen gehorchen." Der Riese aber weigerte sich und fing an, mit dem Tod zu ringen. Es war ein langer, heftiger Kampf, zuletzt behielt der Riese die Oberhand und schlug den Tod mit seiner Faust nieder, daß er neben einem Stein zusammensank. Der Riese ging seiner Wege, und der Tod lag da besiegt und war so kraftlos, daß er sich nicht wieder erheben konnte. „Was soll daraus werden", sprach er, „wenn ich da in der Ecke liegen bleibe? Es stirbt niemand mehr auf der Welt, und sie wird so mit Menschen angefüllt werden, daß sie nicht mehr Platz haben, nebeneinander zu stehen." Indem kam ein junger Mann des Wegs, frisch und gesund, sang ein Lied und warf seine Augen hin und her. Als er den Halbohnmächtigen erblickte, ging er mitleidig heran, richtete ihn auf, flößte ihm aus seiner Flasche einen stärkenden Trank ein und wartete, bis er wieder zu Kräften kam. „Weißt du auch", fragte der Fremde, indem er sich aufrichtete, „wer ich bin und wem du wieder auf die Beine geholfen hast?" – „Nein", antwortete der Jüngling, „ich kenne dich nicht." –

„Ich bin der Tod", sprach er, „ich verschone niemand und kann auch mit dir keine Ausnahme machen. Damit du aber siehst, daß ich dankbar bin, so verspreche ich dir, daß ich dich nicht unversehens überfallen, sondern dir erst meine Boten senden will, bevor ich komme und dich abhole." – „Wohlan", sprach der Jüngling, „immer ein Gewinn, daß ich weiß, wann du kommst, und so lange wenigstens sicher vor dir bin." Dann zog er weiter, war lustig und guter Dinge und lebte in den Tag hinein. Allein Jugend und Gesundheit hielten nicht lange an, bald kamen Krankheit und Schmerzen, die ihn bei Tag plagten und ihm nachts die Ruhe wegnahmen. „Sterben werde ich nicht", sprach er zu sich selbst, „denn der Tod sendet erst seine Boten; ich wollte nur, die bösen Tage der Krankheit wären erst vorüber." Sobald er sich gesund fühlte, fing er wieder an in Freuden zu leben. Da klopfte ihm eines Tages jemand auf die Schulter: er blickte sich um, und der Tod stand hinter ihm und sprach: „Folge mir, die Stunde deines Abschieds von der Welt ist gekommen!" – „Wie?" antwortete der Mensch, „willst du dein Wort brechen? Hast du mir nicht versprochen, daß du mir, bevor du selbst kämest, deine Boten senden wolltest? Ich habe keinen gesehen." – „Schweig!" erwiderte der Tod, „habe ich dir nicht einen Boten über den anderen geschickt? Kam nicht das Fieber, stieß dich an, rüttelte dich und warf dich nieder? Hat der Schwindel dir nicht den Kopf betäubt? Zwickte dich nicht die Gicht in allen Gliedern? Brauste dir's nicht in den Ohren? Nagte nicht der Zahnschmerz in deinen Backen? Ward dir's nicht dunkel vor den Augen? Über das alles, hat nicht mein leiblicher Bruder, der Schlaf, dich jeden Abend an mich erinnert? Lagst du nicht in der Nacht, als wärst du schon gestorben?" Der Mensch wußte nichts zu erwidern, ergab sich in sein Geschick und ging mit dem Tod fort.
(GEBRÜDER GRIMM)

Auch die Ereignisse rund um den 1. und 2. Weltkrieg führten zu einer anderen Sichtweise vom Tod, brachten eine neue Dimension der Trauer mit sich. Wenngleich Kriege das Leben aller Menschen zu allen Zeiten ebenso bedrohten und prägten wie Krankheiten, so setzte mit dem Einsatz neuer Waffen eine Art von Tod ein, die alles bisher Erlebte in den Schatten stellte. Niemals zuvor gab es so ein von Menschen durch Menschen ausgelöstes Massensterben. Niemals zuvor hatten so wenige Menschen den Tod von Millionen zu verantworten. Der Tod war schlagartig nicht mehr ein schicksalhaftes Ereignis, er war ein von Menschen an Menschen vollzogener Wahnsinn. Spätestens angesichts der Bilder von Hiroshima und Nagasaki verstummte die Sprache, die dem Tod mit spielerisch-leichtem Ton und bildhaften Vergleichen etwas von der Schwere nehmen sollte. Sterben und Tod haben für Menschen unserer Zeit nicht zuletzt auch durch den Wahnsinn moderner Kriegsführung neue Dimensionen erlangt.

Jedes Sterben, jeder Abschied macht in der einen oder anderen Art betroffen, rührt an existentielle Fragen und löst starke Gefühle aus. So wie das Sterben über Jahrhunderte hin ein selbstverständliches Ereignis war, war auch die Trauer akzeptiert und hatte ihren festen Platz im

Leben der Menschen. Trauerrituale halfen, die schwierige Zeit nach einem Todesfall zu strukturieren und zu gestalten.
Bis zum beginnenden Mittelalter drückten die Menschen ihre Trauer sehr heftig und ungezügelt aus. Sie schrien, rauften sich die Haare, ließen ihren Schmerz ungehemmt nach außen fließen und beklagten lauthals ihre traurige Situation. Sie benannten ihren Schmerz und erzählten in bilderreicher Sprache von ihrem Verlust. Die Traueräußerungen hatten einen „wilden" Charakter. Das offene Wehklagen und Weinen war dabei durchaus nicht nur Frauen vorbehalten. Aus der Überlieferung ist beispielsweise bekannt, dass König Artus angesichts der Leichname seiner Tafelritter betäubt vom Pferd sank. Wieder bei Sinnen, schlug er die Hände zusammen, ging zu jedem einzelnen Ritter, drückte ihn an sich, küsste ihn und klagte, dass nun sein Leben auch keinen Sinn mehr habe, da er die Besten seiner Sippe erschlagen liegen sehe.
Die Umgebung der Trauernden war angehalten, den leidenschaftlichen Ausdrucksformen Einhalt zu gebieten, den Trauernden gleichsam an das Leben zu erinnern und weitere Vorkehrungen für die Beisetzung zu treffen. Nur in den seltensten Fällen war der Ausdruck von Trauer so hemmungslos und nahm so bedrohliche Formen an, dass man den Trauernden in eine stille Kammer geleitete, ihm Ruhe „verordnete" und vom weiteren Trauergeschehen fernhielt. In diesem Zusammenhang sind auch jene Berichte zu erwähnen, die nach einem erlittenen Verlust vom Rückzug ins Klosterleben oder in die Einsiedelei berichten.
Die sog. „große" und heftige Trauer hatte ihren anerkannten Zeitrahmen. Sie dauerte einige Stunden, reichte manchmal noch in die Zeit der Totenwache hinein, in seltenen Fällen dauerte sie bis zur Beisetzung. Unterbrochen wurden die heftigen, gebärdenreichen Trauerbekundungen von Lobreden auf den Verstorbenen. Klagerufe, Haareraufen und andere ausdrucksstarke Gesten sollten den Trauernden helfen, die Trennung von einem geliebten Wesen zu überwinden. In den Totenklagen ging es sowohl um den Verstorbenen als auch um die Hinterbliebenen, die nun allein und ohne die Stärken des Verstorbenen ihr Leben gestalten mussten.
In den Zeiten des frühen Mittelalters war es Sitte, Klageweiber zu bestellen, die laut schreiend, klagend, händeringend den Verlust betrauerten. Dies waren erste Schritte weg von einer individuell gelebten spontanen Traueräußerung. Im weiteren Verlauf der Geschichte setzten Bemühungen ein, die Gefühlsausbrüche zu lenken, ihnen etwas

von der stürmischen Spontaneität zu nehmen und gewissen – meist kirchlichen geformten – Ritualen zu unterwerfen. So wandelte sich im Hoch- und Spätmittelalter der öffentliche Umgang in Sachen Trauer, das Zur-Schau-Stellen der Gefühle trat mehr und mehr zurück und machte einer Haltung Platz, die auch heute noch für viele Menschen als vorbildlich und nachahmenswert gilt: mit stoischer Ruhe den Schmerz über den Verlust zu erdulden, keine Regung zu zeigen und ohne Tränen aufrechten Ganges den Verstorbenen bis zu seinem Grab zu begleiten. Im Augenblick des Todes war nicht mehr Ohnmacht und lautstarkes Klagen erlaubt und gesellschaftlich akzeptiert, viel mehr wurde Selbstbeherrschung, Würde und Selbstkontrolle zur sozialen Konvention. Anstelle der alten Wehklagen trat die Lesung der Totenmesse. Priester und Mönche übernahmen wichtige Rollen bei der Gestaltung der Trauerrituale, Familie und Freunde sind schweigsam geworden.

Hiermit setzte auch eine andere Art der Trauerrituale ein. An die Stelle der Wehklagen trat die Totenmesse, an die Stelle persönlich gestalteter Abschiedsgesten und Ausharren an der Seite des Toten die kirchliche Zeremonie der Totenwache, die im Haus des Verstorbenen begann und oft in der Kirche mit den Stundengebeten für die Toten und den Gebeten zur Empfehlung der Seele fortgesetzt wurden. Von einem einfachen Geleit des Leichnams durch Freunde und Familie entwickelte sich auch dieser Teil der Trauerrituale zu einem kirchlichen Ereignis. Aus einer einfachen Weggemeinschaft wurde eine feierliche geistliche Prozession.

Doch wohin sollten die Menschen mit ihrem Elend, mit ihrem Schmerz? Wie konnten sie zum Ausdruck bringen, was durch einen Verlust in ihrem Inneren so anders geworden war? Was mit Worten und Gesten nicht ausgedrückt werden sollte, konnte durch die Symbolik der Trauerkleidung ausgedrückt werden. Die Farbe Schwarz als Trauerfarbe setzte sich durch. Schwarz sollte zum einen das düstere Wesen des Todes zum Ausdruck bringen, zum anderen deutlich machen, was die Menschen früherer Zeiten durch ihr lautes Klagen taten: ihre Trauer öffentlich machen. Wortlos konnten die Trauernden so durch das Tragen der schwarzen Trauerkleidung signalisieren, dass sie einen Verlust erlitten hatten.

Die Kleiderordnung bezog sich auf die in der jeweiligen Kultur vorgesehene Trauerzeit. Die Regelungen bezüglich der Dauer aber auch Farbe der Trauerbekleidung waren sehr unterschiedlich. Je nach Art der Beziehung sprach man etwa von der „großen Trauer" (Tod von Le-

benspartnern), der „halben Trauer"(Tod von Blutsverwandten) und der „kleinen Trauer" (Verwandte, Schwiegereltern, Paten). Die Trauerzeit konnte das ganze weitere Leben betreffen – wie es beispielsweise beim Verlust des Lebenspartners in einigen Dörfern Sardiniens oder Griechenlands der Fall war. In unseren Breiten ist das Trauerjahr bekannt, das es beim Verlust enger Verwandter einzuhalten galt. Manchmal war es üblich, nach einem halben Jahr von der Farbe schwarz zur Farbe grau überzugehen. Gedämpfte Farben, versehen mit einem Trauerflor, stellten schließlich den Übergang zur „Nicht-Trauer" dar.
Verbunden waren die Bekleidungs-Rituale mit bestimmten Auflagen für das gesellschaftliche Leben der Trauernden. Man erwartete eine gewisse Zurückgezogenheit. Trauernde hatten das Recht, gesellschaftlichen Verpflichtungen fern zu bleiben. Man gönnte ihnen eine Zeit der Stille und inneren Einkehr, um ihr Leben nach dem Verlust neu zu ordnen. Die gesellschaftlichen Kontakte waren unmittelbar nach der Beisetzung des Verstorbenen auf Beileidsbekundungen beschränkt. Die Trauernden sollten, sofern dies möglich war, für eine gewisse Zeit das Haus nicht verlassen und Festen fern bleiben. Auch Hochzeiten oder andere größere Feste sollten in der Zeit des Trauerjahres nicht gefeiert werden. Diese Trauervorschriften gaben den Menschen in aller Regel Halt. Auch wenn der Freiraum zu persönlicher Gestaltung der Trauer eingeschränkt war, so gaben die gesellschaftlichen Regelungen in den stürmischen Zeiten der Trauer jene Sicherheit, die für viele Trauernde nötig ist, um wieder festen Boden unter den Füßen zurückzugewinnen.

Trauergesetze mussten eingehalten werden, ihre Missachtung wurde gesellschaftlich bestraft. Dies bezog sich nicht nur auf das gesellschaftliche Leben und die Bekleidungsvorschriften, sondern auch auf die Dauer der Trauerzeit, was uns besonders erwähnenswert erscheint. Die Menschen vergangener Epochen wussten, dass die Trauer Raum und Zeit braucht, um die Wunden des Verlustes zu heilen. Sie wussten aber auch, dass die Menschen nach einer gewissen Zeit wieder zurückkehren müssen ins Leben, um ihren Platz in der Gemeinschaft aufs neue einzunehmen und zu gestalten.

Beispiele aus der Geschichte belegen, dass sowohl die Verweigerung der Trauervorschriften als auch die Überschreitung der vorgesehenen Trauerzeit hart bestraft wurden. Es kam sogar vor, dass Menschen aus der Gemeinschaft verstoßen und aus ihrer Heimatgemeinde vertrieben wurden, wenn sie die für alle gültigen Trauergesetze nicht einhielten. Man fürchtete Unglück, „Bestrafung" und den Beginn des sittlichen

Verfalls, wenn einzelne sich den kollektiven Regeln widersetzten. Die große Bedeutung der Trauergesetze für das Leben in einer Gemeinschaft ist durch viele historische und künstlerische Arbeiten belegt. Besonders bekannt wurde in diesem Zusammenhang Antigone, die trotz Androhung der Todesstrafe durch Steinigung, der „heiligen Pflicht" nachkam, ihren erschlagenen Bruder zu bestatten.
Im 19. Jahrhundert war vor allem in den Städten Mitteleuropas eine gewisse Änderung im Trauerverhalten zu beobachten. Einerseits bestanden die strengen Kleidervorschriften und die Regelungen für das gesellschaftliche Leben in der Trauerzeit nach wie vor. Andererseits war in Kunst und Literatur eine Strömung zu beobachten, die „Traurig-Sein" als erstrebenswerte Lebensform hochstilisierte. Es wurde „in", seine traurigen Gefühle zur Schau zu stellen – und zwar auch ohne aktuellen Anlaß. Historiker sprechen auch von einem geradezu „morbiden Kult", der dazu führte, alles rund um den Tod zu verherrlichen, alle dunklen, traurigen Lebensgefühle als „die wahren" hinzustellen. Man versuchte, mit den Verstorbenen Kontakt aufzunehmen und brach damit mit einem Jahrhunderte lang anhaltendem Tabu: die Toten in ihrem Reich zu lassen. Für besondere Lieblingsgegenstände der Verstorbenen wurden eigene Grabstätten, Krypten, gebaut.
Dieses öffentlich zur Schau gestellte „Traurig-Sein" hat nichts mit der wilden Trauer der Menschen aus grauen Vorzeiten zu tun. Vielmehr kündigte sich hier bereits eine Auflösung der zeitlich und formal klar abgesteckten gesellschaftlichen Trauerrituale an. Es ist der Beginn einer Zeit, in der kollektiv aufgestellte Regeln an Bedeutung und an Verbindlichkeit verloren haben. Gleichzeitig sah sich der Mensch vor dem Problem, mit seinen Gefühlen des Schmerzes und der Trauer allein fertig werden zu müssen. Alte Regeln wurden brüchig, der Umgang mit den Ritualen blieb mehr oder weniger beliebig und die allgemeine „Verliebtheit in das Traurig-Sein" erschwerte den Zugang zu echten Gefühlsregungen und -äußerungen.

Die bereits erwähnten Veränderungen des Erlebens von Sterben und Tod im 20. Jahrhundert waren so tiefgreifend und haben die Sterbekultur so nachhaltig verändert, dass sich dies zwangsläufig auf die Trauerprozesse auswirkte. Auch die Trauer hat „Neuland" betreten. Es galt und gilt, mit Entwicklungen fertig zu werden, die in dieser Geschwindigkeit nicht „vorgesehen" waren und in die die Menschen nicht genügend Zeit hatten, hineinzuwachsen. Das Ausmaß an Schrecken und die Rolle, die dabei dem Menschen zukommt, hat zu

massiven Verdrängungsprozessen geführt. So wie über Jahrzehnte hin versucht wurde und wird, das Grauen der beiden Weltkriege zu „überdecken", zu verdrängen oder zu beschönigen, wird auch der Trauer ihr angemessener Platz verweigert. Diese globalen gesellschaftlichen Mechanismen führen aber auch im Leben des Einzelnen zu einer anderen Haltung gegenüber Verlust, Schuld, Sterben und Tod.
„Zur Tagesordnung übergehen" – dies ist eine häufig anzutreffende Reaktion auf einen Verlust. Allerdings wird dabei übersehen, dass ein so starkes Gefühl wie die Trauer sich nicht verdrängen lässt – sie bahnt sich ihren Weg und tritt dann ganz unerwartet und oft verschlüsselt um so heftiger ans Tageslicht. Die fehlenden kollektiven Regeln, der Verlust an gesellschaftlich akzeptierten Trauerformen und das Fehlen einer einheitlichen Weltanschauung in Bezug auf „das Leben nach dem Leben" verunsichert die Menschen. Sie lassen den Einzelnen angesichts eines erlittenen Verlustes allein. Auch der Zeitgeist hat sich gewandelt. Traurig-Sein ist nicht mehr das „Gefühl der Zeit", ganz im Gegenteil! Die Gesellschaft möchte tatkräftige, fröhliche, schwungvolle, heitere Zeitgenossen, die nicht „durchhängen" und mit verdüsterter Miene an die Schattenseiten des Lebens erinnern. So wie der Tod als Störfaktor angesehen wird, ist die Trauer ein unanständiges Gefühl und die Zeit der Trauer eine „tote", unproduktive, unattraktive Zeit.
Angesichts dieser Entwicklung scheint es um so wichtiger, nicht nur das Sterben wieder „neu" zu lernen, sondern vor allem auch nach Möglichkeiten einer guten Trauerarbeit und Trauerbegleitung zu suchen. Trauern darf nicht länger ein Tabu-Thema bleiben!

2.2 Trauer im Spiegel der Lebensgeschichte

Wir können das Leben eines Menschen aus ganz verschieden Blickwinkeln heraus betrachten und uns mit verschiedenen Fragen seiner Lebensgeschichte nähern:
Wir können beispielsweise fragen, wo seine Wurzeln liegen, was er aus seinem Leben gemacht hat, welchen Beruf er erlernt und ausgeübt hat, welche Werte ihm wichtig sind.
Oder wir interessieren uns dafür, welche Eigenschaften zu diesem Menschen gehören, ob er heiter und gelassen ist oder eher zornig und aufbrausend, ob er ein charmanter Unterhalter oder eher ein schüchterner Gesprächspartner ist.

Wir können aber auch nach den Ereignissen fragen, die diesen Menschen zu dem gemacht haben, was er im Moment darstellt, nach Ereignissen, die ihn geformt und geprägt haben.
Bei allen Bemühungen, sich ein Bild vom Leben eines anderen Menschen zu machen, werden zuerst die besonders markanten Eigenschaften, Erlebnisse und Erfahrungen ins Auge fallen. Bei näherem Betrachten wird sich das Bild dann differenzieren und je weiter wir uns in die Lebensgeschichte eines Menschen hinein begeben, um so deutlich wird, aus wie vielen kleinen und kleinsten Details dieser Lebensteppich gewoben ist. Höhen und Tiefen, dunkle Stellen und lichte Strahlen, Sonnenschein und Finsternis, Abgründe, Geröll, Schutt, Moos, grüne Wiesen, rauschende Bäche, sanfte Hügelketten . . . schaffen das jeweils für diesen einen Menschen typische Lebenspanorama. Lebensthemen ziehen sich wie breite Straßen durch die Lebenslandschaft jedes Menschen. Diese Lebensthemen haben zum einen universellen Charakter – d. h. sie treffen für Alle mehr oder weniger zu – zum anderen sind sie individuell – d. h. sie treffen so und in dieser Weise jeweils nur für den Einen zu.

Einige Lebensthemen sind:
- Herausfinden, wer man ist (Suche nach der eigenen Identität)
- Erobern und Gestalten der Umwelt (Selbständigkeit)
- Sich als Teil einer Gemeinschaft erfahren (Kooperation, Nähe/Distanz)
- Ein Lebenswerk schaffen (Kreativität, Selbstverwirklichung)
- Innere und äußere Haltungen entwickeln (Werte, Weltanschauung)
- Liebe (Fürsorge, Partnerschaft)
- Annehmen-Geben, Teilen (Solidarität)
- Festhalten-Loslassen (abschiedlich Leben)

Ein wichtiges und *zentrales* Lebensthema heißt *Abschied*. Verbunden ist dieses Thema mit den Versuchen, die belastenden Erfahrungen von Trennung und Verlust zu bewältigen. Wie überwindet man den Verlust einer vertrauten Umwelt oder wichtig gewordener Gewohnheiten? Wie kann man damit fertig werden, geliebte Menschen zu verlieren? Wie ist es möglich, sich von persönlichen Gegenständen, von Lebenswelten oder Landschaften zu trennen, die einem besonders ans Herz gewachsen sind, ohne in ein tiefes schwarzes Loch zu fallen, zu verzweifeln? Wie überlebt man Abschiede, ohne daran innerlich zu zerbrechen? Diese und ähnliche Fragen sind es, die sich um das Lebensthema Abschied ranken.

Je nach Art des Verlustes gibt es ganz verschiedene Möglichkeiten, die großen und kleinen Verlusterlebnisse des Lebens zu bewältigen. Eine besondere Rolle spielt dabei das Gefühl der *Trauer*. Erst durch die Annahme der Trauer und die Bereitschaft, Trauerarbeit zu leisten, können Abschiede, Trennungen und Verluste überwunden und positiv bewältigt werden.

Das menschliche Leben beginnt mit einem großen Abschied und endet mit einem großen Abschied. Dazwischen liegen zahlreiche Etappen und Einschnitte, die ohne Loslassen und Neugestalten nicht zu bewältigen sind. Das Leben – ein einziges Abschiednehmen? Kann man diesen Satz tatsächlich so formulieren? In gewissem Sinn schon. Das menschliche Leben ist nicht eine einfache, gradlinige Straße, auf der sich Ereignisse ganz zufällig und beziehungslos zueinander ereignen. Vielmehr können wir uns das menschliche Leben als einen Bogen vorstellen, eingespannt zwischen den Polen Geburt und Tod. Die Lebenskurve beschreibt unterschiedliche Entwicklungsschritte und Entwicklungsaufgaben und ist gekennzeichnet von vielen Trennungen und Neuorientierungen. Trennung und Verlust bedeuten aber nicht immer etwas Negatives. Trennung und Verlust können auch Neubeginn und „Geburt" im weitesten Sinn darstellen.

Jede Entscheidung für eine bestimmte Lebensrichtung, einen bestimmten Lebensweg, setzt voraus, dass man eine Reihe anderer Wege nicht geht, sich von einer Reihe anderer Möglichkeiten verabschieden muss – das ist oft schwer und schmerzt. Auch hier wird – wie bei den großen Lebensverlusten – Trauerarbeit nötig sein, um den einmal gewählten Weg tatkräftig und ganz ohne Bedauern und sentimentales Zurückschauen gehen zu können. In jedem Abschied liegt ein Neubeginn – dies drückt Hermann Hesse so schön in seinem Gedicht „Stufen" aus. Wir sehen darin auch einen lebenslänglichen Auftrag an alle, die nötigen Abschiede anzunehmen, die Trauer darüber zuzulassen und den eigenen Lebensweg immer wieder von Neuem zu gestalten und ihn neu, gereift, „anders", versehen mit den Narben der Trauer, weiterzugehen.

STUFEN

Wie jede Blüte welkt und jede Jugend
Dem Alter weicht, blüht jede Lebensstufe,
Blüht jede Weisheit auch und jede Tugend
Zu ihrer Zeit und darf nicht ewig dauern.
Es muß das Herz bei jedem Lebensrufe
Bereit zum Abschied sein und Neubeginne,

Um sich in Tapferkeit und ohne Trauern
In andre, neue Bindungen zu geben.
Und jedem Anfang wohnt ein Zauber inne,
Der uns beschützt und der uns hilft zu leben.

Wir wollen heiter Raum um Raum durchschreiten,
An keinem wie an einer Heimat hängen.
Der Weltgeist will nicht fesseln uns und engen,
Er will uns Stuf' um Stufe heben, weiten.
Kaum sind wir heimisch einem Lebenskreise
Und traulich eingewohnt, so droht Erschlaffen,
Nur wer bereit zu Aufbruch ist und Reise,
Mag lähmender Gewöhnung sich entraffen.

Es wird vielleicht auch noch die Todesstunde
Uns neuen Räumen jung entgegensenden,
Des Lebens Ruf an uns wird niemals enden . . .
Wohlan denn, Herz, nimm Abschied und gesunde!
(HESSE, H.)

Welche Verluste sind es, die die Lebensgeschichte eines Menschen von der Geburt bis zum Tod begleiten und in gewisser Weise universell sind? Es gibt eine Reihe wissenschaftlicher Arbeiten, die sehr eindrucksvoll die typischen menschlichen Verlusterfahrungen dargestellt und untersucht haben. Dabei ging es nicht so sehr darum, einzelne, besonders schmerzhafte Situationen zu beleuchten. Vielmehr wurde versucht, die Trennungen aufzuzeigen, die sich wie Perlen einer Kette aneinanderfügen, beginnend in den Tagen der frühen Kindheit.

Wir haben bereits darauf verwiesen, wie wichtig gerade die Bewältigung der frühen Trennungen und Abschiede für die weitere Trauergeschichte eines Menschen ist. Hat das kleine Kind mit Hilfe seiner engsten Vertrauten die ersten Verlusterlebnisse positiv gemeistert, so stellt das eine gute Voraussetzung dar, auch zukünftige schmerzhafte Situationen zu bewältigen. Gedacht ist da zum einen an die einzelnen Entwicklungsschritte, die jeweils nach einem Loslassen von Vertrautem rufen. Zum anderen sind auch jene Abschiede gemeint, die von außen auf den Menschen einwirken – etwa der Tod von Verwandten oder Freunden, der Verlust von Gesundheit, Abschied von Idealen und bestimmten Ideen.

Das Leben jedes Menschen stellt sich nicht wie ein einförmiger Fluss dar, der ohne große Biegungen und ohne nennenswerte Stromschnellen seiner Mündung zuströmt. Vielmehr gibt es zahlreiche Abschnitte, die einen ganz bestimmten ausgeprägten Charakter haben, ganz bestimmte Herausforderungen mit sich bringen und ganz bestimmte Ziele zum Inhalt haben. Um diese Lebensabschnitte gut zu meistern, gilt es, sich von den vorangegangenen zu lösen, Abschied zu nehmen und sich neuen Aufgaben zu zuwenden. So wie jede Lebensphase eine „Hauptaufgabe" hat, stehen bestimmte soziale Beziehungen im Vordergrund, werden bestimmte „Haupttugenden" zum Tragen kommen.

Die Übergänge von einer Phase in die andere sind oft „krisenhaft". Damit sind die vielen Umstellungsschwierigkeiten gemeint, die Kinder wie Erwachsene haben, wenn es darum geht, vertrauten Boden zu verlassen und unsicheres Gebiet – Neuland – zu betreten. Lebensübergänge sind Zeiten der Krise und des Traurig-Seins. Das bisher Vertraute hat seine Gültigkeit verloren, „trägt nicht mehr", das Neue ist noch ungewiss und „trägt noch nicht." Die Menschen fühlen sich unbehaglich, sie sind „unrund", fühlen sich isoliert, unverstanden, stellen sich und ihrer Mitwelt zahlreiche Fragen, deren Beantwortung Licht in das chaotische Dunkel bringen soll. Nach einer Zeit der Vorbereitung, des stillen Gärens, kann es allmählich zum Durchbruch kommen. Neue Gedanken, neue Aufgaben werden plötzlich klar wahrgenommen, das Alte kann zurückgelassen werden und als Teil der eigenen Lebensgeschichte weiterwirken. Das Leiden, der Schmerz und die Trauer bringen der Seele die Möglichkeit, zu reifen und sich den unterschiedlichsten Lebensaufgaben zu stellen. Es gilt, die Stromschnellen zu meistern, über die Klippen heil hinwegzukommen und nicht in einem toten Eck einer Flußbiegung in Stille zu verharren und sich so jeder Erneuerung und Weiterentwicklung zu entziehen.

Goethe sprach davon, dass das menschliche Wachsen ein Weg sei, ein „Werde-Weg", den man nicht geht, um anzukommen, sondern um im Gehen zu leben. Das bedeutet aber auch, sich dem psychischen Prozess der Trauer, des Abschiednehmens immer wieder aufs Neue zu stellen und sich immer wieder aufs neue bewusst zu werden, dass jede Lebensstufe ihre eigenen Aufgaben, Möglichkeiten, Ziele und Sinnerfüllungen hat – die frühe Kindheit ebenso wie das hohe Alter.

Aus Abbildung 2 können wir entnehmen, wie turbulent sich der Lebensfluss eines kleinen Kindes bewegt. In relativ kurzen Zeitabständen stellen sich dem Kind neue Lebensaufgaben, treten neue Bezugspersonen in ihr Leben und werden neue Lebensfragen gestellt. Mit zunehmendem Lebensalter werden die entwicklungsbedingten Neuorientierungen seltener, dafür treten externe Verlusterlebnisse – etwa der Verlust des Arbeitsplatzes, körperliche Einbußen oder der Tod der Eltern – stärker in den Vordergrund.

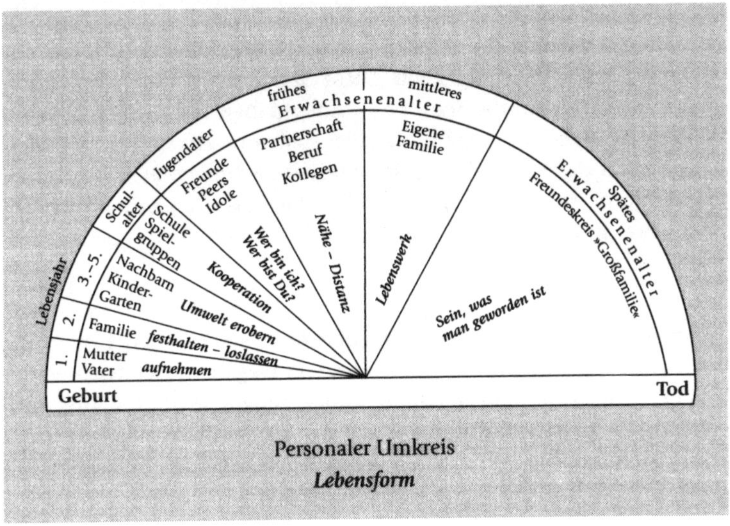

Abb. 2: Lebensbogen

Im Folgenden werden wir aus der Fülle von Abschieden einige typische Trennungssituationen herausgreifen, die den Lebensweg eines Menschen von der Kindheit über das Jugendalter, ins Erwachsenenalter und bis ins hohe Alter säumen. Das Modell der psychosozialen Entwicklung von Erik Erikson dient uns dabei ebenso als Hintergrund wie die Ausführungen von Romano Guardini zu den Fragen „der Lebensalter".

Bereits die Geburt ist ein erster großer Abschied. Es ist der Abschied von einer Welt, die dem Kind vollkommenen Schutz und Geborgenheit gibt. Geschaukelt, gewiegt, mehrfach umhüllt kann es sich meist ungestört entwickeln. Die erste Umwelt des Kindes ist eine ruhige, in mildes Licht und sanfte Töne getauchte. Die Geburt stellt das jähe Ende dieses Nirwanas – des göttlichen Zustandes – dar. Für das Kind, wie für die Mutter ist es ein körperlicher Abschied *und* ein seelischer Abschied. Das Kind kann nur mit Hilfe von Menschen seinen ersten Schmerz, seine erste große Trauer überwinden. Anstelle der schützenden Gebärmutter tritt nun die sog. soziale Gebärmutter, die dem Kind Schutz, Wärme und Geborgenheit geben soll. Gelingt dies und wird das Kind mit seiner Trauerreaktion ernst genommen, dann fühlt es sich angenommen und kann die „neue Welt" als positiv begreifen lernen. Somit ist es besonders wichtig, wie Kinder ins Leben begleitet werden und wie man Kindern in ihrem Schmerz über den Verlust der vorgeburtlichen Welt begegnet! Diese Situation ist eine Ursituation und wird sich tief in die Seele des Kindes graben. Sie wird in gewisser Weise zum Dreh- und Angelpunkt aller späteren Verlustereignisse. Und so wie es für das Kind wichtig ist, in seinem Schmerz, in seiner Trauer angenommen zu werden, werden Menschen zu allen Zeiten ihres Lebens eine mitmenschliche Zuwendung in Zeiten der Trauer als hilfreich erleben.

Welche Trennungssituationen machen den persönlichen Lebensweg von der Geburt bis zum Tod auch zu einem Weg der Abschiede und der Trauer? Wir wollen beispielhaft einige mögliche und häufig auftretende Ereignisse anführen, die auf den ersten Blick vielleicht banal erscheinen mögen, die dennoch verunsichern und den Menschen mit dem tiefen Gefühl der Trauer vertraut machen:

- Die enge Bindung an die Mutter ist wichtig, aber es wird spätestens zum Zeitpunkt des Abstillens auch wichtig, dass andere Menschen in das Blickfeld des Kindes kommen. Die erste Liebesbeziehung zur Mutter muss „geopfert" werden, um eine Liebesbeziehung zur Welt einzugehen.
- Die enge Bindung an die Familie, die Eltern, Geschwister, Großeltern muss aufgegeben werden, um sich den spannenden Erlebnissen in den Spielgruppen und im Kindergarten zuzuwenden.
- Auch von Geschwistern muss man sich trennen, weil es so verlockend ist, mit gleichaltrigen Nachbarskindern einen Ausflug in den nahe gelegenen Wald zu machen.
- Es tut weh, die Kindergartentante nicht mehr zu sehen, wenn die Schulzeit anbricht.
- Es schmerzt, nach den Ferien, in eine andere Schule zu gehen, neue Kinder zu treffen und die alten Freunde aus den Augen zu verlieren.
- Es ist schwer, sich von allen Freunden zu trennen, um die erste Auslandsreise zu machen.
- Es macht unglücklich, die Freundin nicht mehr so oft sehen zu können, weil man einen ersten Freund gefunden hat und mit ihm seine Freizeit verbringen will.
- Erste Liebesenttäuschungen, erste Fehlentscheidungen in der Freundeswahl fügen den Heranwachsenden Schmerzen zu.
- Die Suche nach Idealen, nach Menschen, denen man trauen und vertrauen kann, bringt auch Trennung von Althergebrachtem mit sich, löst Unsicherheit und Trauer aus.
- Das Loslösen vom Elternhaus, erste Schritte in eine neue und noch nie erprobte Eigenständigkeit sind lustvoll, gefahrvoll, voller Neugierde aber auch voll schmerzhaftem Erinnern, gilt es doch Abschied zu nehmen vom Kind-Sein, von der Geborgenheit in einer Familie.

- Schmerz und Trauer über das Ende der Kindheit stehen neben Freude und Stolz über das eigene Leben mit allen Möglichkeiten! „Wachstumsschmerzen" sind verbunden mit Tränen und Trauer.
- Der Eintritt in die Verantwortung gegenüber Kindern bedeutet auch Abschied von der trauten Zweisamkeit. Bei aller Freude wird oft auch das große Bedauern ausgedrückt, die Jahre der unbeschwerten Jugend hinter sich zu lassen und auf der Stufenleiter der Generationen nun eine Stufe weiter vorgerückt zu sein.
- Bei der Geburt des ersten Kindes schwingt oft eine auf den ersten Blick so unerklärliche Traurigkeit mit. Es sind nicht nur die Hormone, die sich da bemerkbar machen, es ist auch die Trauer, die Mädchenjahre nun endgültig zurück zu lassen.
- Mit Stolz und Freude an der Entwicklung der Kinder teil zu haben und doch auch gleichzeitig Trauer über alles, was unwiederbringlich der Vergangenheit angehört und nur mehr in der Erinnerung Bestand hat.
- Kinder ziehen aus dem Haus, gehen ihre eigenen Wege – auch das kann traurig stimmen.
- Allmählicher Beginn von „Mangelerscheinungen": Der Körper wird älter. Es schmerzt im doppelten Sinn, wenn man nicht mehr so rasch laufen kann, sich bei der gewohnten Wanderung mehr Pausen gönnen muss als in jungen Tagen.
- Es macht traurig, wenn die Sehkraft nachlässt und die ersten Brillen fällig werden.
- Die körperliche und geistige Spannkraft lässt nach, die Hormone spielen verrückt, unerklärbare Gefühle der Trauer steigen hoch. Es gilt, Abschied zu nehmen vom Gefühl, die ewige Jugend gepachtet zu haben.
- Berufliche Höhepunkte liegen weit hinter einem. Es schmerzt, wenn jüngere Kollegen so rasch den neuen Anpassungsanforderungen gerecht werden können, alles „so fix kapieren", flexibler einzusetzen sind, flotter dem Trend der Zeit folgen können.
- Manche Träume müssen endgültig verabschiedet werden. Neue Ideen sind nicht immer leicht zu finden. Wenn die Lebensaufgabe „Abschiednehmen" heißt, fühlen sich viele Menschen oft zutiefst verunsichert und tieftraurig.

Für jede Lebensphase gilt, dass das Annehmen der Trauer, die Auseinandersetzung mit all den Gefühlen, die aufbrechen, ein wichtiger Garant dafür ist, „heil" aus den Abschiedserlebnissen hervorzugehen. Auch ein Innehalten, Zurückschauen, Erinnern kann helfen, die Schattenseiten des Lebensstromes zu bewältigen. Dabei kann bewusst werden, wie man vergangene Schwierigkeiten gemeistert hat, wie man in Situationen des Verlustes reagierte und welche Hilfen es gab. Dieser Blick in die Vergangenheit kann Mut machen, neue Schwierigkeiten im Zusammenhang mit Verlust, Abschied und Trauer zu bewältigen. Er kann aber auch aufzeigen, was nicht bewältigt wurde, was nicht geholfen hat, wo noch Unbewältigtes wartet, gelöst zu werden. So bietet jede neue Verlusterfahrung auch die Chance, Ungelöstes aus der Vergangenheit neu zu bearbeiten und vielleicht wirklich gut zu verabschieden. Sich den Verlusten des Lebens zu stellen, bedeutet auch, frei

zu werden für die Sonnenseiten des Daseins, frei zu werden, seine jeweiligen Lebensaufgaben positiv zu meistern. Dies gilt für alle Lebensphasen von der Kindheit bis ins hohe Alter. Gerade auch die versöhnliche Rückschau im Alter kann den Menschen helfen, ihren letzten Auftrag zu erfüllen: Sein, was man geworden ist!
In unseren bisherigen Ausführungen lag der Schwerpunkt auf den *entwicklungsbedingten*, in jedem Leben mehr oder weniger deutlich sichtbaren Verlustsituationen. Wir möchten damit den Blick schärfen, wie sehr Trauer als Lebens-Gefühl den Lebensweg von allen Menschen begleitet und nicht erst dann in Erscheinung tritt, wenn der Tod von *außen* ins Leben tritt. Zwar werden am Verlust eines geliebten Menschen die Merkmale des Trauerprozesses besonders deutlich, doch bei genauerem Hinsehen wird man entdecken, dass der Trauerschmerz nichts wirklich Neues ist. Tief in unserem Inneren schlummern die Erinnerungen an Abschiedssituationen unseres Lebens und deren Bewältigung. Daraus können Trauernde letztlich auch die Kraft und die Hoffnung schöpfen, aus dem Tränental wieder herauszufinden und ihr Leben neu zu orientieren.
Um dem Einzelnen die Möglichkeit zu geben, sich seine eigene Trennungs- und Verlustgeschichte anzuschauen, haben wir einen Lebensbogen vorbereitet, mit dessen Hilfe die LeserInnen einen Blick in ihre Trauergeschichte werfen können (Abbildung 3). Sie können dabei chronologisch vorgehen und – mit der ersten Trennung beginnend – den Lebensbogen entlang wandern. Sie können aber auch einige besonders einschneidende Situationen markieren und dabei folgenden Fragen nachspüren:

Um welchen Abschied handelt es sich:
„Ist es ein Abschied von einer Lebensphase, von Freunden, geliebten Menschen, vom Elternhaus . . .?"
„Ist es ein Abschied von einer vertraut gewordenen Lebenssituation, einem Arbeitsplatz, einer Landschaft, einer ‚Heimat'. . .?"
„Ist es ein Abschied von Ideen, Träumen, Idealen, Hoffnungen . . .?"

Wie wurde die Verlust-, Abschieds- oder Trennungssituation erlebt:
„Gab es Hinweise auf die bevorstehende Trennung, war mit dem Abschied – mit dem Tod – zu rechnen, bestand die Möglichkeit einer Vorbereitung . . .?"
„Gab es äußere oder innere Vorankündigungen, ‚Ahnungen', konkrete Hinweise . . .?"

„Waren Sie in dieser Situation allein oder hatten sie Unterstützung. Wer/was konnte helfen . . .?"
„Bestand die Möglichkeit, den Abschied zu gestalten . . .?"

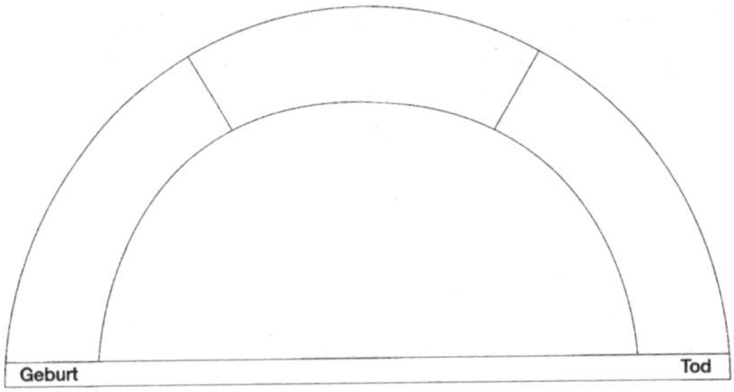

Abb. 3: Lebensbogen für eine Auseinandersetzung mit der persönliche Trauergeschichte

Auch Märchen greifen oft das Thema der Lebensübergänge auf. Meistens wird ein bestimmter Übergang thematisiert. Das Märchen „Eisenhans" der Brüder Grimm erzählt die Lebensgeschichte eines Königssohns von seiner Kindheit bis in die Zeit seiner Eheschließung. Es erzählt von den schmerzhaften Abschieden der Kindheit, von verlorenen Chancen und neuen Möglichkeiten:

„Du hast die Probe nicht bestanden und kannst nicht länger hier bleiben. Geh hinaus in die Welt, da wirst du erfahren, wie die Armut tut. Aber weil du kein böses Herz hast und ich 's mit dir gut meine, so will ich dir eines erlauben: wenn du in Not gerätst, so geh zu dem Wald und rufe ‚Eisenhans', dann will ich kommen und dir helfen. Meine Macht ist groß, größer als du denkst, und Gold und Silber habe ich im Überfluß."

Das Märchen erzählt nicht vom schönen Leben eines Königskindes, das unbeschwert und heiter durchs Leben tanzt. Vielmehr zeigt es, wie mühsam der Weg der Selbstfindung sein kann:

„Da verließ der Königssohn den Wald und ging über gebahnte und ungebahnte Wege immerzu, bis er zuletzt in eine große Stadt kam. Er suchte da Arbeit, aber er konnte keine finden und hatte auch nichts erlernt, womit er sich hätte forthelfen können. Endlich ging er in das Schloß und fragte, ob sie ihn behalten wollten. Die Hofleute wußten nicht, wozu sie ihn brauchen sollten, aber sie hatten Wohlgefallen an ihm und hießen ihn bleiben. Zuletzt nahm ihn der Koch in Dienst und sagte, er könnte Holz und Wasser tragen und die Asche zusammenkehren."

Viele Aufgaben sind fortan zu erfüllen, Chancen tun sich auf, Proben sind zu bestehen. Bei allem aber hat der Königssohn einen Helfer. Es ist so, wie Eisenhans versprochen hatte, er selbst wird zum unsichtbaren Begleiter des Königskindes, der ihm hilft, seine Lebenschancen zu nützen. Schließlich kommt der Tag, an dem der Königssohn zu seiner wahren Identität stehen kann. Der König fragt:

„,Bist du der Ritter gewesen, der jeden Tag zu dem Fest gekommen ist, immer in einer anderen Farbe, und der die drei goldenen Äpfel gefangen hat?' fragte der König. – 'Ja', antwortete er, ‚und da sind die Äpfel', holte sie aus der Tasche und reichte sie dem König. ‚Wenn ihr noch mehr Beweise verlangt, so könnt ihr die Wunde sehen, die mir Eure Leute geschlagen haben, als sie mich verfolgten. Aber ich bin auch der Ritter, der Euch zum Sieg über die Feinde verholfen hat.' „

Diese Geschichte zeigt besonders gut, dass keine Erfahrung umsonst gemacht wird und viele dunkle Erfahrungen Vorbereitungen für spätere Lebenssituationen sind. Schritt für Schritt geht der Königssohn seinen Weg, ausgestattet mit den Gaben – aber auch Lasten – seiner Herkunft, bereichert durch verschiedene Begegnungen und gewachsen an den Aufgaben, die das Leben für ihn bereit hielt. Er hat erfahren, dass jede Zeit ihre eigenen Aufgaben hat und er hat aus den Abschiedssituationen seines Lebens gelernt. Am Ende des Märchens steht nicht nur ein glücklich vermähltes Paar, zufriedene Eltern sondern auch ein erlöster Eisenhans:

„Zu der Vermählung kam sein Vater und seine Mutter und waren in großer Freude, denn sie hatten schon alle Hoffnung aufgegeben, ihren lieben Sohn wiederzusehen. Und als sie an der Hochzeitstafel saßen, da schwieg auf einmal die Musik, die Türen gingen auf und ein stolzer König trat herein mit großem Gefolge. Er ging auf den Jüngling zu, umarmte ihn und sprach: ‚Ich bin der Eisenhans und war in einen wilden Mann verwünscht, aber du hast mich erlöst. Alle Schätze, die ich besitze, die sollen dein Eigentum sein.'"
(GEBRÜDER GRIMM)

So wie der Königssohn im Märchen Eisenhans seine ganz persönliche Geschichte hat, trägt jeder von uns sein eigenes *Lebensmärchen* in sich. Es ist voll der Überraschungen, Aufgaben, Prüfungen und Chancen. Und es ist immer auch die Geschichte unser ganz persönlichen Art, mit Abschied, Trennung und Neubeginn umzugehen. Wir möchten die LeserInnen einladen, sich auf die Spuren ihres eigenen „Lebensmärchens" zu begeben!

Zusammenfassend möchten wir an dieser Stelle festhalten:
- Trauer ist ein Lebens-Gefühl, sie begleitet den Menschen von der Geburt bis zum Tod.
- Trauer ist ein Teil der individuellen Lebensgeschichte.

- Trauerinhalte wandeln sich im Laufe der Lebensgeschichte. Entwicklungsbedingte Abschiede stehen neben jenen Verlusten, die den Menschen von außen treffen.
- Trauer ist die natürliche Reaktion auf einen Verlust, einen Abschied oder eine Trennung.
- Trauer bietet die Chance, „gesund" Abschied zu nehmen.
- Trauer trifft den ganzen Menschen, sie beeinflusst sein Fühlen, Denken und Handeln.
- Trauer hat viele Gesichter. Je nach Alter, Entwicklungsstand, sozialem und kulturellem Hintergrund äußert sie sich unterschiedlich.
- Trauerbewältigung ist unter anderem abhängig von positiven ersten Erfahrungen mit Trennung und Verlust. Auch die Möglichkeit, ein soziales Netz der Unterstützung und Hilfestellung zu haben, ist hilfreich.

2.3 Alltagserfahrung Trauer: Eine Standortbestimmung

So wie Lachen und Weinen wie die beiden Seiten einer Medaille untrennbar zusammengehören, so sind auch Verlust und Trauer ein unzertrennbares Geschwisterpaar. Wenn wir über Trauer sprechen, denken wir häufig nur an die ganz großen Verlusterlebnisse in unserem Leben, etwa an den Tod eines geliebten Menschen oder ein Abschiednehmen für immer durch Trennung. Tatsächlich aber ist Trauer eine Alltagserfahrung, unzählige kleine Verluste und Abschiede reihen sich in jeder Stunde, ja in jeder Sekunde unentwegt aneinander:

- Das Ticken der Uhr zeigt an, dass jede Sekunde als ein Stück eines Ganzen zu Ende geht – auch wenn wir nicht wissen, wann unsere Lebensuhr stehen bleibt.
- Jede Stunde, egal ob sie „produktiv" oder nutzlos verbracht wurde, jeder Tag, der am Abend in die Nacht übergeht, geht unweigerlich zu Ende und ist weder kopierbar, noch einmal nachlebbar.
- Jeder Monat als Teil einer Jahreszeit, aufgeteilt wiederum in Tage, geht vorbei und bringt eine Fülle von Bildern: frühlingshaftes Erwachen, bunte Sommerpracht, das leuchtende Gold des Herbstes, Eis und Schnee im Winter – ein sich ständig wiederholender Zyklus! Aber die 365 Tage eines Jahres, angefüllt mit den persönlichen Aspekten unseres Lebens, sind endgültig vorbei und können nicht wiederholt werden. Es ist die alte Geschichte vom Baum, bei dem sich Jahresring an Jahresring reiht – manche Bäume werden sehr alt und haben viele Jahresringe, andere knickt vielleicht ein Sturm schon in jungen Jahren oder sie werden von einer Krankheit befallen, die sie sterben lässt – dann ist die Zahl der Jahresringe kleiner.

- So wie kleine Kinder weinen, wenn sie ihren ersten Zahn verlieren, macht es auch Erwachsene traurig, wenn sie die erste Krone bekommen, später die Zähne verlieren, um ganz zum Schluss ein künstliches Gebiss tragen zu müssen.
- Das Nachlassen der Sehkraft, das Verlieren der Geschmeidigkeit in den Bewegungen, die Probleme mit Gelenken und notwendige Operationen – das alles sind die kleinen Vorzeichen, dass wir uns in einem ständigen Alterungsprozess befinden, der unbarmherzig und unaufhaltsam voranschreitet. Irgendwann verlieren auch „kosmetische Verschleierungsmethoden" ihre Wirkung und dann führt kein Weg mehr vorbei an der Auseinandersetzung mit der eigenen Sterblichkeit.

Eingebettet in diesen großen Kreislauf der Vergänglichkeit sind es die kleinen, unspektakulären, einfachen Abschiede und Verluste, die unser Leben bestimmen. Es macht traurig, den Lieblingsschirm irgendwo stehen gelassen oder ein Taschentuch verloren zu haben; es verursacht Kummer, die neue Wollweste zu heiß gewaschen zu haben. Es macht unendlich traurig, die Lieblingstasse zerbrochen zu haben. Ärger und Zorn (über sich selbst) verursacht häufig der Verlust des Schlüsselbundes. Der sich unweigerlich daran knüpfende Prozess des Suchens und hoffentlich auch Findens beinhaltet echte „Erinnerungsarbeit": „Wann habe ich den Schlüsselbund zuletzt noch besessen, wo und in welcher Tasche . . .?"
Ein Gutteil unserer Lebenszeit verbringen wir ohnedies mit Suchen. Kinder suchen ihren Schnuller, ihr Lieblingsspielzeug, ihre Mutter, ihre Kindergartentasche, ihren Ball, später ihre Federschachtel, ihr Aufgabenheft, den Radiergummi . . . Erwachsene suchen ihre Unterlagen, ein Buch, ihre Hausschuhe, Schlüssel und Geldbörsen, die Armbanduhr, das Fernsehprogramm . . . Selbst im routinierten Alltagsablauf gibt es immer wieder kleine und größere Verluste, die nicht mehr „gut zu machen" sind, die wir akzeptieren und annehmen müssen. Manche Verluste „stecken" wir locker und leicht weg, andere nagen noch lange an uns. Anhand von drei Geschichten aus dem Alltagsleben einer Familie möchten wir den „Kreislauf der Emotionen" aufzeigen und wie die selbst nach außen hin winzig erscheinenden Verluste doch die markanten Spuren eines Trauerprozesses in sich tragen.

Die Suppenschüssel

Heute ist Sonntag. Frau P. bereitet alles für ein festliches Mittagessen vor. Die Schwiegermutter wird zu Besuch erwartet. Aus der Glasvitrine im Wohnzimmer holt sie das Festtagsporzellan – sie hat von ihrer Großmutter ein Ess-Service für 12 Per-

sonen zur Hochzeit geschenkt bekommen: dieses Service hat schon ihre Großmutter bei deren Heirat als Einstandsgeschenk erhalten. Frau P. ist stolz auf die fein geschwungenen, verzierten alten Teller und Platten. Besonders hübsch ist der Suppentopf mit seiner markanten Form. Während der Wohnzimmertisch bereits gedeckt ist, nimmt sie den Suppentopf mit in die Küche, um ihn mit heißem Wasser vorzuwärmen. Während sie den Wasserwärmer füllt und einschaltet, kommt der Hauskater Miko in die Küche und umstreift die Füße seines „Frauchens". Lautes Miauen deutet auf Hunger hin. Frau P. öffnet die Türe des Küchenkastens, um eine Dose Katzenfutter aus dem obersten Fach herauszuholen. Die schwere Dose entgleitet ihren Händen und fällt direkt auf die am Arbeitsfeld darunter stehende Suppenterrine. Frau P. schreit auf, der feine Porzellantopf zerspringt in tausend Scherben.
(TROPPER, D.)

Frau P.'s Reaktionen auf dieses Ereignis: Der Schreck ist ihr ins Gesicht geschrieben; sie ist bleich und zittrig und faltet die Hände, später hält sie die Hände vor das Gesicht unter dem Aspekt: „Das ist alles nicht wahr!"
Da sich der Kater unbeeindruckt von diesem Vorfall zeigt und weiter laut miauend nach Fressen verlangt, gerät Frau P. in Wut und Zorn: laut schreiend beschuldigt sie das Tier, an diesem „Unglück" schuld zu sein und jagt ihn aus der Küche. Später wird sie die Schwiegermutter beschuldigen, da sie ihretwegen das schöne Service aufdecken hätte müssen.
Das Unglück lässt sich nicht mehr abwenden, der Topf ist nicht mehr wiederherstellbar: Unendliche Traurigkeit befällt Frau P., sie bricht in Tränen aus und denkt an ihre Großmutter. Die Bilder ihres Hochzeitstages wirbeln durch den Kopf und die Erinnerung an die große Freude, als ihre Großmutter geheimnisvoll das Riesenpaket Frau P. mit den Worten übergab: „Jetzt sollst du es haben und es soll dir Glück bringen!"
Sie ist verzweifelt, hat Schuldgefühle gegenüber ihrer schon längst verstorbenen Großmutter, weil sie nicht gut genug auf das Service aufgepasst hat.
Langsam räumt sie die Scherben weg. Der geschwungene, verzierte Halteknopf vom Suppentopfdeckel ist unbeschädigt. Frau P. hebt ihn auf und legt in ihre Glasvitrine – erst ein Jahr später wird sie beim nächsten Putz auch dieses Reststück wegwerfen. Die anderen Scherben landen im Müll.
Die Katze hat sich in eine Ecke zurückgezogen und wartet noch immer geduldig auf ihr Fressen. Frau P. gibt ihr Futter und streichelt versöhn-

lich den alten Kater, den eigentlich keine Schuld an diesem „Unglück" trifft.
Das Mittagessen gelingt ihr nicht gut, sie sitzt wie eine geknickte Blume bei Tisch und hat das Gefühl, ihre Schwiegermutter kaum ertragen zu können.
Eine Woche später holt sie die alten Fotoalben aus dem Sekretär und blättert darin. Beim Hochzeitsfoto ihrer Großeltern empfindet sie Dankbarkeit dafür, dass ihre Großmutter ihr das Service geschenkt hatte, auch wenn es jetzt ohne Suppenterrine ist.

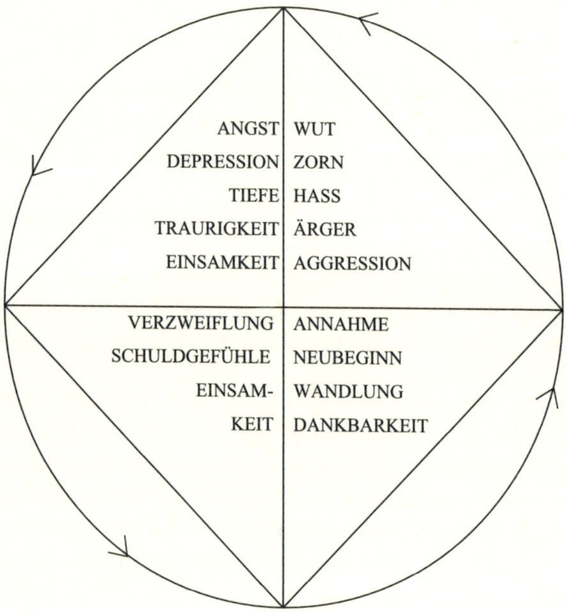

Abb. 4: Kreislauf der Emotionen

Die Mathematikarbeit

Die Familie P. besteht aus den Eltern und zwei Kindern: Melanie, 10 Jahre und Stefan, 14 Jahre alt. Es ist Montag und Stefan hat heute eine Mathematikschularbeit. Dieser Gegenstand ist nicht gerade sein Lieblingsfach: Formeln, Kurven und Gleichungen fallen ihm schwer. Das ganze Wochenende hatte er in seinem Zimmer mit Lernen verbracht. Dennoch ist er heute morgen sehr nervös. Das Frühstück verwei-

gert er, stattdessen schaut er noch einmal ins Mathematikbuch – um sich selbst zu beruhigen. Beim Einpacken der Schulsachen vermisst er plötzlich den Taschenrechner, den er für die Schularbeit unbedingt benötigt. Panik breitet sich in ihm aus. Er wirft alles durcheinander, beginnt zu schreien und beschuldigt seine Mutter, beim Aufräumen den Rechner verlegt zu haben. Frau P. stellt dies heftig in Abrede: Sie würde nur am Mittwoch die Kinderzimmer aufräumen und im übrigen sei der „Saustall" in diesem Zimmer für den Verlust des Rechners verantwortlich. Würde Stefan Ordnung halten, meinte Frau P., dann müsste er nicht jetzt so knapp vor Schulbeginn seine Sachen suchen!
(TROPPER, D.)

Diese Sequenz geht folgendermaßen zu Ende: Stefan schlägt in seiner Panik und Verzweiflung nur noch wild um sich. Trauer in Form von Wut, Zorn und Aggression überschatten den möglichen Verlust. Seiner Schwester Melanie gelingt es, ihn zu beruhigen. Gemeinsam überlegen sie, wann er den Taschenrechner zum letzten Mal verwendet und wo er ihn immer abgelegt hat. Systematisch durchsuchen die Beiden gemeinsam Zentimeter um Zentimeter des Zimmers. Melanie findet ihn schließlich unter einer am Boden liegenden Jeans. Stefan ist überglücklich – die Schularbeit an diesem Tag wird ihm gut gelingen. Frau P. fühlt sich bestätigt was die Unordnung in seinem Zimmer anbelangt. Melanie ist froh, dass sie ihrem Bruder helfen konnte – in letzter Zeit gab's zu oft Streit zwischen den Geschwistern.

Das graue Haar

Herr P. steht jeden Morgen um vier Uhr in der Früh auf. Er arbeitet als Bauingenieur bei einer Firma, die gut 100 Kilometer vom Wohnort der Familie entfernt ist. Wenn er morgens aufsteht, schlafen noch alle. Bevor er ins Badezimmer geht, schaltet er den Kaffeeautomaten ein. Herr P. ist 43 Jahre alt. Beim Rasieren, nach einem langen, kritischen Blick in den Spiegel, bemerkt er beim Stirnansatz ein graues Haar. Obwohl sein Gesicht noch halb mit Rasierschaum bedeckt ist, legt er den Rasierer zur Seite und kommt mit dem Kopf näher an den Spiegel heran. „Tatsächlich, mein erstes graues Haar", denkt Herr P. Und während er einen langen Blick in den Spiegel wirft, taucht plötzlich das Gesicht seines Vaters auf, die Erinnerung an sein Begräbnis. Herr P. war damals 8 Jahre alt und er durfte nicht weinen. Seine Mutter hatte gesagt: „Du musst ein starker, braver Bub sein!" Sein Vater war mit 34 Jahren nach einem Motorradunfall gestorben. Er hatte wohl noch keine grauen Haare gehabt . . .
Herr P. erinnert sich an die Zeit danach. Seine kleine, zarte Mutter war eine äußerst zähe, harte Person geworden. Wenn sie heute jeden Sonntag zum Mittagessen vorbei schaut, dann kommt immer irgendwann der Punkt, wo sie ihrem Sohn vorwirft, wie groß die Entbehrungen waren, die sie auf sich nehmen musste, um ihm das Studium zu ermöglichen. Neben der Arbeit in einer Wäscherei hatte sie noch als Näherin zu Hause für eine Fabrik gearbeitet.
Herr P. betrachtet sein Gesicht. Die Arbeit am Bau hat es gebräunt, aber viele kleine Kerben und Falten sind zu sehen. In einem inneren Zwiegespräch stellt er sich viele

Fragen: „Bin ich glücklich? Ich sehe meine Familie so selten. Meine Kinder sind groß geworden, ohne dass ich es bewusst erlebt habe. Ist meine Frau eigentlich glücklich?" Herr P. nimmt wieder den Rasierer zur Hand und vollzieht wie mechanisch seine Morgentoilette. Er wird auch heute wieder – wie immer – zur Arbeit fahren und erst spät abends müde nach Hause kommen.
(TROPPER, D.)

Das erste graue Haar hat bei Herrn P. gewissermaßen eine „Erinnerungsspur" in die Vergangenheit gelegt. Das ist nichts Ungewöhnliches.

Vorangegangene Verluste begleiten uns immer wieder, sind aufgehoben in jeder Entwicklungsstufe (vgl. 4.4) und kommen je nach neuem Anlassfall intensiver oder weniger stark zum Tragen. Ganz kleine, alltägliche Trauererlebnisse und Verluste können bereits markante Trauerprozesse mit sich bringen. Wir nehmen uns häufig zu wenig Zeit, diese kleinen Lebens-Abschiede bewusst anzuschauen, die kleinen Verluste bewusst zu verabschieden. Das soll aber nicht als Anleitung zum unentwegt und unendlich Traurig-Sein verstanden werden! Manche Trauerereignisse lösen sich von selbst auf, weil durch *suchen* und *finden* erst gar kein Abschiednehmen und Loslassen notwendig wird (Beispiel: Stefan). Andere Alltagsereignisse brauchen „ihre" *Zeit*, bis man sie in *Dankbarkeit* annehmen kann, wie sie sind (Beispiel: Frau P.). Manchmal bedarf es einfach der *Routine des Alltagsgeschehens*, die den Menschen weiterführt im Lebenslauf jener unabwendbaren Ereignisse, die man weder vorherbestimmen noch abwenden kann (Beispiel: Herr P.).

Der Kreislauf der Emotionen von *Angst* und *Depression*, über *Wut, Ärger, Zorn*, manchmal auch *Hass*, weiter zu *Verzweiflung* und *Schuldgefühlen* bis zur *Annahme* in *Dankbarkeit* und einem *Neubeginn* wird von uns allen jeden Tag unendlich oft durchlebt, durchlitten – bewusst oder unbewusst. Trauer ist *die* Emotion unseres Lebens und hat viele Farben und Formen.

Dimensionen sprengen

Man	nicht	
sieht	weiter	
im	als	
Regen	bis	
nie	zu	
die	den	
Sonne	Wolken	
weil	denken	
man	kann	(TROPPER, E.)

2.4 Trauerbegleitung: Ein Grundbaustein zwischenmenschlicher Begegnung

Klaus' Geschichte

„... und dann spüre ich die warmen Hände von Peter. Er nimmt mich in die Arme. Wortlos setzt er sich neben mich. Es gibt ja auch nichts zu sagen. Klara ist tot. Eine Welt – meine Welt – ist zusammengebrochen. In der langen Zeit ihrer Krankheit konnte und wollte ich nicht daran denken, dass ihr Kampf gegen die Krankheit auch erfolglos sein könnte. Sie musste leben! Wir taten doch alles menschenmögliche ... Und doch: Klara hat ihren Kampf verloren. Ich bin allein. Niemand kann mich verstehen. Niemand kann mich trösten. Eine große Dunkelheit legt sich um mich. Ich spüre nur eine große Wunde in mir.
Peter ist gekommen, der Freund aus Jugendtagen. Wir hatten uns schon fast aus den Augen verloren ... Peter hatte von Klaras Krankheit erfahren. Er hatte den Mut, uns zu besuchen – damals, als alles noch möglich schien: Heilung, Leben, Zukunft.
Peter hat nicht weg geschaut. Er hat es ausgehalten, meinen Schmerz und Klaras Kampf zu sehen.
Jetzt ist Peter bei mir. Schweigen. Wärme. Nähe. Wortlos hängen wir unseren Gedanken nach. Peter legt mir die Hand auf die Schultern: ‚Lass uns ein paar Runden drehen'. Er holt meinen Mantel. Wir gehen in die Dunkelheit. Seite an Seite gehen wir in die schwarze Nacht, die mir schwärzer erscheint als das tiefste Dunkel. Der Lärm vorbeifahrender Autos dringt wie durch einen dicken Wattebausch an mein Ohr. In meinem Kopf dröhnt und hämmert es: ‚Klara ist tot ... Klara ist tot ... Klara ist tot'. Der Rhythmus der Worte stimmt mit dem Rhythmus meiner Schritte überein. Peter ist neben mir ... Ganz langsam löst sich in mir ein Knoten. Ich spüre die kalte Abendluft und schmecke das Salz meiner Tränen. Peter nimmt meinen Arm. Wir gehen nach Hause. Er bleibt bei mir und wird Zeuge meiner Tränen. Endlich nach so vielen Wochen kann ich meinen Schmerz aus mir heraus fließen lassen. Peter hält das aus – der Freund, mit dem ich in Jugendtagen soviel gelacht habe, der Freund, dem kein Abenteuer zu verwegen, keine Idee zu verrückt sein konnte. Wie gut, dass er mich aushält in meinem Elend!"
(SPECHT-TOMANN, M.)

Trauerbegleitung als Freundschaftsdienst. Trauerbegleitung als Facette zwischenmenschlicher Begegnung. „Nichts Besonderes" – und doch oft das einzig wirklich Hilfreiche, Tröstende! Zahlreiche Berichte trauernder Menschen unterstreichen die Bedeutung zwischenmenschlicher Begegnung, menschlicher Wärme und Nähe in den stürmischen Zeiten der Trauer. Doch in Epochen, in denen die Trauer ein Tabu-Thema ist, kann es schwierig sein, sich dieses mitmenschlichen Auftrages bewusst zu werden. Es fällt vielen Menschen schwer, auf Trauernde zuzugehen. Leichter erscheint es, die Straßenseite zu wechseln, den Kopf zur Seite zu drehen, den Trauernden zu „übersehen". Ein paar eilig niedergeschriebene Beileidszeilen – damit fühlen sich viele Zeitgenossen von der Aufgabe entbunden, Menschen ihrer engeren

Umgebung auf ihrem Trauerweg zu begleiten. Wissenschaftliche Untersuchungen belegen jedoch eindrucksvoll, wie wichtig das soziale Netz gerade für jene Menschen ist, die einen Verlust erlitten haben.

Giselas Geschichte

„Nach dem Tod meiner Eltern fühlte ich mich so unendlich verlassen und einsam. Ich sehnte mich nach Menschen, die mich liebten, verstanden, mich bedingungslos akzeptierten. Ich suchte die Nähe von Bekannten und Freunden. Doch ich musste erleben, dass die Gespräche ins Stocken gerieten, wenn ich an den Tisch trat, dass Menschen die Straßenseite wechselten, wenn sie mich erblickten . . . Auch die Kolleginnen am Arbeitsplatz wollten so rasch wie möglich zum alltäglichen Geplauder übergehen und meine Wunde, meinen Schmerz nicht wahrhaben. Oder konnten sie es nicht?

Ich fühlte mich verstoßen, aussätzig, hatte meine Orientierung verloren und wusste nicht, was ich anders machen könnte. Meine Einsamkeit wuchs von Tag zu Tag. Ebenso wuchs meine Sehnsucht, in einer Gemeinschaft aufgenommen zu werden, mich als Teil eines Ganzen zu begreifen. Ich war so hilflos und so furchtbar klein. Ich bekam immer häufiger Kopfschmerzen und in der Nacht wälzte ich mich unruhig von einer Seite auf die andere. In meiner Not vertraute ich mich meinem Hausarzt an. Es hat mir gut getan, meine Enttäuschung über die Bekannten und Freunde los zu werden. Er hat mir 'nur' zugehört. Dann hat er mir die Adresse einer Selbsthilfegruppe gegeben. Das war für mich wie ein Rettungsanker. Mit Angst und vielen Fragezeichen in meinem Kopf bin ich zu einem Treffen gegangen – und fand endlich Gleichgesinnte, Menschen, denen es wie mir ergangen ist. Dort lernte ich meinen Schmerz auszudrücken, dort fand ich Möglichkeiten, meinen ganz persönlichen Trauerweg zu gehen. Und ich fand die nötige Unterstützung, alte Kontakte wieder aufzugreifen und am Leben 'draußen' wieder Anteil zu nehmen."
(SPECHT-TOMANN, M.)

Die so genannten „menschlichen Grundbedürfnisse" melden sich vor allem in turbulenten Zeiten vehement zu Wort. Das Bedürfnis nach *Annahme,* nach *Liebe,* nach *Beachtung* im Gespräch, nach Möglichkeiten, sich an *Vorbildern zu orientieren* und vor allem das Grundbedürfnis, sich einer *Gemeinschaft zugehörig* zu fühlen, begleiten den Menschen auf seinem Lebensweg. Mangelhafte Erfüllung dieser elementaren Lebensbedürfnisse bringen Rückzug, Aggressivität, Verhaltensprobleme oder gar psychosomatische Symptome – also seelisch-körperliche Störungen – mit sich. Viele der seelischen und körperlichen Reaktionen auf einen Verlust können durch eine liebevolle Begleitung gelindert werden. Zudem fällt es den meisten Trauernden leichter, sich ihrer Trauerarbeit zu stellen, wenn sie zwischenmenschliche Unterstützung bekommen. Das kann bei regelmäßigen Treffen mit den Nachbarn geschehen, bei der täglichen Zigarettenpause mit Kollegen am Arbeitsplatz, bei Telefongesprächen mit Freunden oder bei Begegnungen mit dem Frisör, dem Hausarzt, dem Seelsorger. Professionelle Helfer sind dabei weniger in ihrer Rolle als Fachleute gefragt, vielmehr geht es um die Dimension der Mitmenschlichkeit und Solidarität.

Werners Geschichte

„Nach dem Verlust meines Arbeitsplatzes haben mir die Gespräche mit meinem Nachbarn sehr geholfen. Ich konnte meinen Frust abreagieren und ich konnte in diesen Gesprächen vieles herausfinden – über meine Exkollegen, meinen Ex-Chef und vor allem über mich selbst. Mir wurde langsam bewusst, wie tief der Schmerz über die verlorene Arbeitsstelle ging. Uralte Erinnerungen tauchten in mir auf, Kinderbilder, Klassentüren, die sich hinter mir schlossen: *ausgestoßen;* Fußballspiele, in denen ich vom Platz gestellt wurde: *ausgeschlossen;* ein Fahrradunfall, bei dem ich von größeren Jungen verspottet wurde: *ausgelacht* . . . – das alles zog wie ein Film an mir vorbei. Mit einem Mal wurde mir klar, dass mein großer Schmerz nicht nur durch das jetzige Ereignis ausgelöst wurde. Klar, es war hart, die Arbeitsstelle zu verlieren, doch ich hatte gute Chancen, bei einer anderen Firma unterzukommen. Was so besonders schmerzte war, an alte Niederlagen erinnert zu werden, alte Narben wieder aufbrechen zu spüren. Ich bin meinem Nachbarn sehr dankbar, dass er mir so geduldig zugehört hat und mit mir so manches Bier bei tristen Gesprächen getrunken hat!!" (SPECHT-TOMANN, M.)

Trauerbegleitung ist nicht nur auf Situationen beschränkt, die mit dem Verlust eines Menschen oder existenzieller Sicherheiten zusammenhängen. In vielen Lebensabschnitten müssen Abschiede und Trennungen vollzogen werden, um auf dem Lebensweg gut weitergehen zu können. Diese „kleinen" Abschiede können für den Einzelnen ebenso schwer zu bewältigen sein wie der Tod eines nahestehenden Menschen oder der Verlust eines Lebensraumes. Wir haben bereits auf die lange Geschichte entwicklungsbedingter Abschiede hingewiesen (vgl. 2.2). Aus vielen Gesprächen wissen wir, dass es den meisten Menschen jedoch schwer fällt, diese Entwicklungsschritte mit Trauer und Trauerarbeit in Beziehung zu setzen. So werden Kinder oft als „auffällig" abgestempelt, wenn sie Übergänge nicht in der üblichen und sozial akzeptierten Form schaffen. Vergleicht man die Palette gezeigter Reaktionen und Gefühle mit denen eines klassischen Trauerprozesses (vgl. 4.1), wird man meistens große Ähnlichkeiten entdecken. Es kommt viel häufiger vor, als man meinen möchte, dass der Übergang von einem Lebensabschnitt in den nächsten mit Verlust gleichgesetzt wird und die positiven Seiten des Neuen gar nicht so positiv erlebt werden können. Es sind diese „kleinen Tode", die sehr oft übersehen und nicht oder nicht geeignet begleitet werden.

Trauerbegleitung könnte für den Alltag im Leben mit Kindern beispielsweise heißen, achtsam mit den Übergangssituationen umzugehen, den Kindern Raum und Zeit für ihre Trauer zu geben, sie bei ihrer Trauerarbeit zu unterstützen und nicht ein rasches Erledigen zu fordern. Trauern ist eine sehr persönliche Angelegenheit – in allen Altersstufen!
Und Trauerbegleitung ist in allen Altersstufen echte Lebenshilfe – Hilfe zu leben!

Julias Geschichte

Julia war das einzige Kind ihrer Eltern. Sie wuchs sehr behütet in einem alleinstehenden alten Haus am Stadtrand auf. Julia, ein zartes, blondes Mädchen kam mit vier Jahren in den Kindergarten. Doch so einfach, wie sich das ihre Eltern gedacht hatten, war der Schritt von der ruhigen, idyllischen Atmosphäre in den Kindergarten nicht. Julia ließ sich zwar bereitwillig in den Kindergarten bringen, doch einmal dort angekommen, wollte sie sich nicht von der Hand ihrer Mutter lösen. Mit großen, blauen Augen schaute sie die Kindergartentante an, lächelte freundlich – doch um nichts in der Welt ließ sie die Hand der Mutter los. Tage vergingen, die Mutter blieb bei dem Kind. Doch das konnte nicht so weitergehen. Schließlich bot Tante Manuela Julia jeden Morgen ihre Hand an, und eines Tages ergriff die Kleine freudestrahlend die Hand der Tante – um sie den ganzen Vormittag nicht mehr loszulassen. Löste die Tante sich aus der kindlichen Umklammerung, kullerten große Tränen über das zarte Kindergesicht. Niemand konnte Julia trösten. Julia war erst wieder zufrieden, wenn die Tante wieder ihre Hand nahm. Auch niemand anderer konnte die Stelle der Tante einnehmen.
So kam es, dass Julia den ganzen Vormittag an der Hand von Tante Manuela blieb, niemals mit den anderen Kindern spielte, sondern deren Spiele, Streitereien und Lachen nur aus der Ferne beobachtete. Nicht einmal den wiederholten Aufforderungen von Martin, einem sehr beliebten und in der Kinderschar hoch angesehenen dunklen Lockenkopf, doch „seine Prinzessin" zu sein, konnte sie folgen.
Es vergingen Tage und Wochen und alle schienen sich daran gewöhnt zu haben, dass Julia gleichsam eine „Verlängerung" der Tante war. Julia hatte zwar einen halben Schritt in ihrer Entwicklung zum Kindergartenkind getan, doch schien sie Schwierigkeiten zu haben, diesen Schritt zu Ende zu führen. Eines Tages passierte beim Spielen an der Schaukel ein kleiner Unfall, ein Kind fiel herunter und verletzte sich an der Hand. Tante Manuela musste zu Hilfe eilen. In ihrer Sorge um das verletzte Kind, nahm sie Julias kleine Hand und drückte sie einfach der auch anwesenden Praktikantin in die Hand. Das Erstaunen der Tanten war dann groß, als Julia diesen Handwechsel sehr gelassen hinnahm.
Von da an machte Julia in ihrer Selbständigkeit große Fortschritte. Immer häufiger kam es vor, dass sie selbst den Ort ihrer Sicherheit verließ, die Hand losließ und sich zaghaft den Spielen der Kinder zuwandte. Jede Unstimmigkeit, jedes Erschrecken führte sie allerdings rasch zurück zum Hafen „Hand". Die Tanten ließen Julia Zeit und die Kinder freuten sich, wenn Julia mitspielen wollte. Martin war stolz, dass

auch seine Hand für das blonde Mädchen bald wichtig wurde und ihr Sicherheit gab.
Nach und nach löste sich Julia aus dem Gefängnis ihrer Angst und Unsicherheit. Sie konnte ihre neu gewonnene Freiheit auskosten und gewann zusehends an Sicherheit: Sie hat es durch die behutsame Begleitung ihrer Umwelt geschafft, einen wichtigen Schritt in ihrer Entwicklung zu vollziehen, sich von der geschützten Heimat hinaus ins Leben zu wagen. Dabei musste sie lernen, Abschied zu nehmen von den Formen des sozialen Miteinanders, die ihr vertraut waren. Wichtig war es für das kleine Mädchen, dass man ihr die nötige Zeit gab. Aus welchen Gründen auch immer war es für dieses Mädchen besonders schwer, seinen Abschied von der geschützten Welt ihres Zuhauses zu vollziehen. Geduld, Verständnis, liebevolle Zuwendung, Unterstützung und die Bereitschaft, Julia selbst ihren Weg finden zu lassen, waren für den positiven Ausgang dieser Trauergeschichte entscheidend."
(SPECHT-TOMANN, M.)

Nur selten ist es notwendig, gezielte therapeutische Hilfe in der Begleitung einzuholen (vgl. 3.6). Dies kann unter bestimmten Umständen hilfreich und notwendig sein. Ein allzu frühes Delegieren an „Experten" halten wir allerdings für ein Zeichen jenes Tabuisierungsprozesses, an dessen Ende das Verdrängen und Verleugnen von Krankheit, Schmerz, Leid und Trauer stehen.
Was ist gegen die große Berührungsangst vieler Menschen unserer Zeit dem Thema Trauer gegenüber zu tun?
Einmal kann die öffentlich geführte Diskussion über Tod und Sterben als Teil des Lebens helfen, den Tod und damit die Trauer wieder ins Leben zurückzuholen. Wenn es gesellschaftlich wieder erlaubt ist, über Möglichkeiten des Sterbens – etwa in einer Hospizstation oder zu Hause – offen zu sprechen, wird es auch leichter, die damit verbundenen Gefühle wahrzunehmen.
Auch die Rückbesinnung auf die zahlreichen Verlustsituationen des eignen Lebens und was in diesen Situationen geholfen bzw. gefehlt hat, ist hilfreich. Hat ein Mensch schon einmal erlebt, wie gut es tut, im Schmerz eines Abschiedes in den Arm genommen zu werden, wird er vielleicht seine Scheu, einem Trauernden Nähe zu schenken, ihm zu begegnen, leichter überwinden. Ein Grundwert des menschlichen Zusammenlebens besteht in der *Achtung der Person* des anderen und in der *Förderung* seines *seelischen und körperlichen Wohlergehens*. Dies ist nicht eine Angelegenheiten für Spezialisten und spezielle Institutionen, dies ist eine Sache, die uns alle betrifft! Es ist ein Akt der Nächstenliebe und Solidarität.

Sommerbild
Ich sah des Sommers letzte Rose stehn,
Sie war, als ob sie bluten könne, rot;
Da sprach ich schaudernd im Vorübergehen:
So weit im Leben ist zu nah am Tod!
Es regte sich kein Hauch am heißen Tag,
Doch, ob auch kaum die Luft sein Flügelschlag
Bewegte, sie empfand es und verging.
(HEBBEL, F.)

„. . .und hie und dort ein Kreuz . . ." (TRAKL)

3 KINDER UND TRAUER

3.1 Bruder Verlust – Schwester Trauer: Etwas verlieren macht traurig

Kinder und Trauer? Diese beiden Begriffe scheinen aufs erste überhaupt nicht zusammen zu passen. Die meisten Menschen verbinden mit dem Wort „Kinder": Spielen, Lachen, Freude, Aktiv-Sein, Toben – vielleicht auch Lärm, Streiten, Herumklettern, Unruhe, Bewegung. Doch Trauer?
Dieses Wort fügt sich nicht so leicht in das Bild vom Kind-Sein. Ein alter Kindervers drückt das kurz und bündig aus:

> „Vögel, die nicht singen,
> Glocken, die nicht klingen,
> Pferde, die nicht springen,
> Pistolen, die nicht krachen,
> Kinder, die nicht lachen,
> was sind das für Sachen?"

Ja, es ist nicht leicht, Kinder traurig zu sehen! Doch das Traurig-Sein ist aus keinem Leben, auch nicht aus dem Leben von Kindern, wegzudenken. Es ist die natürliche Reaktion auf Trennung, Verlust und Abschied – und das sind alles Erfahrungen, die das Kinderleben ebenso begleiten, wie das Leben von Erwachsenen.
Wie begegnen Erwachsene nun der kindlichen Trauer? Bei den großen Verlusten des Lebens besteht häufig die Tendenz, Kinder auszuschließen. So bleibt z. B. das Begräbnis der Großmutter, der Abschied von einem Elternteil oder das langsame Sterben eines Geschwisters oft hinter einer Mauer des Schweigens verborgen. Man will den Kindern die Trauer ersparen, sie vor den Belastungen verschonen, ihnen diese schweren Emotionen nicht zumuten. Und man ist hilflos. Ohnmächtig, erstarrt, wie gelähmt stehen viele Erwachsene den fragenden, ernstblickenden, traurigen Augen der Kinder gegenüber. Doch mit dem Verschweigen, Zudecken und Fernhalten enthält man Kindern ihren eigenen Zugang zu den Ereignissen vor und nimmt ihnen die Möglichkeit, gesund Abschied zu nehmen. Dabei wäre ein ehrlicher Umgang mit Kindern gerade auch bei einem so heiklen Themen-

kreis wie Sterben, Tod und Trauer für eine gesunde Entwicklung sehr wichtig. „Geteiltes Leid ist halbes Leid" – wie gut könnte dieses Sprichwort greifen, würde man den Mut aufbringen, den Kindern die Ereignisse des Lebens nicht mit einem Weichzeichner zu vermitteln, sondern auch die dunklen Seiten des Lebens erfahrbar zu machen. Kinder könnten dann statt Ausgrenzung Solidarität erleben, statt Verschweigen behutsames Begleiten, statt ohnmächtigem Zuschauen-Müssen gemeinsames Tun. Sie könnten die Erfahrung machen, dass gemeinsames Weinen heilsam ist, dass eine Umarmung die Trauer zwar nicht wegbläst, aber leichter aushalten lässt.

Wir haben jetzt eher die großen Verluste angesprochen. Und wie ist der Umgang mit kindlichen Gefühlen bei den sog. kleinen Verlusten, die sich im Laufe des Lebens – auch des Kinderlebens – ereignen? Was geschieht, wenn der Lieblingsteddy nirgends zu finden ist, wenn sich der Nachbarshund nicht mehr streicheln lässt oder der Weihnachtsengel zu Boden fällt und zerbricht? Was passiert, wenn die geliebte Katze überfahren wird, wenn der Kanarienvogel stirbt oder die Lieblingspuppe verloren gegangen ist? Meistens versuchen Erwachsene rasch den Alltag Einkehr halten zu lassen. Die Kindertränen werden entschlossen weggewischt, die Kinder werden vertröstet und das vermisste Tier oder das verlorene Spielzeug durch ein neues ersetzt. Nur zu oft fehlt es an Verständnis dafür, dass Trauer und Traurig-Sein keine Frage des Alters ist. Und auch der Inhalt, um den getrauert wird, muss durchaus nicht nur der Welt der Erwachsenen und deren Vorstellungen entspringen. Es kann sehr wohl traurig machen, wenn der allabendliche Besuch der Nachbarskatze ausbleibt, wenn die selbstgepflanzte Blume ihren Kopf hängen lässt und schließlich vertrocknet. Es kann traurig machen, wenn der große Bruder aus dem Elternhaus auszieht, wenn der Lieblingsonkel in eine andere Stadt übersiedelt, wenn ein lieber Schulfreund die Schule wechselt. Oft fehlt den Kindern und Jugendlichen die Möglichkeit, sich ihren Schmerz und ihre Enttäuschung aber auch den Zorn und die Wut von der Seele zu reden. In der Welt der Erwachsenen ist meistens wenig Platz für Kindersorgen und Kindertrauer.

„Das wird gleich wieder gut – geh nur spielen!"

„Wegen so einer Kleinigkeit musst du doch nicht traurig sein!"

„Du wirst bald wieder neue Freunde finden, du darfst dich nur nicht so zurück ziehen!"

„Du weinst wegen einer abgebrochenen Rose? Mach' Dich nicht lächerlich, da sind doch noch so viele andere Rosen!"

Die Liste an unbedachten Äußerungen und unsensiblen Reaktionen ließe sich beliebig fortsetzen. Auf den ersten Blick mögen einige Reaktionen der kindlichen Trauer ja tatsächlich nicht so leicht verständlich sein. Doch in der Welt der Kinder sehen Trauersituationen und Trauerreaktionen eben ein Bisschen anders aus als in der Welt der Erwachsenen. Lachen und Weinen, Trauer und Freude, Zorn und Begeisterung hängen noch viel unmittelbarer zusammen, als dies für spätere Lebensabschnitte zutrifft.

Die Zeit der eigenen Kindheit mag für viele weit zurückliegen und der Zugang zum inneren Kind in jedem Menschen sehr tief verborgen sein. Dennoch ist es gerade dieses Kind im Erwachsenen, das immer wieder aufs Neue zum Lehrmeister des Umgangs mit Trauer wird oder werden könnte.

Es sind die frühen Erfahrungen im Leben jedes Menschen, die die Basis für die Bewältigung oder Nicht-Bewältigung von Verlust- und Trauersituationen schaffen (vgl. 4.4).

Trauer ist als Grundgefühl in den emotionalen Teppich eingewoben, der uns den Umgang mit den Stürmen des Lebens ermöglicht. Die Umschreibung „Bruder Verlust – Schwester Trauer" soll auf die Vertrautheit hinweisen, die vor allem bei Kindern mit diesem Thema zu beobachten ist. Aufgewachsen in einem Milieu, das Urvertrauen und Geborgenheit vermitteln konnte, wird ein Kind mit traurigen Situationen umgehen können. Urvertrauen im Zusammenhang mit einer positiven Trauerbewältigung heißt: Das Kind muss zu Beginn seines Lebens erfahren haben, geliebt, angenommen und in seinen Gefühlen ernst genommen zu werden. Das liebevolle elterliche Verhalten einem Baby gegenüber ist demnach echte Lebenshilfe *und* Hilfestellung zur *ersten Trauerarbeit.*

Überall wo dies nicht geschieht, wirkt sich das ungünstig auf die ganze psychosoziale Entwicklung aus – eben auch auf das Trauererleben und Trauerverhalten. Ohne Hilfestellung werden Verluste und die daraus folgenden Gefühle vom Kind als feindlich und bedrohend erlebt. Aus einem „Bruder Verlust" wird ein „Ungeheuer Verlust", aus einer „Schwester Trauer" eine „Hexe Trauer". Und tatsächlich fühlen sich Kinder, die in ihrer Trauer allein gelassen sind, wie verhext. Sie sind nicht mehr die „alten". Erwachsene sprechen dann oft von auffälligem kindlichen Verhalten, besonders dort, wo Kinder sozial schwierige Formen der Abwehrreaktionen zeigen – etwa Aggression, Regression, Depression. Dort aber, wo Kinder verdrängen und verleugnen, die Verlustsituationen gar nicht als solche wahrhaben können oder ihre

Trauer durch heftige Aktionen kompensieren, werden sie von Erwachsenen in ihrer Trauer häufig „vergessen".

Es ist wichtig:
- sich der Tatsache bewusst zu werden, dass „etwas verlieren" *immer* traurig macht;
- alle Anlässe des Traurig-Seins ernst zu nehmen;
- zu wissen, dass dieses Traurig-Sein eine normale Reaktion ist;
- zu akzeptieren, dass die Ausdrucksformen von Traurig-Sein verschieden sind;
- verschiedene Formen des Traurig- Seins wertfrei zu sehen und auszuhalten;
- zu wissen, dass Trauern seine Zeit braucht;
- zu hoffen, dass das Kind gesund und heil aus den Verlusterfahrungen seines Lebens hervorgeht!

Kehren wir zurück zum Kinderalltag und schauen einmal nach, welche Anlässe und Situationen es sein können, die das Kind traurig machen. Ein *Baby* oder *Kleinkind* kann z. B. traurig sein:
- wenn sein Weinen nicht gehört wird.
- wenn es seine Rassel, die so wunderbare Töne von sich gibt, verloren hat.
- wenn es den Schnuller nicht mehr findet.
- wenn die Mutter aus dem Haus geht.
- wenn seine Einschlafpuppe nicht zu finden ist.
- wenn die Menschen seiner Umgebung selbst traurig sind.
- wenn der Tagesablauf grob gestört wird.

Maria

Maria, ein kleines dunkelhaariges Mädchen mit großen braunen Haselnussaugen, ist der ganze Stolz ihrer jungen Eltern. Von ihrer Großmutter bekommt sie eine wunderbar weiche, kuschelige Puppe geschenkt. Diese Puppe, Puppa genannt, darf Maria jeden Abend mit in ihr Bett nehmen. Glücklich und zufrieden schmiegt Maria ihre rosigen Wangen an das Gesicht der Puppe. Ihre Mutter singt noch ein Abendlied, „packt" die Kleine gut ein, streicht ihr liebevoll über den Kopf und verlässt das Zimmer. Abend für Abend wiederholt sich dieses Ritual. Maria ist nach Auskunft ihrer Großmutter wirklich ein „pflegeleichtes" Kind. Und die Großmutter muss es wissen, hat sie selbst doch sechs Kinder auf die Welt gebracht und großgezogen.
Eines Tages passiert etwas Unerwartetes, das auf Marias Leben einen Schatten wirft. Als es wieder einmal Zeit zum Schlafengehen wird, kommt Maria laut schreiend aus ihrem Zimmer gestürzt. Die Mutter nimmt Maria auf den Arm und versucht aus dem schluchzenden Kind ein paar Wörter herauszubekommen. Außer: „Puppa weg, weg,

weg . . .!" kann die Kleine jedoch nichts sagen. Die Mutter nimmt Maria an der Hand und gemeinsam machen sie sich auf die Suche nach der Kuschel-Einschlafpuppe. Doch es ist wie verhext, die Puppe läßt sich nicht finden.
Marias Tränenstrom lässt allmählich nach, sie sitzt still in einer Ecke, steckt den Ärmel ihres Pyjamas in den Mund und schaukelt ihren Oberkörper hin und her. „Komm, Maria, geh jetzt in dein Bett. Wir werden Puppa sicher bald finden", will die Mutter trösten. Nur unwillig lässt sich das erschöpfte und mittlerweile übermüdete Kind ins Bett bringen. Die Mutter bleibt lange am Bett ihrer kleinen Tochter sitzen. Maria fällt in einen unruhigen Schlaf.
Am nächsten Morgen scheint alles wie weggeblasen. Maria läuft strahlend umher, spielt, plappert vor sich her und bringt Leben in die kleine Wohnung. Doch als es dunkel wird, wird Maria stiller. Sie sucht die Hand der Mutter und schaut verstohlen zum Fenster hinaus. „Puppa?" Mit großen Augen schaut sie die Mutter an. Sie will ihren Pyjama nicht anziehen, sie will nicht zu Abend essen, sie will nicht in ihr Zimmer. Scheinbar ziellos geht sie durch die Wohnung, schaut unter das Sofa, macht Türen auf, hebt Decken hoch . . . Sie sucht ihre Puppa . . .
Maria hat ihre Puppe *verloren*. Maria ist grenzenlos *traurig*.
(SPECHT-TOMANN, M.)

Ein *Kindergartenkind* kann z. B. traurig sein:
- wenn das morgendliche Abschiedsritual an der Tür zum Kindergarten nicht stattfindet.
- wenn die Kindergartentante plötzlich krank wird.
- wenn die Nachbarskatze nicht mehr zum Streicheln vorbeikommt.
- wenn es andere Kinder am Spielplatz nicht mitspielen lassen.
- wenn der Hamster stirbt.
- wenn das letzte Kindergartenjahr zu Ende geht.
- wenn es kein so tolles Fahrrad bekommt, wie sein Freund.
- wenn es die nächtlichen Streitereien der Eltern hört.

Susi

Susi geht gern in den Kindergarten. Jeden Morgen bringt sie ihr Vater mit dem Auto zu dem großen gelben Haus, in dem der Kindergarten untergebracht ist. An der Gartentür verabschieden sich die beiden. Der Vater winkt, bleibt noch so lange stehen, bis seine kleine Tochter hinter der schweren grünen Holztür verschwindet. Susi geht im Kindergartenleben voll auf – sie spielt begeistert mit Gleichaltrigen, hört andächtig den Märchen und Geschichten ihrer geliebten Tante Sigrid zu und bastelt geschickt mit Papier und Schere, Wolle und Klebstoff. Es ist eine Freude, wenn Susi über ihre Eindrücke aus dem Kindergarten erzählt. Jeder Tag bringt so viel Neues und Aufregendes, jeder Tag ist so erfüllt mit Freude, Lachen, Spiel und Spaß.
Eines Tages kommt Susi nach Hause und setzt sich still an den Mittagstisch. Die Mutter schaut Susi an, macht einen Schritt auf ihre Tochter zu und streichelt ihr über den Kopf: „Na, was ist dir denn heute über die Leber gelaufen? Hast Du mit Marita Streit gehabt?" Unwillig schüttelt Susi die Hand der Mutter ab, wendet ihr Gesicht zur Seite. „Ich hab' keinen Hunger, Mami. Kann ich später was essen, wenn Peter

und Karin aus der Schule kommen?" Die Mutter nickt. Susi steht auf und geht in ihr Zimmer.
Am nächsten Morgen geht die Mutter in Susis Zimmer, um sie aufzuwecken. Doch Susi brummt Unverständliches vor sich hin und zieht die Decke über den Kopf. Die Mutter runzelt die Stirn, der Vater wird ungeduldig. „Susi, was ist los mit dir, bitte beeile dich, ich muss gleich wegfahren!" ruft der Vater in das Zimmer seiner Jüngsten. Da schreit Susi: „Ich gehe nicht mehr in den Kindergarten, nie mehr!" Diesem aufgebrachten Schrei folgt ein heftiges Schluchzen. Die Eltern setzten sich betroffen ans Bett von Susi, doch das Kind bleibt unter der Decke verschwunden.
Der Vater muss zur Arbeit, die Mutter verabschiedet ihre beiden Großen und geht zurück zu Susi. Langsam streichelt sie die Konturen von Susis Körper auf der Decke, dann gleitet ihre Hand behutsam unter die Decke und sucht die Hand ihrer Tochter. Da schlägt Susi die Decke zurück, fällt ihrer Mutter weinend um den Hals und schluchzt: „Mami, Tante Sigrid kommt nicht mehr. Tante Sigrid ist weg!"
Nur langsam löst sich die Panik aus Susis Stimme und stockend kann sie ihrer Mutter erzählen, dass ihre über alles geliebte Tante Sigrid einen Unfall hatte und nicht mehr in den Kindergarten kommen kann. Susi hat ihre Tante, den wichtigsten Anker in der neuen Welt außerhalb ihrer Familie, *verloren*. Susi ist *traurig*.
(SPECHT-TOMANN, M.)

Ein *jüngeres Schulkind* kann z. B. traurig sein:

- wenn es in der Klasse ausgelacht wird.
- wenn es die Schule wechseln muss.
- wenn die beste Freundin plötzlich mit jemanden anderem lacht und Spaß macht.
- wenn der neue Lieblingspullover ein riesengroßes Loch hat.
- wenn es von den Geschwistern ausgeschlossen wird.
- wenn die Ferien zu Ende gehen.
- wenn die selbstgetöpferte Vase in tausend Scherben zerspringt.
- wenn die Mutter aus scheinbar unerklärlichen Gründen weint.

Hans

Hans, ein hochgewachsener blonder Junge, ist neu in seiner Klasse. Mit gemischten Gefühlen beginnt er das Schuljahr. Er ist mit seinen Eltern im Sommer in eine neue Stadt gezogen. Vieles ist fremd für Hans, das neue Haus, die neue Umgebung, der laute Verkehr, die neue Schule und vor allem die vielen neuen Gesichter in seiner Klasse.
An seiner alten Schule war Hans ein angesehener Schüler. Hans lernte leicht und es machte ihm Spaß, seinen Mitschülern bei Schularbeiten zu helfen. Es war geradezu sein Sport, sich von den Lehrern beim Vorsagen und Schummeln nicht erwischen zu lassen. Das war sein Stolz! Hans war ein guter Schüler und ein beliebter Klassenkamerad. Nur sportlich war Hans nicht. Das störte niemanden besonders. Das war in der alten Schule nicht so wichtig, der Turnlehrer war ein Schwimmfan und so fand außer Schwimmen wenig statt.
Hans schafft den Übergang in die neue Schule gut. Bereits nach einigen Wochen hat

er sich in die neue Klassengemeinschaft eingelebt. Auch mit den Noten ist alles in Ordnung, die Lehrer sind zufrieden und auch die Eltern sind froh, dass ihr Sohn den Wechsel in die schwerere Schule gut gemeistert hat.
Doch ganz so reibungslos geht es nicht. Schon bald zeigt sich für Hans ein Problem: seine neue Klasse ist besonders sportlich und wer in der Klasse etwas zu sagen haben möchte, der muss ein guter Turner, ein guter Sportler sein. Das ist Hans nicht. In seiner alten Schule war er trotz schlechter Turnleistungen anerkannt und beliebt. Hier ist das plötzlich ganz anders. Zwar schätzt man es sehr, die Hausaufgaben von Hans abschreiben zu können, doch wirklich wichtig ist er im Klassenleben nicht.
In einer Turnstunde – an einem für Hans unvergesslichen Mittwoch-Morgen – passiert dann etwas, das das Selbstbewusstsein von Hans tief erschüttern sollte. Der Turnlehrer möchte von allen Schülern ein tadelloses Rad sehen. „Rad-Schlagen, ja meine Herren, das wird wohl kein Problem sein!" ruft der Turnlehrer lachend in die Runde. Für Hans ist das aber ein Problem! Als er an die Reihe kommt, hebt er die Arme, setzt zum Schwung an – und landet ziemlich unelegant auf allen Vieren. Ein Grölen und Pfeifen, ein lautes Gelächter begleiten seine weiteren Versuche, „ein tadelloses Rad" zu schlagen.
Seit diesem schrecklichen Mittwoch hat Hans verschiedene Rufnamen: „Hans, die springende Kröte! Hans der Mehlsack! Hans Hoppelbein . . .!" Diese Spitznamen bohren sich wie Pfeile in die Brust von Hans. Noch nie in seinem Leben hatte er das Gefühl, seine Ehre *verloren* zu haben – jetzt war es geschehen. Hans ist tief *traurig*.
(SPECHT-TOMANN, M.)

Ein *älteres Schulkind* kann z. B. traurig sein:
- wenn der Lehrer kein Verständnis für die Leistungsschwankungen zeigt.
- wenn immer nur alle anderen tolle Sachen zum Anziehen bekommen.
- wenn es ausgeschlossen wird.
- wenn der jüngere Bruder immer mit dem Vater unterwegs sein darf.
- wenn es seine Lieblings-CD verloren hat.
- wenn es sich ungerecht behandelt fühlt.
- wenn sein Hund von einem Auto angefahren wurde.

Tobias

Tobias ist das jüngste von vier Kindern. Viele Wünsche wurden ihm, dem Nesthäkchen, bisher erfüllt. Doch sein größter Wunsch blieb noch unerfüllt: Tobias wünscht sich einen Hund. Monat für Monat nervt er seine Eltern mit der Frage, ob es denn nicht in diesem Monat möglich sei, einen kleinen, jungen Welpen aus dem Tierheim zu holen. Das sei doch keine große Angelegenheit, der Hund sei gratis und er – Tobias – würde auch ganz bestimmt, todsicher immer mit dem Hund spazieren gehen, für den Hund sorgen. Der Hund würde niemandem in der Familie zur Last fallen, ja man würde ihn kaum bemerken! Tobias ist ein Meister in der Überredungskunst. Doch diesmal ist Tobias erfolglos. Das „Nein" seiner Eltern klingt Tobias schrecklich hart in den Ohren.

Doch zum Glück gibt es da noch Großeltern! Der Opa ist selbst ein Hundenarr und kann die Sehnsucht seines Enkels nur zu gut verstehen. Und als der nächste Geburtstag von Tobias ins Haus steht, taucht der Opa kurz entschlossen mit einem kleinen Welpen bei seinem Sohn auf. „Das ist mein Geburtstagsgeschenk für deinen Sohn, Mathias! Ich finde diesen Hund viel besser als die ewige Computerei!" Der alte Herr lässt keinen Zweifel aufkommen, dass dieser Hund das einzig Wahre für seinen Enkel ist. Und Tobias ist das glücklichste Geburtstagskind auf der Welt!
Monate gehen vorbei. Tobias und Pen sind ein unzertrennliches Paar geworden. Wenn Tobias von der Schule nach Hause kommt, wartet Pen schon an der Gartentür. Gemeinsam durchstreifen sie die nähere Umgebung. An regnerischen Tagen teilen sie sich eine Matratze und lümmeln gemeinsam herum: Pen schnarcht, dann bellt er im Traum, bewegt seine Beine und wedelt mit dem Schwanz. Tobias liebt seinen Hund über alles.
Eines Tages kommt Tobias nach Hause und findet das Gartentor offen. Er läuft in das Haus, fragt seine Mutter, wo Pen sei, doch niemand weiß Bescheid. Aufgeregt laufen alle umher. Jeder ruft „Pen", doch Pen ist nicht zu finden. Tobias rast in wilder Verzweiflung aus dem Garten, die Straße hinunter und zu jenem kleinen Park, der oft das Ziel der gemeinsamen Spaziergänge war. Schon von weitem sieht Tobias eine Menschentraube. Er schleicht sich näher, schiebt sich durch die Menschen und sieht ein Motorrad am Boden liegen. Daneben liegt ein Mann, der am Kopf blutet – und Pen. Tobias stürzt nach vor, kniet sich neben Pen, redet auf ihn ein – doch Pen ist tot. Verzweifelt bohrt Tobias seinen Kopf in das Fell von Pen: „Pen, bitte ... das darf doch nicht sein ... Pen!"
Tobias hat Pen *verloren*. Tobias ist unsagbar *traurig*.
(SPECHT-TOMANN, M.)

Jugendliche können z. B. traurig sein:

- wenn sie merken, dass ihre Welt so ganz anders ist, als die ihrer Familie.
- wenn sie auf die quälenden Fragen nach dem Lebenssinn keine Antwort finden.
- wenn sie in der Schule nur auf Misstrauen stoßen.
- wenn der Freundeskreis nach einem Schulabschluss zerfällt.
- wenn die erste Beziehung zerbricht.
- wenn die beste Freundin in eine andere Stadt zieht.
- wenn ein Freundschaftsring verloren geht.
- wenn sie sich von niemandem verstanden fühlen.

Katrin

Tom, Beate, Katrin und Günther sind ein unzertrennliches Kleeblatt. Das ist ja auch kein Wunder, wenn man bedenkt, wie lange die Vier schon zusammen durch Dick und Dünn gehen. Tom und Beate sind Nachbarskinder. Schon die Kindergartenzeit verbrachten sie gemeinsam. Zwar waren sie nicht immer ein Herz und eine Seele, das kam erst langsam, so allmählich ...
Katrin ist die beste Freundin von Beate. Günther der beste Freund von Tom. Nach

der Grundschule finden sich alle Vier in der neuen Schule wieder und versuchen gemeinsam, den Schulalltag so gut es geht zu meistern. Sie lernen gemeinsam, springen für einander ein, wenn Not am Mann ist und verbringen viele Freizeitstunden mit einander. Anfangs sind es lange Abende am Lagerfeuer, Nachtwanderungen und blinde Vertrauensspaziergänge. Später ziehen sie zu Viert durch die Straßen der Altstadt, besuchen Lokale, gehen ins Kino, feiern Feste und merken, wie die Zeit der Kindheit endgültig vorbei geht. Tom und Beate werden ein Paar.
Die Schuljahre neigen sich ihrem Ende zu und damit taucht die Frage nach der weiteren Zukunft auf. Günther möchte ein Jahr nach England, er möchte seine Sprachkenntnisse verbessern und in einer sozialen Einrichtung ein Jahr Erfahrungen sammeln, um sich über seine Berufswahl mehr Klarheit zu verschaffen. Tom und Beate werden zusammen in die Hauptstadt ziehen. Sie möchten eine kleine Wohnung mieten und ein Studium beginnen.
Zurück bleibt Katrin. Sie hat zwar genaue Vorstellungen von ihrem Beruf, hat sich auch schon um einen Ausbildungsplatz beworben – doch ist sie in ihrem Inneren verletzt und wund. Sie spürt plötzlich, wie wichtig ihr die Freunde waren und sind. Sie bekommt Angst, wenn sie sich ein Leben ohne Tom, Beate und Günther vorstellen soll. Die jahrelange Freundschaft muss sich verändern, muss neu gestaltet werden. Doch davor hat Katrin Angst. Sie sieht keine Möglichkeit, das Alte zu retten. Für Neues fehlt es ihr an Phantasie. Ein wichtiger Lebensabschnitt von Katrin geht zu Ende. Sie hat eine besondere Art von Freundschaft *verloren*. Katrin ist *traurig*.
(SPECHT-TOMANN, M.)

Abb. 5: Gefühlsrad

Die angeführten Beispiele sollen unterstreichen, dass Traurig-Sein nicht nur dann auftritt, wenn Kinder oder Jugendliche den Verlust eines geliebten Menschen erfahren. So viel im Leben der Kinder kann traurig machen! Sowohl die Anlässe als auch die Reaktionen können je nach Alter und Persönlichkeit des Kindes zu ganz verschiedenen Reaktionen führen. Auch hält das Traurig-Sein unterschiedlich lang an – manchmal hebt sich der Schleier trauriger Verstimmtheit nach wenigen Augenblicken, ein anderes Mal kann das Traurig-Sein Stunden und Tage anhalten. Die kleinen Verlustsituationen aus dem Alltag der Kinder können eine gute Schulung im Hinsehen, Wahrnehmen und gegebenenfalls Helfen sein. Sie können ein Licht auf jenen Prozess werfen, der bei *großen Lebensverlusten* immer zu durchlaufen ist.

Gerade im Kleinen, bei den „alltäglichen Verlusten", können die Stadien der Trauer oft wie im Zeitraffer durchlaufen werden: Kinder und Jugendliche reagieren auf einen Verlust zunächst oft mit Ignorieren, Nicht-Wahrhaben-Wollen und Verdrängen. Allerdings lassen sich die Gefühle nicht lange unter Verschluss halten. Zorn, Wut, Hass und Verzweiflung brechen vehement hervor und werden oft lautstark geäußert. Bald darauf verstummen diese Gefühle und eine lähmende Depression macht sich breit. Die Betroffenen fühlen sich wie in einem tiefen schwarzen Loch. Nur langsam und nach einem intensiven inneren Abschiednehmen kann das Tal des Traurig-Seins wieder verlassen und das Leben in aller Fülle gesehen, gestaltet und genossen werden.

3.2 Begegnung mit Sterben und Tod: Das kindliche Todeskonzept

Traurig-Sein hat etwas mit Verlust und Abschiednehmen zu tun. Nicht immer ist damit die konkrete Erfahrung eines Sterbens, eines körperlichen Todes verbunden. Die zahlreichen Verluste des Lebens, das Loslassen Müssen auf allen Lebensstufen, ist zwar auch mit einem Abschiednehmen, mit dem Zuende-Gehen von Gewohnheiten, Sicherheiten, Träumen und vielem anderen mehr verbunden. Die Erfahrung von *Tod* und *Sterben* setzt jedoch im Erleben und Verhalten neue Maßstäbe, trifft Menschen aller Altersstufen in ihrem Kern. Alle Verluste scheinen zu verblassen, wenn ein geliebter Mensch stirbt. Und so macht der Tod aus einer sanften, manchmal sogar milden Trauer eine wilde, schmerzhafte, niederschmetternde Trauer. Der Tod ist es, bei dem alles anders wird, der das Leben herausfordert, der milde Trauer zu einer gewaltigen Emotion aufpeitscht und zu einer echten seelisch-geistig-körperlichen Herausforderung werden lässt. Traurig-Sein wandelt sich zu tiefer, schwerer, schwarzer Trauer.

Dennoch: Bei aller Dramatik, bei aller Schwere und Düsternis, die trauernde Menschen erleben, ist die Trauer eine normale Reaktion auf Sterben und Tod! Erst durch sie haben Menschen die Möglichkeit, Verlusterlebnisse zu verarbeiten. Im Durchleben des Trauerprozesses können Körper und Seele wieder heil und gesund werden. Wie die Trauer jedoch erlebt und erfahren wird, hängt nicht nur von der Person des Trauernden und von den Umständen des Verlustes ab. Das Trauerverhalten ist immer auch eingebettet in gesellschaftliche Konventionen. So bestimmt das Verständnis vom Tod und die Vorstellungen vom Jenseits auch den Umgang mit den Trauergefühlen. Was viele Jahrhunderte eingebettet in das familiäre Leben einen bestimmten Rahmen, bestimmte Formen und Rituale hatte, ist in einer Zeit, in der Sterben und Tod weitgehend vom Familienalltag ausgeklammert werden, für den Einzelnen schwerer zu ertragen. Viele Gefühle und Gefühlsregungen, die beispielsweise einst ganz selbstverständlich am Sterbelager eines Familienangehörigen ausgedrückt wurden, haben ihren Ort, ihre „Heimat" verloren. Abgespaltet von dem Gesamtereignis „Sterben" können einzelne Gefühle, die zum Trauern dazugehören, mit einem Mal überdimensional groß werden. Es fehlen den Menschen unserer Tage gerade im Umgang mit den Polen des Lebens – mit der Geburt und dem Tod – die *unmittelbaren Erfahrungen*, die Möglichkeit, an *Modellen* lernen zu können und die *Sicherheit*, in einem rituell abgesteckten Rahmen gleichsam eine Stütze für ihre Seelenzustände zu haben. So verwundert es nicht weiter, dass so vielen Menschen der Umgang mit der Trauer schwer fällt, der eigenen, aber auch in der Begegnung mit Kindern, die mit Sterben und Tod konfrontiert sind.
Betrachten wir jene Elemente, die dazu beitragen, wie Menschen über das Sterben und den Tod denken. Abbildung 6 zeigt, dass es vor allem drei Einflussgrößen sind, die die Sichtweise vom Tod und damit indirekt auch den Umgang mit Trauer beeinflussen: der kulturelle Rahmen, der religiöse Rahmen und der familiäre Rahmen.
Kultur, Religion und die konkreten Erfahrungen in der Familie beeinflussen bereits kleine Kinder in ihren Vorstellungen über das Sterben. Je nach Alter, Phantasie und unterschiedlichen Vorbildern tauchen im Lauf der kindlichen Entwicklung verschiedenste Todes- und Jenseitsvorstellungen auf. Nicht immer harmonieren diese mit der jeweiligen Familientradition oder den gängigen Mustern einer bestimmten Kultur oder Gesellschaft. Was sich jedoch über die Jahre hin verfestigt, sind nur jene Bilder und Haltungen, die in den jeweiligen Rahmen kultureller, religiöser und sozio-familiärer Gepflogenheiten passen.

Abb. 6: Einflussgrößen des persönlichen Todeskonzeptes

Aussagen von Kindern und Jugendlichen zum Thema Sterben und Tod

„Der Opa ist jetzt tot. Er liegt in seinem Sarg und wartet bis der liebe Gott ihn zu sich holt. Wie lange wohl sein Bart wachsen wird?" (Andreas, 4 Jahre)
„Die Oma ist tot. Sie liegt im Sarg. Da muss sie ganz ruhig liegen und darf sich nicht bewegen. Es ist auch ganz dunkel. Ich habe ihr eine Sonne gemalt. Ihr Schutzengel bringt sie dann zum lieben Gott. Dort hat sie dann nicht mehr so Fußweh." (Alex, 5 Jahre)
„Ich glaube, Oma kommt wieder auf die Erde. Vielleicht wird sie ein Vogel oder ein Schmetterling. Vielleicht wird sie auch eine neue Oma." (Martin, 6 Jahre)

„Der Tod ist nicht schön. Ich mag nicht in einem Sarg liegen und dann eingegraben werden. Ob mich dann die Regenwürmer fressen?" (Miriam, 7 Jahre)
„Mein Körper zerfällt. Da bleibt nichts mehr. Ich muss lange warten bis ich in den Himmel komme. Gott hat ja so viel zu tun mit all den Toten, den Menschen, den Tieren und Pflanzen." (Tobias, 8 Jahre)
„Sterben ist wie ein Sturz von einem hohen Berg in eine tiefe Schlucht. Da unten ist nichts, keine Blumen und auch keine Sonne. Ob ich da noch einmal herauskomme, weiß ich nicht." (Mathias, 9 Jahre)
„Vielleicht kann ich auf den Sonnenstrahlen in den Himmel gehen. Meine Seele ist ja ganz leicht! Und mein Körper wird wieder Erde, so eine schöne schwarze saftige Erde, die für die Blumen gut ist." (Maria, 10 Jahre)
„Unter der Erde liegen – davor habe ich Angst. Aber dann im Himmel stelle ich es mir wunderbar vor. Da gibt es immer etwas zu essen, die Stühle sind aus Gold und Seide und alle Menschen sind gut zu einander. Es gibt auch keinen Streit. Alle mögen sich. Ja, dann wird es schön sein!" (Agnes, 11 Jahre)
„Ich möchte wissen, wann ich sterben muss. Dann könnte ich mein Leben besser einteilen." (Günther, 13 Jahre)
„Ich glaube, dass es nach dem Sterben weitergeht. Irgendwie. Ich hoffe, dass alle Menschen noch eine Chance bekommen, ihre Fehler gut zu machen oder Dinge anders zu machen. Nur einfach aus – das kann sich Gott nicht so ausgedacht haben!" (Andrea, 14 Jahre)
„Was nach dem Tod kommt, weiß ja doch keiner. So möchte ich dieses Leben so intensiv und gut wie möglich leben. Mitnehmen kann man nichts." (Anton, 15 Jahre)
„Der Gedanke an den Tod macht mir Angst. Ich möchte nicht so allein unter der Erde liegen. Vielleicht wäre es besser, als Asche verstreut zu werden. Aber wo ist dann die Seele? Ein Stern am Himmel? Ein Leuchten?" (Kerstin, 16 Jahre)
„Wenn ich mir meinen Tod vorstelle, wird mir klar, dass ich mein Leben nutzen muss. Es ist viel zu schade, die Stunden und Tage so vorbeiziehen zu lassen! Jetzt muss ich leben – dann werde ich sterben." (Horst, 17 Jahre)
„Sterben macht mir keine Angst. Das gehört halt zum Leben. Ich habe einmal einen indianischen Spruch gelesen, der sagt, dass es für alles im Leben eine bestimmte Zeit gibt, eine Zeit geboren zu werden, Kinder zu haben, alt zu werden und zu sterben. Ich glaube die Indianer sagen, dass das die vier Lebenspfade sind, die jeder Mensch gehen muss." (Felix, 18 Jahre)
(Alle Aussagen stammen aus Gesprächen oder Arbeiten von Kindern und Jugendlichen unter Begleitung von M. Specht-Tomann)

Die angeführten Beispiele zeigen recht eindrucksvoll, wie Kinder und Jugendliche über das Sterben und den Tod denken und welche Bilder sie von einem möglichen Leben nach dem Tod entwickeln. Wenn man bedenkt, dass die Aussagen ausschließlich von Kindern unseres Kulturkreises stammen, ist es doch verwunderlich, welche Buntheit und welcher Vorstellungsreichtum sich in den Darstellungen widerspiegelt! In einer kurzen Zusammenstellung wollen wir die unterschiedlichen Jenseitsvorstellungen der großen Weltreligionen wiedergeben. Es ist interessant, die Aussagen der Kinder und Jugendlichen zu diesen religiösen Bildern in Beziehung zu setzen.

Christentum

Im Christentum wird an das Weiterleben der Seelen nach dem Tod geglaubt, an die Wiederauferstehung der Toten und an einen Messias. Für die Verstorbenen gibt es die Möglichkeit, entweder in den Himmel oder in die Hölle zu kommen. „Himmel" bedeutet, ein Leben in der Nähe Gottes und in der ewigen Seligkeit vollkommenen Glücks. „Hölle" bedeutet die ewige Verdammnis und Gottferne. Dies ist die Strafe für Menschen mit nicht nachgelassener oder nicht verbüßter Schuld. Ein Christ soll sein Leben auf Gott und seine Gesetze ausrichten. Gottesliebe und Nächstenliebe sind die von Jesus beispielhaft vorgelebten Werte eines christlichen Lebens.

Judentum

Auch im Judentum wird an das Weiterleben der Seele nach dem Tod geglaubt, an die Wiederauferstehung der Toten und an einen Messias. Der Tod ist im jüdischen Glauben ein Tor zu einem neuen Leben. Die Details für dieses Leben werden nicht geschildert. Die Toten müssen sich nach ihrer Auferstehung vor dem Gericht Gottes für ihr Leben verantworten. Danach leben die Menschen in der Gemeinschaft vor Gottes Angesicht und in der vollkommenen Erkenntnis Gottes.
Durch ein gutes und gesetzestreues Leben, versuchen sich gläubige Juden zu vervollkommnen, um in den „Königssaal " zu treten, wie es im Spruch der Väter, IV, 16 heißt: „Diese Welt gleicht einer Vorhalle für die zukünftige Welt. Rüste dich in der Vorhalle, damit du in den Königssaal eintreten kannst."

Islam

Im Islam muss sich jeder Verstorbene vor einem Gericht verantworten. Seine guten und bösen Taten werden auf die Schalen einer Waage geworfen. Hat sein Leben den Gesetzen entsprochen, darf er in das Paradies eintreten, die Ungläubigen hingegen fallen in die Kammern der Hölle. Auch müssen die Verstorbenen den Höllenschlund überqueren, der über eine Brücke führt, die „feiner als ein einziges Haar ist und schärfer als ein Schwert". Das Paradies wird als Ort der Sinnesfreuden beschrieben an dem Bäche aus Milch, Wein und Honig fließen und unvergängliche Schönheit herrscht. Hinzu kommt die Nähe Gottes. Die Vorschriften des Korans regeln das Leben eines gläubigen Muslims. Das tägliche Gebet, Almosen, Fastenregeln und eine Pilgerreise nach Mekka sind die äußeren Eckpfeiler des Glaubens.

Buddhismus

Buddhisten glauben an einen Kreislauf der Seelenwanderung, bis ein Zustand der perfekten Erleuchtung erreicht ist. Hat jemand diesen Zustand erreicht, darf er in das Nirwana eintreten. Dieses Nirwana („Verlöschen") wird gleichgesetzt mit der Erlösung vom Leiden. Es ist ein völliges Zur-Ruhe-Kommen und das Austreten aus dem ewigen Kreislauf von Geburt, Tod und Wiedergeburt. Das buddhistische Leben wird demnach geprägt von der Suche nach der Erleuchtung und von einer mitleidigen Haltung gegenüber allem Lebendigen, da jede Kreatur die Reinkarnation – die Wiedergeburt – eines Vorfahren sein könnte.

Hinduismus

Der Hinduismus ist geprägt durch den Glauben an die Wiedergeburt. Jede Kreatur ist in den ewigen Kreislauf des Lebens und Sterbens eingebunden. Auch hier gibt es ein höchstes Erlösungsziel („Moksha"), eine Befreiung aus dem Kreislauf der Wiedergeburt und eine Verschmelzung mit dem Göttlichen. Ist dieser Zustand erreicht, löst sich für den Betreffenden die reale Welt auf und er wird ganz „ruhig und still". Seine Seele geht in einer Gottheit auf. Die Erlösung ist jedoch etwas, was ein Mensch selbst in seinem Leben leisten muss.

In den Aussagen von Kindern und Jugendlichen lassen sich immer wieder Elemente finden, die wenig mit dem jeweiligen Kulturkreis zu tun haben, in dem die Kinder leben. Es ist interessant, dass oftmals Ideen über das Jenseits auftauchen, die weder in eine konkrete Familie noch in den das Kind umgebenden kulturellen Rahmen passen. Die Vorstellungen reichen von einem endgültigen „Aus" über ein Leben in der Geborgenheit göttlicher Liebe und Fürsorge bis hin zu den Gedanken, in anderer Form ein neues Leben beginnen zu können. Sie spiegeln zum einen den Entwicklungsstand der Kinder und Jugendlichen wider, zum anderen zeigen sie eine Fülle an Denkmöglichkeiten über das Jenseits, die *kulturübergreifend* zu finden sind.

Erst nach und nach werden im Laufe der Entwicklung jene Vorstellungen herausgefiltert, die in den Rahmen der jeweils vorherrschenden Kultur nicht passen, die den anerkannten Glaubenssätzen nicht entsprechen und mit denen die Kinder und Jugendlichen in ihrer Ursprungsfamilie anecken. Die Elemente *Kultur, Religion, Familie* sind wie formende Kräfte zu verstehen, die am Kind arbeiten und schließlich zu ganz bestimmten Haltungen gegenüber der Vergänglichkeit des Lebens führen. Eine wichtige Grundvoraussetzung ist allerdings die normale geistig-seelische Entwicklung der Kinder.

Das *Weltbild* des Kindes, seine geistigen Fähigkeiten, die Welt zu begreifen und zu ordnen, sind auch für seinen Umgang mit der Vergänglichkeit, mit dem Sterben und dem Tod Ausschlag gebend. Was ein Kind unter Sterben versteht und wie es Tod-Sein begreifen kann, können wir zu einem Großteil aus seinem Weltbild ableiten. Damit wir Kinder auch richtig verstehen und ihnen in so existentiellen Fragen gut zur Seite stehen können, müssen wir wissen, was es ausmacht, Tot-Sein so zu verstehen, wie wir Erwachsene es tun.

Welche Voraussetzungen müssen gegeben sein, dass Kinder Tot-Sein überhaupt im „Erwachsenensinn" fassen können?

- Kinder müssen zwischen belebten und nicht-belebten Dingen unterscheiden können.

- Kinder müssen zwischen „Gestern – Heute – Morgen" unterscheiden können.
- Kinder müssen einen Zugang zur „historischen Seite" des Lebens haben.
- Kinder müssen eine Beziehung zwischen Ursache und Wirkung herstellen können.

Abbildung 7 zeigt die wichtigsten Dimensionen bei der Entwicklung des kindlichen Todeskonzeptes. Wir sehen, das Tot-Sein um so besser begriffen werden kann, je klarer den Kindern ist, dass

- das menschliche Leben an funktionierende Organe („Das Herz muss schlagen!") gebunden ist und der Tod das Ende der Körperfunktionen bedeutet („Das Herz steht still.");
- der Tod durch nichts und niemanden mehr rückgängig gemacht werden kann („Er wird nie mehr herumlaufen und mit uns lachen!");
- alle Menschen, Tiere und Pflanzen sterben müssen – niemand bildet da eine Ausnahme („Auch Benjamin muss wie wir alle sterben!");
- die Ursachen für den Tod eines Menschen in seinem Menschsein, in seiner biologischen Natur liegen („Sterben gehört zum Leben!").

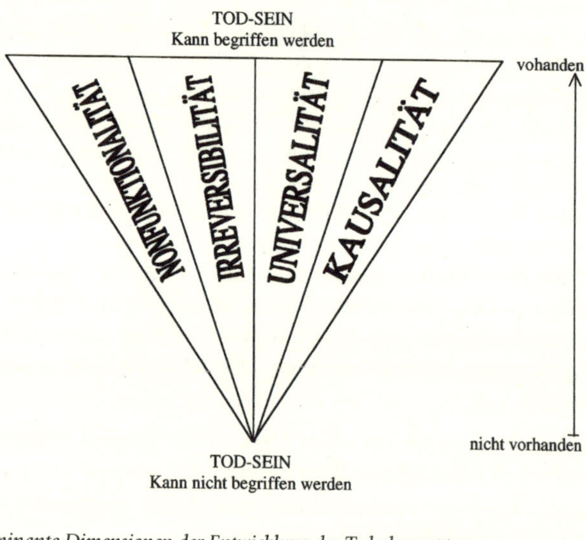

Abb. 7: Dominante Dimensionen der Entwicklung des Todeskonzeptes

3.3 Was Kinder verstehen können: Alterstypische Vorstellungen und Reaktionsweisen

Jeder, der mit Kindern lebt oder beruflich zu tun hat, weiß, wie verschieden Kinder auf alltägliche Ereignisse reagieren. Jedes Kind hat seine eigenen Muster, seine typischen Verhaltensweisen und Möglichkeiten, sich auszudrücken. Dabei spielt neben der Persönlichkeit des Kindes besonders das Alter eine große Rolle. Wenn wir uns den Lebensbogen anschauen (vgl. 2.2), können wir sehen, wie viele Veränderungen sich in den ersten Lebensjahren vollziehen. Je jünger die Kinder sind, desto stärker sind sie einem Wandel ihrer Gedanken- und Gefühlswelt ausgesetzt. Diese vielfältigen Veränderungen machen praktisch vor keinem Lebensbereich halt. Was heute noch stimmt, ist morgen schon überholt, was gestern Sicherheit gab, wird heute verworfen! So ändern sich viele Sichtweisen, Einstellungen und Haltungen der Kinder gegenüber ihrer Mit- und Umwelt. Auch das Thema Tod macht da keine Ausnahme. Wir glauben, dass es für alle Menschen, die Kinder in irgendeiner Weise begleiten wollen, wichtig ist, zu wissen, was in einem bestimmten Alter überhaupt verstanden werden *kann* und welche inneren Bilder das Verhalten der Kinder beeinflussen. So mancher Erwachsene wird dabei vielleicht auch der eigenen Kindheit auf die Spur kommen und das innere Kind in sich selbst besser verstehen lernen.
Es hat beispielsweise wenig Sinn, einem Vierjährigen anlässlich des Todes seines Opas Dinge erklären zu wollen, die sein Fassungsvermögen übersteigen. Es ist für dieses Kind nicht wichtig zu wissen, an welcher Krankheit der Opa starb, wichtig ist zu wissen, dass er sehr, sehr, sehr krank war. Ein Vierjähriger will aber vor allem eines:

- einen Menschen, der ihn in den Arm nimmt – denn es tut weh, allein zu sein;
- einen Menschen, der ihm zuhört und der seine Kinderfragen ernst nimmt – denn es tut weh, beiseite geschoben zu werden;
- einen Menschen, der Kindertränen wegküsst ohne sich über die Kindertrauer hinwegzusetzen – denn es tut weh, nicht akzeptiert zu werden.

Im Folgenden werden wir einen Blick auf die geistig-seelische Welt von Kindern und Jugendlichen werfen. Dies gibt weitere wichtige Anhaltspunkte, was Kinder in einem bestimmten Alter verstehen können und wie die alterstypischen Reaktionen aussehen.

Wie schaut die Welt eines Vorschulkindes aus?

- Kleine Kinder leben in einer Welt, in der sie zwischen belebten und unbelebten Dingen keinen Unterschied machen. Sie gehen von sich aus und schreiben allen Dingen ihrer Umgebung menschliche Eigenschaften zu. „Du böser Tisch, hast Maria weh getan!" umschreibt gut, wie ein kleines Kind mit den täglichen kleinen Missgeschicken umgeht. Das Weltbild des Kleinkindes ist *anthropomorphistisch.*
- Es ist auch ein Alter, in dem an die Zauberkraft von Fabelwesen besonders fest geglaubt wird. Hexen, Zauberer, gute und böse Kobolde bevölkern die kindliche Welt und sind für all das verantwortlich, was nicht verstanden werden kann. Alle Dinge des Lebens sind gemacht – entweder vom lieben Gott oder eben von den Wesen der Natur, vom Nikolaus, vom Christkind . . . Das Weltbild des Kleinkindes ist *magisch.*
- Das Kind sieht sich selbst im Mittelpunkt der Welt. Es ist ja auch so viel Unbekanntes, was das Kind entdecken und erobern muss – da ist es wichtig, sich selbst gut verankert als Mittelpunkt zu begreifen! Das Weltbild des Kleinkindes ist *egozentrisch.*
- Für das Kleinkind ist nur das wirklich, was es selbst sehen, was es mit-hören, mit-anschauen, mit-angreifen kann. Alle Veränderungen an Menschen, Tieren oder Dingen kann das Kind nur dann akzeptieren, wenn es dabei war – wenn es gleichsam Zeuge der Veränderung werden konnte. Das Weltbild des Kleinkindes ist *prälogisch.*
- Kleine Kinder scheinen nur aus Gefühl zu bestehen. Für sie sind Menschen, Tiere, Gegenstände gut oder schlecht, lieb oder bös. Sehr leicht kann dieses Gefühl dann überspringen und aus einer guten angenehmen Erfahrung wird eine „gute, angenehme Welt". Ebenso gibt es natürlich den negativen Gefühlshof, den Kinder bei unangenehmen Ereignissen bilden können: „Die Welt ist schlecht". Das Weltbild des Kleinkindes ist *physiognomisch.*

Besonders hervorheben möchten wir noch die große Bedeutung des sog. *emotionalen Gedächtnisses.* Kinder haben in diesem Alter noch kein gutes Tatsachengedächtnis, aber an die Gefühle, die rund um ein Ereignis auftauchten, können sie sich noch lang erinnern. Starke emotionale Erlebnisse bleiben so oft ein Leben lang in der gefühlsmäßigen Gedächtnisspur erhalten und können bei ähnlichen Erfahrungen wiederbelebt werden. Gerade bei schweren traumatischen Verlusten in der frühen Kindheit ist dies ein Faktor, der beachtet werden muss (vgl. 4.4/4.5)

Antonias Geschichte

Antonia, eine Frau Mitte Dreißig, lebt mit ihrer Familie in einer Kleinstadt. Wie jeden Abend sitzt Antonia mit ihrem Mann zusammen. Sie erzählen sich, was der Tag so alles gebracht hat, plaudern gemütlich, schmieden Pläne fürs Wochenende. Zum Abschluss ihres Gespräches wollen sie noch rasch Nachrichten hören. Da wird An-

tonia plötzlich kreideweiß, gebannt starrt sie auf das Radiogerät und hört, wie der Sprecher von einem Unfall berichtet, der sich eben auf der Bundesstraße ereignet hat. Ein junger Familienvater ist aus bisher ungeklärten Umständen von der Fahrbahn abgekommen und hat die Herrschaft über sein Auto verloren. Bei dem darauffolgenden Frontalzusammenstoß mit einem entgegenkommenden Lastauto kam der junge Mann ums Leben. Antonia weiß nicht, wie ihr geschieht. Verlegen wischt sie sich die Tränen von den Wangen, schüttelt energisch ihre Haare zu recht . . . Sie kann sich nicht erklären, was diese heftige Reaktion in ihr ausgelöst hat und warum sie so eine tiefe Traurigkeit empfindet. Das Tatsachengedächtnis von Antonia weiß es nicht – doch ihr emotionales Gedächtnis kann sich nur zu gut daran erinnern, wie sie als Dreijährige ihren Vater bei einem Autounfall verloren hat . . .
(SPECHT-TOMANN, M.)

Welche Bedeutung hat der Tod für Kleinkinder und Kinder im Vorschulalter?

Kinder *unter drei Jahren* sind normalerweise eingebettet in die Familie, die ihnen das nötige Urvertrauen gibt, um die wichtigen Lebensaufgaben zu meistern. Kleinen Kindern fehlt die Möglichkeit, abstrakte Begriffe zu erfassen. So können sie die Bedeutung des Todes vom Kopf her nicht begreifen. Was sie aber sehr wohl können und was gerade in diesem Alter so besonders bedeutsam ist: Sie schwingen gefühlsmäßig mit ihrer Umwelt mit (vgl. emotionales Gedächtnis). So sind sie besonders empfänglich für Gefühle und Gefühlsäußerungen.
Ein kleines Kind spürt die Trauer seiner Mutter, weint auf den Armen seines trauernden Opas und fühlt sich in seinem positiven Lebensgefühl irritiert. Dies drückt es auch durch eine erhöhte Reizbarkeit aus. Es weint öfter, quengelt, lässt sich nicht auf die gewohnte Weise beruhigen. Sein ganzer Körper wehrt sich gegen die Gefühlswogen der Trauer, es bäumt sich auf, verweigert das Essen und will sich nicht zu Bett bringen lassen. Die vertraute Welt des Kindes ist durch den Tod mit einem Mal anders geworden. Das kleine Kind hat keine Anhaltspunkte, an denen es sich neu orientieren kann. In solchen Fällen ist es wichtig, dass es einen Menschen gibt, der dafür sorgt, dass der tägliche Rhythmus des Kindes aufrecht erhalten bleibt. Schon die Gleichmäßigkeit des Tagesablaufs kann dem Kind die Sicherheit und Geborgenheit vermitteln, die es so dringend braucht.

Kindern unter drei Jahren

Bedeutung des Todes

- Der Tod ist ein abstrakter Begriff und kann in diesem Alter überhaupt nicht begriffen werden. Gefühlsmäßig erfasst werden nur die Auswirkungen, die ein Todesfall in der Umgebung des Kindes bewirkt.
- Der Tod ist gleichbedeutend mit einer Abwesenheit, die nur kurze Zeit andauert.
- Die Endgültigkeit des Todes kann nicht erfasst werden.

Typische Reaktionen

- Verändertes Verhalten – etwa Änderungen im Ess- und Schlafverhalten, vermehrtes Weinen, Unruhe.
- Ein konkreter Todesfall löst alle Gefühle aus, die auch bei „kleinen" Trennungen vorkommen. Das Kind hat in diesem Alter noch keine spezifischen Trauerreaktionen.
- Alle Gefühle, die bei Trennungen auftauchen – z. B. Wut, Zorn, Angst, Ärger, Suchen, Warten, Protest – , werden je nach Temperament und Persönlichkeit des Kindes intensiv gezeigt und ausgelebt.
- Handelt es sich bei dem Verlust um eine enge Bezugsperson, so kann nach anfänglichem Warten tiefe Resignation und Apathie folgen. Das Kind verliert seine innere Lebendigkeit.

Kinder zwischen *drei und fünf Jahren* gehen den Dingen des Lebens auf den Grund. Sie entwickeln eine große Neugierde für so ziemlich alles, was um sie ist und haben das Bedürfnis, Dinge im wahrsten Sinne des Wortes „zu begreifen". Dieses Bedürfnis macht auch vor dem Tod nicht Halt. Im Denken der Kinder hat der abstrakte Begriff Tod noch immer kaum Platz, dafür ist der gesamte emotionale Hof wichtig, in dem ein Todesfall erlebt wird. Je jünger Kinder sind, desto bedeutsamer werden die emotionalen Begleitumstände, die das Kind erfährt. Sie hinterlassen im emotionalen Gedächtnis tiefe Spuren.
Kehren wir zurück zum Entdeckerdrang der Vorschulkinder. „Tot" bedeutet für viele Kinder dieser Altersstufe einfach „Weg-Sein". Wenn sich aber die Möglichkeit bietet, etwas genauer zu erforschen, was „weg" war – dann ist es schwer, die kleinen Forscher zurückzuhalten. Mit großer Neugierde untersuchen sie eine tote Amsel ganz genau, graben eine bereits begrabene Maus wieder aus, stecken eine abgerissene Blume wieder und wieder in die Erde, um nach den Wurzeln Ausschau

zu halten. Der Tod ist etwas, das „anders" ist, „fremd" und mit dem das Kind selbst nichts zu tun hat. Der Tod ist immer der Tod anderer.
Das Erforschen des Todes erschreckt die meisten Erwachsenen. Aber noch etwas kann die Kommunikation zwischen Erwachsenen und Kindern belasten: Nachdem Tot-Sein mit Weg-Sein gleichgesetzt wird, kann es schon vorkommen, dass Kinder z. B. zu ihrer Tante, die ihnen gerade etwas verboten hat, den Satz sagen: „Ich *will* aber in den Garten gehen. Die Tante soll tot sein!" Damit meint das Kind einfach, die Tante, die ihm etwas verboten hat, soll aus seinem Gesichtskreis verschwinden. Es erhofft sich, gleichzeitig mit dem Verschwinden der Tante, auch vom Verbot befreit zu sein.
Schließlich sind noch die Allmachtsgedanken und die Bedeutung des magischen Denkens zu erwähnen, die einen Einfluss auf die Gedanken und Gefühle der Kinder dieser Altersstufe haben. In manchen schwierigen Situationen kann dies hilfreich sein. Andererseits sind es gerade diese Gedanken, die Kinder allzu leicht überfordern. Sie möchten beispielsweise dem alten Opa helfen, gesund zu werden und denken sich allerlei aus, um eine „Heilung" zu bewirken. Stirbt der Opa dann „trotzdem", gerät nicht nur ihr Weltbild ins Wanken, sie fühlen sich auch in gewisser Weise schuldig. Ähnliches geschieht, wenn jemand stirbt, über den sie etwas Böses sagen oder denken.

Kinder zwischen drei und fünf Jahren

Bedeutung des Todes

- Erste vage Todesvorstellungen werden entwickelt.
- Der Tod trifft alte Menschen, kranke Menschen, „böse" Menschen ... – nie jedoch das Kind selbst.
- Tod ist ein vorübergehender Zustand, der mit Bewegungslosigkeit und Dunkelheit gleichgesetzt wird.

Typische Reaktionen

- Das Bedürfnis, den Tod zu erforschen, steht im Vordergrund.
- Bei schweren Verlusten reagieren Kinder tief verstört, verwirrt und sind auf der Suche nach dem Verstorbenen.
- Ganz normale Ängstlichkeiten könne nach einem Verlust im engsten Kreis verstärkt werden; schon überwundene Ängste und Schwierigkeiten können wieder belebt werden.
- Entwicklungsrückschritte sind möglich.

Die nächsten Schritte auf der Entwicklungsstufe der Kinder führt uns in ein Alter, in dem das Kind einen gewaltigen Fortschritt macht: es erreicht die Schulreife. Wie schaut nun das Weltbild von Kindern aus, die dem Kleinkindalter entwachsen? Welche Entwicklungen finden im Denken und Fühlen der Kinder bis etwa zum 10. Lebensjahr statt?

Wie schaut die Welt eines Grundschulkindes aus?

- Schritt für Schritt löst sich das Kind von seiner frühkindlichen Welt. Um zwischen den belebten und unbelebten Dingen zu unterscheiden, kann die Bewegung eine große Hilfe sein. Alles, was sich bewegt, lebt! Aber wie ist das, wenn auf einem Bild tanzende Mädchen dargestellt sind? „Mami, müssen diese Kinder immerfort tanzen? Die müssen ja schrecklich müde werden!", so ein Satz charakterisiert z. B. den Übergang aus einer Welt frühkindlichen Denkens hin zu einem realistischen Weltbezug – zum sog. naiven Realismus.
- Langsam verändert sich auch die Vorstellung, dass alles Erlebte einmalig sei. Viele Merkmale und Eigenschaften, die bisher nur einer Person oder Situation zugeschrieben wurden, gelten jetzt für ganze Gruppen von Menschen. Von einem „Meine Mami geht einkaufen" wird „Alle Mütter gehen einkaufen."
- Das Kind kann die Welt detaillierter wahrnehmen. Es kann Einzelheiten erkennen und in einen größeren Zusammenhang stellen. Damit bricht eine Zeit an, in der Regeln, Ordnungen und Gesetzmäßigkeiten erkannt und eingehalten werden können.
- Mit der Aufgabe des egozentrischen Weltbildes verbunden ist die Öffnung zur Welt hin. Im Tun, im Handeln, im konkreten Erfahren ist es dem Kind dieser Altersstufe möglich, „Welt"- Ordnungen zu erkennen, Neues zu entdecken.
- Und noch etwas geschieht: Mit einem mal entdeckt das Kind die „Geschichte" – seine eigene, die der Menschen, die mit ihm leben, die Geschichte von Dingen und Städten. Der Historiker im Kind ist erwacht!
- Im kindliche Denken herrschen „Wenn-Dann"-Schlüsse vor, die ganz allmählich durch „Weil-Deshalb" Gedanken abgelöst werden.
- Das Bedürfnis, Zusammenhänge zu erkennen und zu verstehen, wird immer größer. Mögen auch viele eigene Erfahrungen fehlen, so werden doch Kraft der eigenen Phantasie und Vorstellungsgabe selbständige Theorien entwickelt und erste formale Denkoperationen vollzogen.

Welche Bedeutung hat der Tod für Kinder zwischen sechs und neun Jahren?

Die Möglichkeit zwischen belebten und unbelebten Dingen zu unterscheiden, macht es Kindern dieser Altersstufe möglich, den Tod als Ende des „belebten Lebens" zu erfassen. Tote essen nicht mehr, ihr Herz schlägt nicht mehr, sie atmen nicht mehr – kurz, alles, was zu einem Menschen gehört und einen Großteil seiner Lebendigkeit und Buntheit ausmacht, hört zu existieren auf. In ihren neu erworbenen

Fähigkeiten, genau auf Einzelheiten zu achten und Unterschiede wahrzunehmen, werden Kindern in diesem Alter zu genauen Beobachter der Welt – eben auch der Vorgänge rund um Vergänglichkeit und Tod. Langsam wird ihnen klar, dass das Sterben ein Ereignis ist, das für alles Lebendige zutrifft. Niemand kann sich diesem Gesetz des Lebens entziehen! Und so tauchen in den Gedanken der Kinder erstmals Vorstellungen auf, die den eigenen Tod als einen Teil in das „große Sterben aller Menschen" einordnen:
„Wenn Tante Rosa sterben kann, dann kann auch meine Mutter sterben."
„Wenn Paul, der Nachbarjunge sterben kann, dann kann auch ich sterben."
„Wenn in einer Familie jemand stirbt, dann sind alle traurig."
Diese Sätze drücken aus, was für diese Altersstufe auch typisch ist, nämlich das Denken in Wenn-Dann-Verbindungen.
Vieles rund um den Tod wird verstanden, also vom Kopf her erkannt. Manches bleibt allerdings noch verborgen und so können durchaus auch falsche Schlüsse gezogen, falsche Gedankenverknüpfungen vorgenommen werden. Ob Kinder Details nun „richtig" oder „falsch" verstanden haben, immer bleibt jedoch die große seelische Betroffenheit angesichts des Todes. Es ist eines, den Tod als Realität zu verstehen, ein anderes, ihn auch vom Herzen her zu akzeptieren.
Gleichzeitig mit dem realistischeren Zugang zu Fragen über Sterben und Tod kommt mit einem Mal auch eine gewisse Scheu, über den Tod zu reden. Verschwunden sind die ungezwungenen Fragen, das neugierige Untersuchen toter Tiere, der lockere Zugang zu diesem Thema. In dieser Altersstufe – also bei Kindern rund um das 10. Lebensjahr – tauchen auch die ersten genaueren Vorstellungen und Gedanken über das Jenseits auf. Das Leib-Seele-Problem wird an ganz konkreten Erfahrungen überdacht: „Paul ist tot. Sein Körper liegt unter der Erde begraben. Er wird nicht wieder mit uns zur Schule gehen. Aber wo ist das, was auch zu Paul gehörte, seine Stimme, sein Lachen, seine Art, Spaß zu machen? Wie ist es wohl dort, wo das ‚Ich' vom Paul ist?"
Der Unsterblichkeitsgedanke – dieses Hoffen, dass die Seele für immer an einem Ort des Friedens sein kann – ist ein Gedanke, der ganz unabhängig von einer religiösen Zugehörigkeit in diesem Alter entwickelt wird (vgl. 3.2). Darin kommt scheinbar eine uralte Menschheitssehnsucht zum Ausdruck, dass mit dem Tod zwar das irdische Leben zu Ende ist, jedoch ein anderes Leben erst beginnt.

Die Freude an historischen Fragen führt schließlich dazu, dass Kinder in die Familiengeschichte eintauchen und viel von jenen Menschen erfahren möchten, die vor ihnen gelebt haben. Wie war ihr Leben? Wie war ihr Sterben? Was haben sie zurückgelassen? Gibt es Ähnlichkeiten zwischen einem Verstorbenen und mir? Auch allgemeine Geschichten, Sagen und Mythen, die das Thema Sterben, Tod und Jenseitsvorstellungen betreffen, werden wichtig und erwecken bei fast allen Kindern dieses Alters Interesse.

Grundschulkinder

Bedeutung des Todes

- Der Tod kann mit zunehmendem Alter als Realität erfasst werden.
- Der Tod kann *langsam* in seiner Endgültigkeit begriffen werden.
- Der Tod ist ein Ereignis, das Pflanzen, Tiere und Menschen trifft.
- „Der Tod macht keine Ausnahme": Auch die eigene Person ist sterblich.
- Der Tod wird oft als Person vorgestellt (Sensenmann, Schnitter . . .).
- Der Tod kann auch als Bestrafung, als Folge nicht-angepassten Verhaltens verstanden werden.

Typische Reaktionsweisen

- Unterschiedliche Vorstellungen wechseln ab: Pendeln zwischen Realität und Phantasie.
- Verlust- und Trennungsängste, Trennungsschmerz, Trauergefühle.
- Interesse an allen Dingen rund um den Tod in Form von Geschichten, Überlieferungen, Erzählungen (historisches Interesse!).
- Nachdenken über die Endgültigkeit, die eigene Endlichkeit, das Jenseits und die Leib-Seele Frage.

Das frühe Jugendalter – das Alter zwischen ca. 10 Jahren und 14 Jahren – ist eine turbulente Zeit, in der die Kinder nicht mehr Kind und noch nicht so recht Jugendliche sind. Was kennzeichnet dieses Alter?

Wie schaut die Welt im frühen Jugendalter aus?

- Die körperliche Entwicklung geht oft rascher voran als die seelische Reifung. Auch beobachtet man in den letzten Jahrzehnten eine Beschleunigung der körperlichen Reifungsprozesse. Dies wird mit dem Begriff „Akzeleration" umschrieben.

- Der körperlichen Kräftesteigerung steht ein enormer geistiger Leistungsschub gegenüber. Unterschiedlichste körperliche Empfindungen, Wünsche, Begierden und eine breite Palette an Gefühlen ist typisch für dieses stürmische Alter.
- Die geistigen Fähigkeiten reifen stetig heran und so können in diesem Alter formale Denkoperationen durchgeführt werden. Auch nimmt die Fähigkeit zu, konsequent an einer Sache zu arbeiten, Dinge zu planen und auch umzusetzen, aus Fehlern zu lernen und Verantwortung zu übernehmen.
- Die Bedeutung des unmittelbaren Augenblickes – dieses völlige Aufgehen im Hier und Jetzt, wie wir es bei kleinen Kindern kennen – tritt zurück. Das Denken und Fühlen löst sich immer öfter vom unmittelbar Erlebtem und wendet sich mehr und mehr der Zukunft zu.
- Die Auseinandersetzung mit theoretischen Fragen, seien diese theologischer, philosophischer oder anderer wissenschaftlicher Art, wird mit zunehmendem Alter immer wichtiger. Dabei spielt das Erfassen abstrakter Begriffe – wie etwa Schönheit, Treue, Gerechtigkeit, Tod – eine große Rolle.
- Hauptaufgaben dieses Alters sind das Herausbilden eines Wertesystems und die Selbstfindung. So stehen drei Fragenkomplexe im Mittelpunkt des Interesses: „Wie bin ich?", „Wie möchte ich sein?" und „Für wen hält man mich?".

Welche Bedeutung hat der Tod für Kinder zwischen 10 und 14 Jahren?

Rund um den Eintritt in die Vorpubertät wird der Zugang zur Welt nicht mehr von „Wenn-Dann"-Schlüssen bestimmt. An ihre Stelle treten „Weil-Deshalb"-Verknüpfungen. Dieser Denkansatz kann sich beispielsweise in folgenden Sätzen ausdrücken:
„Weil der Opa nach dem Tod von Oma nicht alleine leben wollte, deshalb ist er auch gestorben."
„Weil die Marie so lange krank war und ihr kein Arzt helfen konnte, deshalb ist sie jetzt gestorben."
Je weiter die Kinder in ihrem Entwicklungsprozess voranschreiten, desto ähnlicher wird ihr Zugang zu den Dingen des Lebens jenem, den wir von Erwachsenen kennen. Der Unterschied zwischen „jungen Jugendlichen" und Erwachsenen liegt vor allem in den unterschiedlichen Interessen und Motiven, von denen sie sich leiten lassen und die ihr Leben bestimmen. Dies gilt besonders für das Jugendalter – nimmt aber bereits in der Vorpubertät seinen Anfang. So führt das Interesse an der eigenen Person – der eigenen Identität – zur Frage „Wer war ich?" – „Wer bin ich?" – „Wer werde ich sein?". Zum einen wird mit diesen „historischen Fragen" die Auseinandersetzung mit den eigenen Wurzeln eingeleitet. Zum anderen tritt das Thema Loslassen, Abschiednehmen, also das Thema Sterben im weitesten Sinn, zum ersten Mal ganz bewusst als Lebensthema in Erscheinung. So macht das Eintauchen in die eigene Geschichte und die Geschichte der Familie

auch vor der Erkenntnis nicht halt, dass jedem Neubeginn ein Abschied-Nehmen vorangeht. Viele Menschen, die in der Erinnerung noch wach und lebendig sind, sind bereits verstorben. Urgroßeltern und Großeltern tauchen oft nur in den Geschichten und Erzählungen der nächsten Generation auf. Ihr Lebenswerk war die Grundlage für vieles, was in der Gegenwart Früchte trägt. Sie haben „Platz gemacht" und eine neue Generation, andere Menschen sind in ihre Fußstapfen getreten.

Der historische Zugang zur eigenen Lebensgeschichte kann auch zur Frage führen, was von den Menschen bleibt, wenn sie ihr irdisches Leben beendet haben. Fragen nach dem Jenseits, nach Möglichkeiten eines Weiterlebens werden ebenso relevant wie die Frage, was denn dem menschlichen Leben Sinn verleihe. Entscheidend ist, dass all diese Fragen sowohl auf der Ich-Ebene (z. B.: „Wo werde ich sein, wenn mein Körper tot ist?") als auch auf einer allgemeineren Ebene gestellt werden (z. B.: „Wo gehen die Seelen der vielen Verstorbenen hin?").

Die Auseinandersetzung mit Sterben und Tod geschieht zum einen auf einer eher philosophisch-abstrakten Ebene. Der Tod findet zwar statt, der Tod gehört jedoch in erster Linie zum Alter, zu Krankheiten. Der eigene Tod wird in weiter Ferne gesehen und kann nicht wirklich in das Alltagsbewusstsein integriert werden. Dieser eher abstrakte Zugang zum Tod und den Überlegungen über Formen des Lebens nach dem Tod bedeutet aber anderseits nicht, dass konkrete Verlusterfahrungen leicht bewältigt werden können. Ganz im Gegenteil! Gerade das reale Hereinragen des Todes in das bunte Treiben der Kinder und Jugendlichen ist oft besonders dramatisch und kann die jungen Menschen aus der Bahn werfen. Wie kommt das?

Die Vorpubertät und die Pubertät sind Lebensphasen, die durch heftige Gefühlsschwankungen charakterisiert sind. „Himmelhochjauchzend – zu Tode betrübt" – könnte das Lebensmotto für diese Entwicklungsstufe heißen. Jeder Verlust bringt jedoch seinerseits enorme seelische Spannungen mit sich. Die Bandbreite der Gefühle reicht von Leugnen, Zorn, Wut, Verzweiflung, Auflehnung, Leere, Einsamkeit bis hin zu einer stillen ohnmächtigen Verzweiflung. Erst am Ende eines langen Trauerprozesses wird es möglich, die eigene Gefühlswelt zu stabilisieren. Es ist daher einleuchtend, dass ein aktueller Verlust schwer zu verarbeiten ist, wenn der junge Mensch gerade sehr intensiv mit den Stimmungsschwankungen kämpft, die sein aktuelles Leben bestimmen. Da kann es schon zu Überschneidungen, „Zusammenstößen" und „Unverträglichkeiten" kommen, die einer Hilfestellung durch Eltern oder andere Begleiter bedürfen (vgl. 3.6).

Kinder zwischen 10 und 14 Jahren

Bedeutung des Todes

- Tod als unausweichliches Ereignis, als Ereignis, das alle trifft.
- Tod als abschließendes Ereignis, der Schlusspunkt jedes Lebens.
- Tod als endgültiges Ereignis, das für ein irdisches Weiterleben keinen Platz offen lässt.
- Tod als endgültiger Verlust – als Liebesverlust.

Typische Reaktionen

- Auftauchen der Sinnfrage des (eigenen) Lebens.
- Spirituelle Fragen nach einem „Leben nach dem Tod".
- Häufig körperliche Symptome als Begleiterscheinung bei konkretem Erleben von Sterben und Tod.
- Durchleben des Trauerprozesses.
- Individuelle Gestaltung der Trauer und Trauerarbeit.

In der weiteren Entwicklung werden einzelne Aspekte des Denkens und Fühlens stärker heraus modelliert, andere nehmen wieder an Bedeutung ab. Schicht für Schicht lassen Jugendliche Muster aus der frühen Kindheit, aus weit zurückliegenden Entwicklungsstufen zurück und schreiten auf ihrem Weg hin zu einer reifen Persönlichkeit voran. Was sich bereits bei 13- bis 14-jährigen angedeutet hat – die Auseinandersetzung mit zentralen Lebensthemen wie Sinn, Schuld, Werte, Zukunftsplanung – wird von jungen Erwachsenen dann ganz bewusst wieder aufgegriffen. Mit der der Jugend eigenen Gründlichkeit werden diese Themen durchdiskutiert, durchgedacht – aber auch intensiv „durchgefühlt". Die Vergänglichkeit kann mit einem Mal als Lebensprinzip begriffen werden und stellt eine Herausforderung für die Lebensgestaltung dar. Welchen Wert das Leben angesichts des Todes erhält, das können in aller Schärfe und Klarheit erst Jugendliche – junge Erwachsene – erfassen.
Abschließend möchten wir festhalten, dass es zwischen dem Todesverständnis älterer Jugendlicher bzw. junger Erwachsener und dem der Erwachsenen kaum einen Unterschied gibt. Allein die Reaktionen

werden oft durch alterstypische Ausdrucksweisen überformt – doch das ist etwas, was für jede Lebensphase mehr oder weniger zutrifft.
Für alle Menschen gilt, dass die durchlebten Lebensstufen mit ihren typischen Merkmalen im Inneren jedes Menschen weiterleben und in mehrfachem Sinn „aufgehoben" sind (vgl. 4.4). Es wird ganz vom persönlichen Lebensschicksal, von den konkreten Verlusterfahrungen und dem sozialen Netz abhängen, welche Orte der eigenen Entwicklung wieder aufgesucht werden müssen. Manchmal bedeutet ein Zurückgehen in Denkvorstellungen und Gefühlsregungen vergangener Entwicklungsphasen („Regression") auch die Möglichkeit, etwas nachzuholen und mit neuen Erfahrungen alte Wunden heil werden zu lassen. Unverstandene Dinge der Kindheit können vielleicht erst viel später begriffen und in die eigene Lebensgeschichte eingebaut werden.

3.4 Kindertrauer hat viele Gesichter: Vom Umgang mit Verlusten

Florian und Peter

Es ist Morgen. Die Sonne scheint in das Zimmer von Florian. Der 10-jährige Junge liegt in seine Decke eingehüllt und döst vor sich hin. Die Mutter kommt, um ihn zu wecken. Doch Florian brummt Unverständliches und zieht sich die Decke über den Kopf. Oh nein, er würde jetzt nicht aufstehen – ganz bestimmt nicht. Er würde überhaupt nie mehr aufstehen! Und die Lehrer können ihn gleich aus der Klassenliste streichen! Aufstehen! Schule! Das alles hat überhaupt keinen Sinn mehr ... Florian beißt die Zähne so fest auf einander, dass es weh tut. In ihm tobt ein schrecklicher Kampf. Er ist so wütend, so unbeschreiblich wütend – doch er weiß nicht auf wen. Vor einer Woche hat er erfahren, dass seine Eltern sich scheiden lassen. Klar – es gab oft Streit, doch das gibt es bei Gabi, bei Peter, bei Alexander doch auch! Das gibt es doch in jeder Familie! Er will nicht, dass seine Eltern auseinander gehen, er will nicht, dass seine Welt sich verändert! Er liebt doch beide Eltern! Er kann sich doch nicht teilen! Florian kriecht noch tiefer unter die Decke. Er verbringt den ganzen Morgen in seinem Bett und hört laute Musik. Ein Gespräch mit seiner Mutter verweigert er. Seine kleine Schwester wirft er unsanft aus dem Zimmer. Immer wieder trommelt er mit den Fäusten gegen die Wand.
An einem sonnigen Morgen kommt die Mutter in das Zimmer von Peter, um ihn zu wecken. Doch Peter ist schon aufgestanden. Er geht an der Mutter vorbei ins Badezimmer, wäscht sich, zieht sich eilig an, trinkt im Stehen seinen Kakao. Kühl und distanziert verabschiedet sich der 10-jährige von seiner Mutter. Er muss zur Schule. Hastig eilt er die Straße hinunter. Er muss so rasch es geht zur Schule! Dort kann er untertauchen und seinen Schmerz über die bevorstehende Scheidung seiner Eltern ein paar Stunden „auf Eis legen". Vor einer Woche hat er es erfahren. Peter ist traurig. Und hilflos. Er liebt seine Eltern. Er weiß aber auch, dass seine Eltern unglücklich sind – beide. Vielleicht ist es besser, wenn sie sich trennen? Peter liebt beide. Er will

seine Welt nicht verlieren, er will, dass sich nichts verändert . . . Doch das scheint nur in der Schule möglich zu sein. Die Lehrer bemühen sich sehr um den stillen, zurückgezogenen Jungen und auch seine Freunde halten zu ihm . . . Die Nachmittage verbringt er über seinen Schulbüchern und mit Freunden. An einem Gespräch mit den Eltern ist er nicht interessiert, Berührungen schüttelt er ab.
(SPECHT-TOMANN, M.)

In den beiden Fallbeispielen geht es jeweils um die Situation eines 10-jährigen Jungen, der erst vor wenigen Tagen von der Scheidung seiner Eltern erfahren hat. Die Reaktionen der beiden Kinder sind jedoch sehr verschieden. Während sich der eine in ohnmächtiger Wut weigert, am „normalen" Leben teilzunehmen, sucht der andere gerade in dieser Normalität und Berechenbarkeit Schutz und Hilfe. *Traurig* sind beide Kinder und beiden Kindern steht noch ein langer Trauerweg bevor!
Doch die persönlichen Trauerreaktionen sind sehr verschieden.

Anna und Petra

Anna ist 5 Jahre alt und liebt ihre Großmutter über alles. Da Annas Mutter berufstätig ist, verbringt das Mädchen viele Stunden bei der alten Frau. Dort darf sie beim Kuchenbacken helfen, kann über die vielen Eindrücke aus dem Kindergarten erzählen und den Geschichten der Großmutter lauschen. Oft gehen die beiden spazieren und Anna genießt es, dass Oma so langsam geht – da kann sie in Ruhe alles anschauen, was für sie interessant ist. Niemand schimpft mit ihr, dass sie so langsam ist und wieder stehen bleibt, niemand nörgelt an ihr herum, wenn sie sich einmal eine Blume genauer ansehen möchte! Auch auf den Friedhof darf Anna mitgehen! Gemeinsam mit Oma pflegt sie das Grab von Opa und Tante Erna. Sie gießen die Blumen, zupfen das Unkraut weg und zünden eine Kerze an. Anna hat dann viele Fragen: „Wann ist Opa gestorben? Warum habe ich Opa nicht gesehen? Wie hat er ausgeschaut? War er lieb? Und wo ist er jetzt? Ist Tante Erna vielleicht mein Schutzengel?" Die Oma gibt sich Mühe, ihrer Enkelin zuzuhören. Manchmal lächelt sie und streicht Anna übers Haar. Antworten weiß sie oft selbst nicht – doch die Sache mit dem Schutzengel findet sie schön.
Eines Tages stirbt die Großmutter. Für Anna kommt das ganz unerwartet, wie ein Blitz aus heiterem Himmel. Und mit einem Schlag ist Annas Kinderhimmel nicht mehr blau, sondern tief schwarz. Es scheint keine Sonne mehr und auch die Blumen im Garten kann Anna nicht sehen. Die Welt ist dunkel.
Das Kind sucht überall nach der Oma. Sie sucht in allen Zimmern, sie sucht im Keller, am Dachboden und unter ihrem eigenen Bett. Oma muss doch wieder zu finden sein! „Wir haben Oma verloren!" – dieser Satz dröhnt in ihrem kleinen Kopf, einen Satz, den sie von ihrem Vater gehört hat, als er mit dem Nachbarn sprach. „Verloren, verloren . . .", Anna sucht verzweifelt weiter, solange, bis sie erschöpft am Fußboden einschläft. Die folgenden Nächte sind besonders schlimm. Anna schreckt oft auf, weint und irrt verzweifelt durchs Haus. Manchmal ist ihr Bett auch nass – es scheint, als würde ihr ganzer kleiner Körper weinen!

Petra, ein 5-jähriges Mädchen, lebt mit ihren Geschwistern in einer kleinen Wohnung. Zum Glück gibt es die Oma, bei der Petra ihre Nachmittage verbringen kann. Oma hat zwar auch nicht viel Zeit für ihre Enkelin, doch kann Petra wenigstens ihre Kindergartenerlebnisse erzählen und die Großmutter hört ihr zu. Manchmal begleitet Petra ihre Großmutter zum Einkaufen, bei Besuchen im Krankenhaus und auf den Friedhof. Der Friedhof ist ein interessanter Platz für das kleine Mädchen. Es möchte so viel wissen über die toten Menschen – aber was ist denn das überhaupt „Tot-Sein"? Und wo sind die Menschen, die gestorben sind? Am liebsten würde Petra den Opa wieder ausgraben, sie will ihn anschauen ... Ob seine Haare immer noch so schneeweiß sind? Und wo ist der liebe Gott? Ruft der alle Menschen zu sich? Wie macht er das? Hat er eine große Trompete, so wie der Paul im Kindergarten oder ein Glocke, wie Tante Maria? Die Oma ist eine geduldige Zuhörerin und lässt ihre Enkelin reden und reden und sie ihre eigenen Gedanken entwickeln. Manchmal macht sie ein „Hm" oder „Mmmja" und wenn die Fragerei zu wild wird, nimmt sie Petra in den Arm, küsst sie auf die Stirn und drückt sie fest an sich.
Doch eines Tages kann Petra nicht zur Oma gehen. Das kleine Mädchen ist verwirrt. „Warum denn nicht?" „Oma ist gestorben."
Das begreift Petra nicht. Oma ist vielleicht auf Kur. „Nein, Oma ist tot." Oma wird halt zu Weihnachten wiederkommen. „Nein, Oma ist tot." Ganz langsam beginnt in Petra etwas herauf zu dämmern: Hat etwa der liebe Gott mit seiner großen Glocke die Oma zu sich gerufen? Petra wird nachdenklich ...
Mit großem Eifer beteiligt sie sich an den Begräbnisvorbereitungen, sie malt Oma ein Bild. Da malt sie den lieben Gott mit einer großen Glocke und die Engel mit kleinen Glocken. Auf der Wiese liegt die Oma. Viele Blumen liegen auf der Erde – alle sollen die Oma zudecken!
(SPECHT-TOMANN, M.)

Auch bei diesen beiden Beispielen erleben die kleinen Mädchen ähnliche Verlustsituationen. Doch wie sie mit dem Tod der geliebten Großmutter umgehen, ist sehr verschieden. Unbegreiflich bleibt dieser Tod für beide Kinder. Während Anna in ihrer Verzweiflung „die Flucht zurück" antritt und den Eltern wegen ihrer Rastlosigkeit, ihrer Schlaf- und Einnässprobleme große Sorgen bereitet, stürzt sich Petra in Aktivitäten für die Oma, malt Bilder und macht sich so ihre eigenen Gedanken.
Die Bandbreite der Gefühle, die mit einem Verlust verbunden sind, ist enorm groß, bei Erwachsenen ebenso wie bei Kindern. Abbildung 5 (vgl. 3.1) zeigt die verschiedenen Gefühlsbereiche, die während eines Trauerprozesses immer wieder durchlaufen werden. Wie sich dies in Worten ausdrücken lässt, geben folgende Sätze in etwa wieder:
„Nein, das ist nicht so, das kann nicht sein."
„So eine Gemeinheit, ich bin so unendlich wütend, verletzt!"
„In mir ist ein riesiger Tränensee, ich bin so traurig."
„Ich bin ständig auf der Suche."
„Langsam begreife ich den Verlust und kann ihn annehmen."

Jeder Mensch wird auf einen Verlust unterschiedlich reagieren. Dennoch gibt es eine gewisse Regelmäßigkeit des Gefühlsablaufes, den man in der Begleitung von Trauernden beobachten kann. Wie schaut dies nun bei Kindern aus? Gibt es Unterschiede zum Trauerprozess der Erwachsenen? Und wenn ja, worin liegen diese Unterschiede?
Kinder durchlaufen ebenso wie Erwachsene einen Trauerweg. Allerdings ist die Kindertrauer viel „bunter", sie zeigt häufig ein anderes Tempo und nimmt mitunter auch andere Ausdrucksformen an. Kinder und Jugendliche leben ganz den Moment, den Augenblick. Nur schwer können sie sich für einen längeren Zeitraum der Fülle des Lebens entziehen. Immer wieder tauchen sie in das „ganz normale" Leben ein und nehmen mit allen Fasern ihres Körpers und ihres Herzens an dem Anteil, was ihnen die Welt an Reizen zu bieten hat. Dieses Merkmal von Kindheit und Jugend macht auch vor Zeiten der Trauer nicht Halt.

- So kann es eben geschehen, dass kleine Kinder tränenüberströmt in die Arme der Mutter flüchten, wenn ihr Lieblingsspielzeug kaputt geht – und im nächsten Augenblick freudestrahlend zur Schaukel laufen.
- So kann es geschehen, dass ein Kind ganz untröstlich über den Tod seines Hundes ist – und im nächsten Augenblick laut lachend mit Freunden zum Fußballspiel geht.
- Und so kann es auch geschehen, dass ein Jugendlicher nach dem Unfalltod seines Freundes am Abend zu einer ausgelassenen Party geht.

Gerade dieses Eingebundensein der Kinder und Jugendlichen im Hier und Jetzt, dieses Aufgehen in der Gegenwart, macht es Erwachsenen oft schwer, ihre Kinder zu verstehen. Und da sind auch noch die Gefühle, die in jungen Jahren sehr oft im Vordergrund stehen! Nur zu oft stürmen alle möglichen Gefühle auf die Kinder und Jugendlichen ein und überschwemmen sie geradezu. Da ist Zorn neben Freude, Schimpfen neben Begeisterung, Weinen neben Lachen. Der Rhythmus der Trauer ist bei Kindern anders als bei Erwachsenen – sprunghafter, wilder, unberechenbarer. Einige wichtige Merkmale kindlicher Trauerprozesse lassen sich aus den Möglichkeiten der Kinder und Jugendlichen her ableiten, die Welt zu begreifen (vgl. 3.3). Das *kindliche Weltbild*, der seelisch-geistige *Entwicklungsstand* macht einige der Reaktionen verständlicher, die Kinder angesichts von Verlusten zeigen. Wir wollen im Folgenden einige Punkte zusammenfassend darstellen, in denen sich Kindertrauer von der Trauer Erwachsener abhebt und unterscheidet.

„Lachen und Weinen"

Kinder und Jugendliche lösen sich immer wieder von den dunklen Gefühlen der Trauer und des Schmerzes. Oft tauchen sie wieder in den Alltag ein und können ganz gelöst und heiter am Leben „draußen", außerhalb des Trauerlandes teilnehmen. Dies hat nichts mit einem Nicht-Wahrhaben zu tun, sondern ist vielmehr ein Ausdruck dafür, wie stark sie im Hier und Jetzt verwurzelt sind. Die Gegenwart ist *die* Zeit der Kindheit und Jugend – auch in emotionalen Ausnahme-Zeiten, wie sie eine Verlustsituation darstellt. Das „normale Weiterleben", wie es so mancher Erwachsene bei Kindern kopfschüttelnd beobachtet, sagt aber nichts über die tiefe Traurigkeit, die innere Betroffenheit und den Schmerz aus, den Kinder und Jugendliche durch einen Verlust erleben und erleiden. Dies zu verstehen und nicht zu verurteilen, wäre für eine kindgerechte Begleitung besonders wichtig!

Anja

Anja hat ihre beste Freundin, Dagmar, durch einen Unfall verloren. Anja ist verzweifelt. Wie gelähmt fühlt sie sich, ohnmächtig hilflos. Sie sitzt in ihrem Zimmer und hört sich wieder und wieder die Lieblingsplatte von Dagmar an. Dabei löst sich ihre Erstarrung und sie kann weinen.
Dann läutet das Telefon. Anja telefoniert lange. Dann legt sie auf, zieht sich ihren neuen Pulli an und teilt ihrer Mutter mit, sie würde mit Lena ins Kaffeehaus gehen. Lachend umarmt sie ihre Mutter, drückt ihr einen Kuss auf die Wange und läuft leise summend die Treppen hinunter.
Die Mutter steht fassungslos am Fenster. Sie ist ratlos: Gerade noch war ihre Tochter so verzweifelt – und jetzt läuft sie lachend aus dem Haus . . .
(SPECHT-TOMANN, M.)

„Alle Gefühle auf einmal"

Die Welt der Kinder ist oft scheinbar ungeordnet, zumindest nach einem anderen Prinzip geordnet als es in der Welt der Erwachsenen üblich ist. Da werden von Kindern Dinge als gleich bezeichnet, obwohl wir Erwachsene keine Ähnlichkeiten entdecken können. Oder Kinder bestehen auf Unterschieden, die wir Erwachsene beim besten Willen nicht entdecken können. Alle Gefühle, die sich beim Durchlaufen eines Trauerprozesses zeigen und bei Erwachsenen in einer gewissen Abfolge auftreten, können bei Kindern und Jugendlichen auf einmal auftauchen und gleichsam nebeneinander, übereinander, ineinander verstrickt wirken.

Mira

Mira war gerade 7 Jahre geworden, als sie mit ihrer Familie in eine andere Wohnung zog. Die Eltern hatten alle Möbel zum Abtransport zusammengestellt. Die Bücher, Schuhe und Kleider, das Geschirr, die Vasen, Töpfe und was es sonst noch gab, waren in Kisten verpackt. Das war alles sehr aufregend für Mira und ihre zwei jüngeren Brüder!

In der neuen Wohnung ging es dann ans Auspacken. Endlich trugen die Männer von der Umzugsfirma die Kiste herauf, auf der „Kinderzimmer" stand. Die Kinder machten sich daran, ihre Sachen auszupacken und in die Schränke und Regale einzuräumen. Bald waren alle Kleider eingeräumt, alle Bücher eingeordnet, die Blumenübertöpfe ausgepackt, die Spielsachen der Kleinen . . . Mira wurde immer ungeduldiger. Wo war ihre Lieblingspuppe?

Als die Umzugskiste ganz leer war und die Puppe immer noch nicht aufgetaucht war, rannte Mira aufgeregt zu ihrer Mutter.

„Wo ist Klara?"

„Klara? Aber Mira, diese alte Puppe, die habe ich weggeworfen. Die war doch wirklich nicht mehr schön, sie hatte doch kaum mehr Haare – und die Hände waren auch schon ganz abgelutscht."

Mira hielt sich die Ohren zu, sie wollte gar nichts mehr hören. Sie schrie und tobte, dann erstarrte sie mitten in ihrer Verzweiflung.

Mira suchte erneut die ganze Wohnung ab und blieb dann zusammengekauert am Boden sitzen.

Mira schlug wild um sich, zog sich verzweifelt zusammen, um alsbald erneut wild um sich zu schlagen. Sie war sprachlos, um im nächsten Moment in jammerndem Tonfall von ihrer Klara zu erzählen.

Nein, niemals würde sie Klara vergessen, niemals! Und niemals wollte sie eine andere Puppe haben! Ihre Mutter hasste sie in diesem Augenblick aus tiefstem Herzen.

(SPECHT-TOMANN, M.)

„Als wäre nichts geschehen"

Nicht-Wahrhaben-Wollen ist die erste Reaktion auf einen Verlust und somit eigentlich der Anfang des Trauerns. Für alle Menschen aller Zeiten und aller Altersstufen ist es schwer, den Verlust von geliebten Menschen oder auch Dingen zu verkraften. Dieses Aufschieben der Konfrontation mit der Wirklichkeit des Verlustes hat für die erste Zeit unmittelbar nach dem Verlusterlebnis eine gewisse Schutzfunktion, zu schwer wäre der Ansturm aller Gefühle zu verkraften und zu bewältigen. Es ist gleichsam eine gewisse Schonfrist für Herz und Verstand, in der erst nach und nach ganz langsam die ganze Tragweite des Geschehenen an die Oberfläche dringen kann. Allmählich löst sich der Zustand der Abwehr.

Bei Kindern muss bedacht werden, dass erst ab dem Schulalter die Endgültigkeit des Todes langsam begriffen werden kann. Dieses „Ich kann es nicht glauben" steht bei kleineren Kindern zum einen für den Beginn des Trauerprozesses, zum anderen für die entwicklungsbedingte Unfähigkeit, den Tod als Ende des Lebens zu begreifen. Diesen Punkt im kindlichen Trauergeschehen werden die meisten Erwachsenen gut verstehen können! Wir alle bleiben bis zu einem gewissen Grad immer Kinder, die Schwierigkeiten haben, das Rätsel des Todes zu begreifen (vgl. 4.4).

Es sind eher die Reaktionsweisen der Kinder und Jugendlichen, die den Umgang erschweren:

„Als wäre nichts geschehen" bedeutet z. B.: die helfende Hand zurückweisen, der angebotenen Umarmung ausweichen, die Zimmertüren zuknallen, das Radio auf volle Lautstärke aufdrehen, betont „locker" durch die Wohnung ziehen, jedes Gesprächsangebot in den Wind schlagen, den/die „Coole" spielen.

Daniel

Daniel war 12 Jahre alt, als sein Vater bei einem Autounfall starb. Dabei hatte alles so anders begonnen! Daniels Eltern waren geschieden. In diesem Sommer sollte er die Ferien bei seinem Vater in den Bergen verbringen. Zusammen mit seinem Bruder machte er sich auf die Fahrt. Doch als der Zug in den Bahnhof einfuhr, da war kein Vater da. Da war niemand da, der Daniel und seinen kleineren Bruder in Empfang nahm. Was war bloß geschehen? Zuerst warteten die beiden Kinder. Doch je länger sie warteten, desto unheimlicher wurde ihnen zu Mute. Unbehagen, Angst schlich sich in die Kinderherzen ein und machte bald wilder Panik Platz. Daniel hatte zum Glück die Telefonnummer seines Onkels bei sich. Nach langem Läuten nahm die Tante ab. „Daniel? – Um Gottes willen, wo bist du denn . . .?"

Da erfuhr Daniel, dass sein Vater auf der Fahrt vom Dorf zum Bahnhof einen schweren Autounfall hatte und im Sterben lag. Einen Tag darauf verstarb der Vater.

In der darauf folgenden Zeit lief Daniel für Außenstehende völlig unverändert herum. Er lachte, nahm seinen Bruder an die Hand, zeigte ihm das Dorf und die Gegend, in der er als kleiner Bub spielte – damals als sie noch alle hier wohnten. Damals als die Welt noch in Ordnung war.

Die Oma kam und wollte Daniel in die Arme nehmen – er stieß sie unsanft zurück. Der Onkel und die Tante, bei denen die Kinder Unterschlupf fanden, boten Gespräche an, wollten den Kindern erklären, sie trösten – doch Daniel stand jedes Mal auf, nahm seinen kleinen Bruder bei der Hand und verschwand in sein Zimmer. Das laute Türenknallen war wohl Beweis genug, dass es seiner Ansicht nach nichts zu sagen gab!

Die Sommertage verbrachte Daniel in unbegreiflicher Heiterkeit, auch am Begräbnis nahm er seltsam gelassen teil – er wollte eigentlich nur eines: ungestört seine Ferien hier verbringen, auf die er sich schon so lange gefreut hatte.

(SPECHT-TOMANN, M.)

„Böse Gedanken ..."

Bei jedem Verlust tauchen viele Fragen auf: Warum dies alles überhaupt geschehen musste, und warum gerade jetzt und gerade diesem Menschen. Warum man nichts gegen das drohende Unheil unternommen habe, warum man nicht zur rechten Zeit am rechten Ort war, warum, warum ... Eng mit diesen quälenden Warum-Fragen sind Schuldgedanken verbunden. „Hätte man nicht doch noch ...? Ist vielleicht doch nicht alles getan worden ...? Wäre man nicht weggefahren ... Hätte man nicht so böse Gedanken gehabt ..." Diese Gefühle und Gedanken treten fast bei jedem Trauernden auf. Sie werden im Laufe der Trauerarbeit wieder und wieder durchdacht, durchfühlt – und letztlich bei Seite gelegt.

Bei Kindern ist dies oft schwieriger. Der Glaube an die Kraft des magischen Denkens hat viele Jahre der Kindheit geprägt und wird immer wieder dort bedeutsam, wo schwierige Situationen, unerklärbare Ereignisse und unbegreifliche Erlebnisse auftauchen. Und so ist es nicht verwunderlich, dass die Schuldgefühle bei Kindern oft sehr stark werden können. Wie oft wünscht ein Kind den bösen Opa weit weg, weil er nicht erlaubt, über den Zaun zu klettern. Wie oft wünscht sich ein Kind, sein Bruder würde auch so „ungerecht" behandelt werden, wie es sich selbst behandelt fühlt. Kinder glauben an die unmittelbare Kraft der eigenen Gedanken, die Welten versetzen kann. Passiert dem Opa dann aber tatsächlich ein Unglück oder wird der Bruder wirklich hart bestraft, dann fühlt das Kind sich an dem Ereignis mitschuldig. Kinder glauben in einem viel stärkeren Maße als Erwachsene, dass man Situationen herbeidenken könne.

Claudia

Claudia lebt in einer großen Familie. Sie ist eben 6 Jahre geworden. Alle ihre Geschwister haben ein eigenes Haustier: Toni hat einen Hamster, Maria einen Papagei, Elisabeth ein paar Goldfische und Andreas hat eben eine kleine Katze bekommen. Nur Claudia hat noch kein Tier. Jeden Tag fragt sie ihre Eltern, warum denn sie noch kein eigenes Tier haben darf. Sie bettelt und fleht, sie verspricht, auch ganz bestimmt die Pflege selbst zu übernehmen, sie schmeichelt und schmollt – sie versucht wirklich alles, was in ihrer Macht steht. Aber die Eltern zeigen sich uneinsichtig und unnachgiebig. Schließlich könne sie ja mit der Katze von Andreas auch spielen und die Goldfische von Elisabeth füttern, sie könne Tonis Hamster zusehen und den Papagei von Maria beobachten. „Nein", schreit es in Claudia, das will sie alles nicht, überhaupt nicht! Sie will ein eigenes Tier haben, nur für sich allein. In ihrem Zorn wünscht sie sich, dass alle Tiere der Geschwister tot umfallen – alle! Ja, sie sollen alle

tot sein! Claudia grübelt vor sich hin und in ihrem kleinen Zimmer schmiedet sie „böse" Gedanken.
Dann, eines Tages in der Früh, hört sie fürchterliches Weinen aus Tonis Zimmer. Sie rennt hinüber – und muss sehen, dass der Hamster tot in seinem Käfig liegt. Stumm stehen alle Kinder um den toten Hamster, Toni schluchzt verzweifelt. Claudia bekommt Herzklopfen, sie spürt, wie in ihr eine große Hitze aufsteigt, Tränen schießen in ihre Augen und sie läuft aus dem Zimmer. In ihrem Kopf pocht und hämmert es: „Ich habe ihn getötet, ich bin schuld!"
Als die Mutter Claudia sucht, findet sie ihre Tochter auf dem Bett zusammengerollt. Sie schluchzt. Die Mutter setzt sich an das Bett, streichelt Claudia über das Haar. Da wirft sich das kleine Mädchen in die Arme der Mutter: „Mami, Mami, das wollte ich doch nicht wirklich. Ich wollte doch nicht, dass der Hamster vom Toni *wirklich* stirbt, ich wollte doch . . ." Wieder wird sie von Schluchzen geschüttelt. Die Mutter schaukelt Claudia sanft in ihrem Arm. „Ich weiß, dass du nichts Böses wolltest", sagt sie aus einem tiefen inneren Verständnis heraus für die Verzweiflung ihrer Tochter. „Komm, wir wollen dem Hamster ein kleines Grab im Garten herrichten. Hilfst du mit?"
(SPECHT-TOMANN, M.)

„Ich mag nicht in den Keller gehen . . ."

Ob Erwachsene oder Kinder – für alle Menschen hat der Tod etwas Unheimliches, ist nur schwer zu begreifen und löst eine Unmenge von Fragen und Ängsten aus. Jeder Verlust, jeder Todesfall erinnert an die eigene Vergänglichkeit und an die Vergänglichkeit aller Menschen und Dinge, die im eigenen Leben eine wichtige Rolle spielen.
Kinder bauen sich Schritt für Schritt auf ihrem Weg ins Erwachsensein ein Gefühl von Sicherheit und Vertrauen auf. Doch diese Sicherheit kann brüchig werden. Mit einem Schlag kann durch einen Verlust das Vertrauen in die Welt erschüttert werden. Oft bleiben diese Gefühle unausgesprochen, oft sind sie nicht wirklich bewusst oder zeigen sich nur im Verhalten der Kinder.
Nach einem Verlust können jüngst erworbenen Selbstständigkeiten beispielsweise zusammenbrechen: So kann ein Kind, das einen Verlust erlitten hat, z. B. schlagartig den Besuch des Kindergartens verweigern – „Nein, da gehe ich nicht mehr hin!" Oder es will plötzlich nicht mehr alleine einschlafen, will, dass im Flur ein Licht brennen bleibt, weigert sich, alleine zum Bäcker gegenüber zu gehen, will seinen Schulweg nicht mehr alleine bestreiten, hat Angst vor der Dunkelheit.
Die konkreten Ängste, die im Zusammenhang mit Verlusten und mit dem Erleben von Sterben und Tod auftreten können, sind sehr verschieden und lassen sich nicht in ein Schema einordnen. Wichtig ist es, die Kinderängste ernst zu nehmen. Auch wenn wir Erwachsene nicht begreifen, warum der eine oder andere Verlust für das Kind überhaupt

so schlimm sein kann, sollten wir Kinder nie auslachen und ihre Sorgen und Ängste bagatellisieren! Kinder sind ihren Gefühlen viel stärker ausgeliefert als Erwachsene und haben in viel geringerem Maße die Möglichkeit der kognitiven Kontrolle über ihre Gefühlswelt. Dies gilt ganz besonders für Trauersituationen im weitesten Sinn.

Antonia

Antonia liegt wach in ihrem Bett. Immer wieder muss sie an Andrea denken. Antonia weiß, dass sich die Eltern von Andrea sehr oft streiten, dass der Vater Andreas Mutter auch manchmal schlägt. Oft ist Andrea weinend zu Antonia gekommen und hat sich bei ihr ausgesprochen. Die beiden 12-jährigen Mädchen sind oft zusammen gesessen und haben überlegt, wie sie der Mutter helfen könnten oder ob sie nicht einmal mit dem Vater reden sollten. Immerhin gab es ja noch kleinere Geschwister, für die diese Streitereien sicherlich schrecklich sind. Doch Scheidung? Daran hatten die beiden Mädchen nie gedacht! Andrea hat immer gesagt, sie seien doch eine Familie und da müsse man zusammenhalten und durch dick und dünn gehen! Antonia hat ihr immer recht gegeben. Ja, das fanden beide Mädchen, eine Familie gehöre zusammen und für die Streitereien müsse es eine Lösung geben! Aber jetzt? Jetzt waren alle Pläne und Hoffnungen der Kinder wie eine Seifenblase geplatzt.

Antonia merkt, dass sie dem Schmerz ihrer Freundin so hilflos gegenübersteht. Doch da ist noch etwas. Sie spürt tief in ihrem Inneren ein Fragezeichen. Dieses Fragezeichen wird immer größer und größer. Gab es denn nicht auch bei ihnen Streit, war nicht der Vater erst kürzlich wütend mit dem Auto davongebraust? Und heute Abend? Was waren das für Geräusche aus dem Wohnzimmer? Sie lauscht hinaus. Sie hört die laute Stimme ihres Vaters. Was sagt er da!? Gibt es Streit? Antonia schlüpft in ihren Bademantel und schleicht barfuß auf den Flur. Ja, die Eltern streiten! Sie hört es ganz genau! Antonia spürt, wie sie ganz weiche Knie bekommt. Mit hängendem Kopf schleicht sie zurück in ihr Bett, schlüpft unter die Decke – doch schlafen kann sie nicht.

Am nächsten Morgen weckt sie der Vater. „Antonia, heraus aus dem Bett!" ruft er lachend, „ich bring dich in die Schule!" Doch Antonia schaut ihm misstrauisch ins Gesicht. Wird er sich auch scheiden lassen, so wie der Vater von Andrea?

Sie zieht sich langsam an und geht in die Küche. Diesmal lässt sie ihr Frühstück aber stehen, nimmt nur ein paar Schluck Orangensaft. Verstohlen schaut sie ihre Mutter an, doch die steht summend vor dem Herd und schenkt sich eine Tasse duftenden Kaffee ein. „Auf Wiedersehen, Mami . . ."

Antonia geht mit eingezogenem Kopf neben ihrem Vater zum Auto. „Was ist denn heute mit dir los?", fragt der Vater, „schlecht geschlafen?"

Antonia schweigt. Auch zu Mittag schweigt Antonia, als die Mutter sie nach dem Grund ihrer schlechten Laune fragt.

In den nächsten Tagen ist Antonia still und zurückgezogen. Misstrauisch beobachtet sie ihre Eltern, lauscht auf jedes laute Wort und kann am Abend nur schlecht einschlafen. Die Eltern bemerken die Veränderung ihrer Tochter und machen sich Sorgen. „Antonia, sag doch, was mit dir los ist!" bittet der Vater. Doch Antonia schweigt. Der Vater nimmt Antonias Hand in die seine. Da liegt die kleine Mäd-

chenhand in der großen warmen Hand des Vaters. Antonia spürt, wie ihr die Tränen über die Wangen laufen. Sie fällt ihrem Vater weinend um den Hals: „Bitte, Papa, lasst euch nicht scheiden, bitte, ich habe euch doch beide so lieb!" Die Eltern sind fassungslos.
(SPECHT-TOMANN, M.)

„Und wieder schlage ich alles zusammen ..."

Trauer hat viele Gesichter – ganz besonders bei Kindern und Jugendlichen. Zurückgezogenheit, Antriebslosigkeit, Weinen, Sprachlosigkeit – das sind Reaktionen, die viele Menschen mit dem Thema Trauer verbinden. Wut, Zorn, Hass, lautes Aufbegehren hingegen sind nicht nur eher tabuisierte Gefühle, sondern sie werden auch nur selten mit Verlusterlebnissen in Zusammenhang gebracht. Bei Kindern und Jugendlichen ist jedoch dieser eher wilde und explosive Gefühlsbereich oft im Vordergrund, ja kann sogar die ganzen Trauergefühle abdecken. „Wann warst du zum ersten Mal in deinem Leben traurig?" – auf diese Frage antworten viele Jugendliche zunächst, dass sie sich an ein Traurig-Sein nicht so gut erinnern. Nach längerem Nachdenken fallen ihnen jedoch einige Ereignisse ein, die für sie sehr traurig waren – sei das der Verlust von Spielsachen, ein Wohnungswechsel oder der Tod eines Verwandten – auf die sie aber mit Wut und Aggression und nicht mit Traurig-Sein reagiert haben. Wut und Zorn über erlittene Verluste werden bei Erwachsenen viel häufiger unterdrückt als bei Kindern und Jugendlichen.
Wogegen richtet sich nun die Aggression? Stellvertretend für das Verlorene müssen häufig ganz andere Gegenstände, Tiere oder Menschen die Wutausbrüche über sich ergehen lassen. Manchmal richtet sich die Wut gegen Gott, der dieses Elend zulässt oder aber gegen die eigene Person. Diese Formen der Trauerreaktionen werden von Erwachsenen häufig als solche übersehen und als unerklärliche Aggression abgetan. Es ist eben sehr viel schwerer, ein wütendes, schreiendes, anklagendes Kind in seiner Trauer zu begleiten, als ein stilles, sanftes, in Tränen aufgelöstes Kind.
Bei Jugendlichen führt das wütende Aufbegehren gegen einen erlittenen Verlust oft zu einer intensiven Auseinandersetzung mit Glaubensfragen und zur Suche nach dem eigentlichen Sinn des Lebens.

Mathias

Mathias ist ein aufgeweckter 4-jähriger Junge, der mit großer Begeisterung in den Kindergarten geht. Dort hat er seine Freunde und eine Tante, die er über alles liebt.

Jeden Tag springt er vergnügt aus dem Haus, läuft an der Hand seiner Mutter die Straße hinunter bis zum Tor des Kindergartens. Dort gibt er der Mutter einen Kuss und hüpft fröhlich auf den Steinplatten bis zur großen grünen Eingangstür des Kindergartens. Mathias ist ein lebhaftes Kind, das bei allen Spielen gerne mitmacht. Mathias ist ein Sonnenschein!
Doch das ändert sich schlagartig, als seine Katze von einem Auto überfahren wird. Aus diesem lebhaften, lachenden, fröhlichen Jungen wird zu Hause ein stilles, nachdenkliches und zurückgezogenes Kind, das plötzlich keinen Appetit mehr hat, kaum etwas von seinen Erlebnissen erzählt und am liebsten in seinem Zimmer hockt.
Im Kindergarten kennt die Tante Mathias nicht wieder! Von einem Tag auf den anderen ist der kleine Junge wie verwandelt. Schon in der Früh, wenn er zur Türe hereinkommt, boxt er seinen Sitznachbarn zur Seite. Und kaum ist das Morgenlied vorbei, beginnt schon die erste Schlägerei, in deren Mittelpunkt Mathias steht. Verbissen kämpft er um das gelbe Auto. Verbissen geht er gegen Thomas vor, der der Erste bei der Schaukel war. Und erbost reagiert er auf Maria und Tanja, die ihn beim Sandkasten nicht mitspielen lassen: Er nimmt einen kleinen Sandeimer und schüttet eine ganze Ladung Sand über die beiden Mädchen! Während die Tante bemüht ist, die beiden kleinen Mädchen zu beruhigen, streunt Mathias durch die Wiese und reißt den Margariten die Köpfe ab: zack, zack, zack – da liegen sie alle, die Blumenköpfe! Mathias wütet über die Wiese und hinterlässt eine traurige Spur „geköpfter" Blumen!
Die Tante ist ratlos. Alle Versuche, Mathias in ein Spiel einzubeziehen, schlagen fehl. Er reagiert auf nichts. Das Weinen der Kinder lässt ihn ungerührt, das Schimpfen der Tante geht bei einem Ohr hinein und beim anderen wieder hinaus.
Die Kindergärtnerin bittet die Mutter um ein Gespräch. Als sie vom Tod des Kätzchens hört, wird ihr einiges klar. Sie überlegt sich, wie sie Mathias helfen kann, über seinen Schmerz hinwegzukommen. Vielleicht könnte sie die Kinder malen lassen . . . Oder sie findet eine Geschichte, die den Tod eines geliebten Haustieres zum Inhalt hat . . .
Sie ist dankbar für das Gespräch mit Mathias Mutter. Aber auch die Mutter ist froh, dass sie sich mit der Kindergärtnerin aussprechen konnte. Beide Frauen verstehen mit einem Mal viel besser, was sich in Mathias abspielt und sie begreifen, dass Tränen *und* Wut, stille Verzweiflung *und* aggressives Verhalten zwei Seiten ein und der selben Medaille sind.
(SPECHT-TOMANN, M.)

„Jakob spielt draußen . . ."

Die Sehnsucht nach einem verstorbenen Menschen, nach einem verunglückten Haustier oder nach einem verlorenen Spielzeug führt häufig zu intensiven Tagträumen. Kinder haben einen ganzheitlichen Zugang zur Welt, für sie sind die reale Welt und die innere Bilderwelt noch nicht so klar und deutlich getrennt wie bei Erwachsenen. Im Falle des Verlustes eines geliebten Menschen kennen wir auch bei Erwachsenen intensive Vorstellungen, die dazu führen, dass die verstorbene Person im Garten „gesehen" wird oder dass Träume so intensiv sind, dass man meint, der verstorbene Mensch sei „wirklich" für einige Augenblicke zurückgekommen. Wenn es aber Erwachsenen schon

schwer fällt, die Grenze zwischen Wunsch und Wirklichkeit klar zu ziehen, wie schwer ist das erst für Kinder, die in einer reichen Phantasiewelt leben. Häufig erzählen Kinder denn auch, sie haben beispielsweise:
„Maria auf der Straße getroffen";
„mit Jakob im Garten gespielt";
„Tante Hanna mit dem Rad vorbeifahren gesehen";
„ihren Teddy im Park auf dem Arm eines anderen Mädchens entdeckt."
Alle diese Ereignisse sind „wahr" und die Kinder glauben mit der ganzen Verzweiflung und Hoffnung, deren sie fähig sind, an das „Gesehene". Doch nichts führt daran vorbei, dass:
Maria bei einem Verkehrsunfall gestorben ist;
Jakob mit seinen Eltern in die Schweiz übersiedelt ist;
Tante Hanna nach langer Krankheit an Krebs gestorben ist und
der Teddy beim Spielen am Teich ins Wasser fiel, in die Tiefe gezogen wurde und unterging.
Es ist wichtig, die Wunschvorstellungen der Kinder nicht als Lügen abzutun. Damit würde man Kindern nicht gerecht werden und ihnen weh tun. Irgendwann kommt auch für die Kinder der Tag, an dem sie sagen können:
„Heute habe ich ein Mädchen gesehen, dass hat mich so an Maria erinnert." Oder:
„Der Teddy von dem Mädchen da drüben, schaut ganz gleich aus, wie meiner, der damals in den Teich gefallen ist."
Doch dies braucht Zeit und viel Geduld von Seiten der Begleiter. Kinder sind keine Lügner, wenn sie in ihrer Verzweiflung um einen erlittenen Verlust, „Geschichten erfinden"!

Sabine

Sabine kommt aufgeregt nach Hause gelaufen. Rasch wirft sie die Schultasche in die Ecke und stürmt in die Küche. „Mami, Mami, Andreas ist von einem Auto überfahren worden!" Zutiefst betroffen hört sich die Mutter die tragische Geschichte an. Andreas, ein Klassenkamerad von Sabine wollte beim letzten Blinken der Ampel – oder war es doch schon rot? – noch rasch zu seinen Schulfreunden auf die andere Straßenseite laufen. Er hat das grüne Auto nicht gesehen, das von der Seite eingebogen ist. Das Auto hat Andreas von der Seite erwischt, zu Boden geworfen und – ja, dann ging alles so schnell. Sabine weiß auch nicht mehr genau, was dann alles passiert ist. Sie muss immer wieder an Thomas denken, wie er da so reglos am Boden lag, aus seinem Kopf rann Blut. Ja, die Rettung sei dann gekommen, mehr weiß sie nicht.

Einige Tage nach dem tragischen Unfall ist Andreas an den Folgen seiner schweren Kopfverletzung gestorben.
Sabine ist sehr traurig. Andreas war ihr Freund, einer der wenigen Jungen, die sich nicht über Mädchen lustig machten. Andreas konnte so toll Fußball spielen und bei den Schularbeiten hat er Sabine auch immer geholfen. Andreas fehlt Sabine sehr.
Eines Morgens kommt Sabine verlegen zu ihrer Mutter: „Du, Mami, weißt du, wer mich heute Nacht besucht hat?" „Nein . . ." „Der Andreas war bei mir – nein, nein, ich meine das wirklich ernst. Er hat sich zu mir ans Bett gesetzt und wir haben geredet. Es war so toll. Und er war ja gar nicht verletzt, er hatte nur ein paar Kratzer an der Stirn. Wir haben so gelacht!" „Aber Sabine!" Die Mutter schüttelt den Kopf. Dann will sie ihre Tochter in den Arm nehmen und trösten. Doch Sabine stößt die Mutter weg. Sie fühlt sich nicht ernst genommen. Sie geht zurück in ihr Zimmer.
Als sie am Nachmittag vom Turnen nach Hause kommt, sieht sie Andreas um die Ecke biegen – ja, das war doch Andreas! „Andreas, Andreas, warte doch auf mich", ruft Sabine. Doch als sie die Straßenecke erreicht hat, ist niemand mehr da. Müde und traurig geht Sabine nach Hause. Sie vertraut sich ihrem Tagebuch an.
Es wird noch lange dauern, ehe dieses 13-jährige Mädchen aus der Verwirrung ihres Schmerzes auftauchen und begreifen kann, dass die Gespräche mit Andreas innere Monologe mit ihrem *toten* Freund sind!
(SPECHT-TOMANN, M.)

„Sie spricht genauso wie ihre Tante . . ."

Kinder und Jugendliche orientieren sich oft an Menschen, die ihnen zu Vorbildern werden. Diese Modelle erleichtern es ihnen, eine eigene Linie im Leben zu finden. Sie sind wie Wegweiser auf der Suche nach der eigenen Identität, nach Möglichkeiten der Selbstverwirklichung. Die Orientierung an bestimmten Menschen gibt in den stürmischen Entwicklungsjahren Halt und Sicherheit. Stirbt nun so ein Mensch, bricht für den Zurückbleibenden eine Welt zusammen, in der mit einem Schlag der Richtungsweiser verschwunden ist.
Jeder Verlust eines geliebten Menschen löst bei den Hinterbliebenen das Bedürfnis aus, bestimmte Eigenschaften oder Merkmal des Verstorbenen bei sich selbst zu pflegen oder in sich aufzunehmen. Die intensive Vorstellungskraft von Kindern, ihre blühende Phantasie und ihre Freude am Spiel führen dazu, dass sie typische Merkmale von Verstorbenen realitätsgetreu nachahmen können. Kinder und Jugendliche haben das große Bedürfnis, nach dem Tod ihnen nahestehender Menschen, gleichsam „in den Schuhen und Kleidern der anderen zu gehen". Zum einen ist es möglich, dass sie Kleidungsstücke der verstorbenen Personen anziehen oder als Kuscheltierersatz mit ins Bett nehmen. Zum anderen schlüpfen sie gerne in die Rolle des verstorbenen Menschen, bewegen sich plötzlich „ganz wie Onkel Hans", lachen „so wie Maria", verwenden Redewendungen „wie Opa Paul" oder

hüsteln plötzlich „wie Frau Erna, die alte Nachbarin". Sie können auch mit einem Mal ein Hobby übernehmen, das bis zum Tod der geliebten Person keine Rolle in ihrem Leben spielte. Doch wenn der geliebte Großvater ein begeisterter Naturbeobachter war, dann kann es schon sein, dass sein Enkel die Liebe zu den Vogelstimmen, zu Bäumen und Wildkräutern entdeckt und sich so mit dem verstorbenen Großvater verbunden fühlt.

Christian

Christian war 16 Jahre alt, als sein Großvater nach langer schwerer Krankheit starb. Immer wieder hatte sich Christian vorzustellen versucht, wie das sein würde, so ein Leben ohne den Opa. Doch das ging nicht. Opa war eine zentrale Figur in Christians Leben. Von klein auf verbrachte er alle Ferien bei seinem Großvater, begleitete ihn auf seinen Wanderungen, hörte seinen Erzählungen zu, lernte Kartenspielen von ihm und Fußballspielen, durfte auf Bäume klettern und tollkühne Radtouren machen.
Jetzt war Opa tot. Und Christian konnte es nicht fassen. Er saß an seinem Schreibtisch. Weinen konnte er nicht. Zornig sein auch nicht. Nichts. Einfach nichts. Christian fühlte sich leer und einsam. Das hektische Treiben rund um das Begräbnis ging spurlos an Christian vorbei. Mit versteinerter Miene nahm er am Begräbnis teil. Seine jüngeren Geschwister hatten alle noch etwas für Opa gemacht. Agnes hat ein Bild gemalt, Johanna einen Brief geschrieben und Georg hat ein kleines Holzboot geschnitzt. Er hatte nichts gemacht. Gar nichts.
Er wollte schreien – doch er blieb stumm vor dem Sarg stehen.
Er wollte weinen – doch er war ganz leer und ausgetrocknet.
Er wollte seinem Opa noch „Danke" sagen für all die tollen und wunderbaren Sommertage, für die vielen gemeinsamen Stunden – doch die Gedanken waren ein einziger wirrer Knäuel.
In seinem Kopf hämmerte und dröhnte es, in seinem Herzen war alles tot.
Tage nach dem Begräbnis fuhr Christian mit seinem Vater in das Haus des Großvaters. Er durfte die Räume allein durchstreifen und konnte noch einmal eintauchen in die Atmosphäre jenes Hauses, das so ganz mit seiner Kindheit und den wunderbaren Ferien verbunden war. Dann sagte sein Vater: „Wenn du möchtest, so nimm dir von Opas Pullovern einen mit!" Christian zögerte. Durfte er wirklich den Schrank aufmachen und die herrlichen alten Pullover durchstöbern? Der Vater nickte ihm aufmunternd zu. Und da suchte er sich den schönen, weinroten Pullover aus, mit den dunkel violetten Mustern darin. Er liebte diesen Pullover. Das waren genau die Farben, die er immer mit Opa verbunden hatte! Warm und wohlig wurde ihm zu Mute, als er das Wollstück in Händen hatte. Er zog sich den Pullover behutsam über den Kopf, strich die Wolle glatt und – fühlte sich mit einem Mal stark und geborgen. „Danke, Opa!" Jetzt konnte er es sagen: „Danke!"
In den folgenden Wochen sah man Christian nur mit diesem Pullover, er war gleichsam sein ganz persönliches „Trauergewand" geworden. In der Früh zog er ihn an, zu Mittag baumelte er von seinen Schultern und am Abend nahm er ihn mit in sein Zimmer. Er legte den Pullover sorgfältig über den Stuhl an seinem Bett – gerade so, dass der eine Ärmel neben seinem Kopfkissen zu liegen kam.
(SPECHT-TOMANN, M.)

3.5 Trauer und Trauererlebnisse aus der Sicht von Kindern und Jugendlichen

Bevor wir auf die konkreten Möglichkeiten der Begleitung trauernder Kinder und Jugendlicher eingehen, möchten wir die Betroffenen selbst zu Wort kommen lassen. Wir haben mit Kindern und Jugendlichen ganz unterschiedlicher Altersgruppen zum Thema „Trauer" gearbeitet. Einige Beispiele sollen einen Einblick geben,

- was Kinder im Alter von 7–8 Jahren traurig macht,
- welches Ereignis von Jugendlichen zwischen 14 und 20 Jahren in der Erinnerung als *erstes* Trauererlebnis berichtet wird und schließlich
- welche Gefühle, Begriffe und Gedanken das Wort Trauer bei 14-Jährigen und 18-Jährigen auslöst.

Wir haben 7-jährigen Kindern die Frage gestellt, wann sie einmal traurig waren und was sie traurig gemacht hat. Gerade in diesem Alter haben Haustiere für die Kinder eine große Bedeutung. Das kommt auch in den Antworten zum Ausdruck, von denen wir nur jeweils eine Nennung wiedergeben:

Ich war traurig,

- als mein Hund gestorben ist;
- als meine Katze gestorben ist;
- als meine Katze zusammengeführt wurde;
- als mein Hund eine Wunde hatte;
- weil ich keinen Hund bekommen habe;
- als mein Meerschweinchen gestorben ist;
- als mein Hase gestorben ist.

Doch auch die Übergänge von einem Lebensabschnitt zu einem anderen und der Verlust von Vertrautem wird bereits von 7-Jährigen als Anlass zur Trauer genannt:

Ich war traurig,

- als ich vom Kindergarten in die Schule gekommen bin;
- als meine Freundin in eine andere Stadt gezogen ist;
- als meine Freundin in eine andere Schule kam;
- als ich in eine andere Schule kam.

Der Verlust von Dingen, die den Kindern ans Herz gewachsen sind, also in gewissem Sinn „wertvoll" geworden sind, macht Kinder traurig. Ganz besonders schwer ist der Verlust von sog. Übergangsobjekten zu verkraften, die den Kindern das Leben ohne ständige Anwesenheit der Mutter oder des Vaters leichter macht:

Ich war traurig,

- als ich mein Kuscheltier verloren habe;
- als ich meine Lieblingsuhr verloren habe;
- als ich meinen Handschuh verloren habe, den Oma mir gestrickt hat;
- als ich meinen ersten Schirm verloren habe;
- als mein Kaktus weggeschmissen wurde, weil er kaputt war;
- als ich meinen Teddy verloren habe;
- als ich meinen Socken verloren habe, den mir meine Schwester geschenkt hat.

Der Verlust eines geliebten Menschen bleibt ganz besonders im Gedächtnis. In diesem Alter spielt bereits der erweiterte soziale Bezugsrahmen der Kinder eine Rolle. Während für kleine Kinder besonders die Verluste in der Kernfamilie relevant sind, so beeinflussen mit zunehmendem Alter auch Verluste in der Nachbarschaft oder im schulischen Bereich das Fühlen und Denken der Kinder:

Ich war traurig,

- als mein Opa gestorben ist;
- als meine Uroma gestorben ist;
- als mein Papa gestorben ist;
- als meine Nachbarin gestorben ist;
- als meine Lehrerin gestorben ist;
- als sich meine Eltern getrennt haben;
- als sich meine Eltern scheiden ließen.

Wie sieht nun das Erleben von Trauer aus der *Retrospektive* aus? Woran erinnern sich Jugendliche, wenn sie mit der Frage konfrontiert sind:

„Wann war ich zum ersten Mal in meinem Leben traurig?"

Ich war zum ersten Mal in meinem Leben traurig, als mein zwei Jahre jüngerer Bruder starb. Er starb mit 17 Monaten am plötzlichen Kindstod. Es wird auch nie eine schlimmere Trauer für mich geben, weil mein Bruder für mich alles ist (war). Obwohl ich erst *zwei Jahre* alt war, habe ich sehr gelitten. Ich durfte auch nicht zum Begräbnis mitgehen. Eigentlich gibt es noch etwas Trauriges in meinem Leben, damals war ich sehr traurig und verletzt. Ich wurde vor zwei Jahren vergewaltigt und bin heute noch nicht darüber hinweg, aber eigentlich rede ich über dieses Thema nicht gern. Ich weiß nur, dass ich nicht nur traurig, sondern wütend und traurig war, ich kann es einfach nicht beschreiben, wie es für mich war. Ich weiß nur eines, dass ich das nie vergessen kann.
(Sabrina, 15 Jahre)

Wann war ich zum ersten Mal in meinem Leben traurig? An meinem ersten Kindergartentag. Ich wollte nie in den Kindergarten gehen. Ich habe ihn gehasst. Es war jeden Tag ein Kampf zwischen meiner Mutter, Tante und mir. Ich habe jedes Mal geschrien wie am Spieß. Aber jeden Tag ist meine Mutti gegangen. Ich war immer so enttäuscht von ihr, weil ich mich im Stich gelassen fühlte. Ich weiß natürlich heute, dass sie nicht anders konnte.
(Karin, 17 Jahre)

Ich war zum ersten Mal in meinem Leben traurig über den Verlust meines Schnullers. Ich war *drei Jahre* und dachte damals, dass ich keine einzige Nacht ohne ihn überstehen würde. Es war nur ein Gegenstand, aber als er nicht mehr da war, wünschte ich mir so, ihn wiederzuhaben. Es machte mich traurig, dass ich ihn wohl nie wieder sehen würde. So ist es auch mit Menschen, die man verliert.
(Barbara, 15 Jahre)

Ich hatte eine kleine Puppe – meine Lieblingspuppe. Eines Tages war sie verschwunden. Ich habe überall gesucht, bis mir meine Mutter gesagt hat, dass sie kaputt war und sie sie weggeworfen hat. Da war ich schon sehr traurig. Wie unsere Katze über einen Monat verschwunden war, war ich auch sehr traurig. Ich habe nicht mehr geglaubt, dass sie kommen wird. Aber mein Papa hat sie dann in einem Keller gefunden und ich war überglücklich. Wie alt ich war? *Sehr klein*!
(Sandra, 15 Jahre)

Beim Tod meiner Großmutter war ich zum ersten Mal in meinem Leben traurig. Ich war noch *sehr klein*, bekam aber schon alles mit. Das war aber irgendwie nicht so schlimm wie der Tod von meinem Vater. Der war vor vier Jahren. Ich habe es bis heute noch nicht überwunden, ich kann nicht darüber reden oder schreiben.
(Kathrin, 16 Jahre)

Meine Mutter hat Asthma. Als ich *vier Jahre* alt war, musste sie ins Krankenhaus. Ich war darüber sehr traurig. Ich weiß nicht mehr genau, wann, aber etwas später habe ich meinen Lieblings-Teddy auf dem Spielplatz vergessen und am nächsten Tag war er nicht mehr dort.
(Carina, 13 Jahre)

Das erste Mal, als ich so richtig traurig war, war ich erst *vier Jahre* alt. Damals haben sich meine Eltern getrennt. Ich glaube, es war ein Gefühl von Trauer, Entsetzen und Alleine-Gelassen-Werden. Das war für mich auch so, wie ein großes Abschiednehmen. Ich glaube, ich habe mit meiner Trauer auch meine Mutter sehr traurig gemacht. Für mich ist damals eine Welt untergegangen.
(Kerstin, 17 Jahre)

Ich war zum ersten Mal in meinem Leben traurig über den Tod meiner Ur-Omi, die ich sehr gern gehabt habe. Ich war erst *vier Jahre* alt und habe damals nicht verstanden, warum sie nicht mehr da ist. Heute fehlt sie mir noch immer sehr – obwohl ich mich nicht mehr ganz genau an sie erinnern kann. Eigentlich „kenne" ich sie nur von Bildern und Erzählungen, aber trotzdem fehlt sie mir furchtbar. Manchmal habe ich auch Angst, dass ihr Bild ganz aus meinem Kopf verschwindet und ich mich dann gar nicht mehr an sie erinnern kann. Ich glaube, dass ein Kind so etwas nicht versteht und auch nicht viel über den Tod nachdenkt – so wie ich damals – und dass Kinder dann eben auf eine andere Art traurig sind. Deshalb weiß ich nicht,

ob man so eine Frage „wirklich" beantworten kann – ich denke nämlich, dass sich meine Gedanken im Laufe der Jahre ziemlich verändert haben.
(Christina, 16 Jahre)

Als wir umgezogen sind, hat meine Mutti unser Spielzeug einfach weggeworfen. Sie hat nicht einmal gefragt, ob wir es noch brauchen. Wie alt ich da war? Ich glaube so ungefähr *fünf Jahre.*
(Mirli, 13 Jahre)

Ich war *fünf* oder sechs Jahre alt, da ist mein Opa gestorben. Ich habe sogar gesehen, wie er zusammengebrochen ist. Zuerst habe ich überhaupt nicht verstanden, was passiert ist und habe immer wieder gefragt, wo Opa ist und wann er wieder kommt. Meine Mutter hat mir erklärt, dass er nie wieder kommen wird. Ich habe ihr das nie so richtig geglaubt und bin fast jeden Tag zu meiner Oma schauen gegangen, ob Opa wirklich nicht da ist. Ich habe sehr getrauert um meinen Opa.
(Claudia, 16 Jahre)

Ich war zum ersten Mal in meinem Leben traurig über meine Eltern, weil sie mir nie gesagt haben, dass es das Christkind nicht gibt. In der Volksschule, mit *sechs Jahren,* habe ich es dann erfahren.
(Chris, 15 Jahre)

Ich war zum ersten Mal in meinem Leben traurig, als meine Mutter ihr Baby verloren hat. Ich war damals *sechs Jahre* alt, als meine Eltern mir sagten, dass sie ein kleines Baby bekommen würden. Ich war so froh, als ich hörte, dass ich endlich auch ein Geschwisterchen bekommen würde, wie all meine anderen Freunde. Aber leider starb das kleine Mädchen zwei Stunden nach der Geburt. Meine Mutter war sehr traurig und das spürte ich natürlich, obwohl sie immer freundlich und nett zu mir war, sie wollte mir ihre Trauer nicht zeigen. Da sind alle meine Wünsche, Träume und Vorstellungen zunichte gemacht worden. Ich verstand es einfach nicht und es gab keine Antwort auf das „Warum"? Diese Zeit war sehr schwer für uns und zwei Monate darauf starb mein Opa, den ich sehr gern gehabt habe als Kind, denn ich wuchs bei meinen Großeltern auf und erst seit dem 5. Lebensjahr, als meine Eltern heirateten, wohnte ich da, wo ich jetzt wohne. Mein Opa spielte immer mit mir, ging mit mir spazieren und er hatte mich wahnsinnig lieb und ich ihn auch. Über den Tod von meiner nichtgeborenen Schwester und meines Opas war ich zum ersten Mal in meinem Leben wirklich traurig. Eine Antwort auf das „Warum" habe ich bis heute nicht bekommen.
(Sabine, 17 Jahre)

Beim Tod meines Großvaters. Ich war ungefähr *sieben Jahre* alt. Am Anfang wollte ich es nicht glauben, als es mein Vater mir sagte, aber später wurde ich immer trauriger. Ich denke heute noch oft an ihn und weiß nicht, ob er mich sieht oder hört. Ich würde gerne wissen, ob es ihm gut geht und wo er ist.
(Nina, 15 Jahre)

Als ich *sieben Jahre* alt war, war ich bei einer Freundin und als ich nach Hause kam, sagte mir mein Vater, dass unsere Katze von einem Auto überfahren worden war. Er sagte, ich sollte nicht in die Garage gehen, denn da läge sie. Ich ging trotzdem zu ihr

und habe sie ein letztes Mal gestreichelt. Ich glaube, das war meine erste, richtige Trauer.
(Andrea, 15 Jahre)

Zum ersten Mal war ich so richtig traurig, als wir aus dem Bauernhof ausgezogen sind und wir die Kühe und all die anderen Tiere verkaufen mussten, weil meine Eltern sich scheiden ließen. Ich musste meine kleine „Schnurrli" (meine Katze) ebenfalls zurücklassen, weil wir sie nicht mitnehmen konnten zu meiner Oma. Es war schlimm! Meine Mutter und ich haben die ganze Zeit geweint, auch weil wir viele Freunde verloren haben und ich in eine andere Schule musste. Da war ich *sieben Jahre* alt.
(Gisela, 15 Jahre)

Ich weiß noch ganz genau, wie mein Opa gestorben ist. Ich war damals ungefähr *acht Jahre* alt und ich habe meinen Vater zum ersten Mal weinen gesehen. Ich habe versucht, ihn zu trösten und habe ihm erklärt, dass man Opa bestimmt wiederbeleben kann und dass es noch gar nicht sicher ist, dass Opa tatsächlich tot ist. Am meisten traurig war ich aber nicht über den Tod von Opa – ich hatte kein enges Verhältnis zu ihm – sondern dass ich meinem Vater, der zutiefst traurig war, nicht helfen konnte.
(Monika, 17 Jahre)

Als ich *acht Jahre* alt war, war ich das erste Mal so richtig traurig. Früher wurde mir zwar oft etwas weggenommen von meinen Geschwistern, aber das war dann keine richtige Trauer. Als ich 8 Jahre alt war, verlor ich meinen Vater an Krebs. Ich ging zwei Wochen nicht in die Schule, weil ich es nicht schaffte. Meiner Mutter ging es auch nicht gerade gut, denn sie lag dann ein halbes Jahr im Spital und wollte aufhören (mit ihrem Leben!). Als ich Papa verlor, brach für mich eine Welt in mir zusammen, denn er war einfach Spitze! Ich hatte eine wunderschöne Kindheit, da mir mein Paps immer geholfen hat und auch sehr viel Zeit mit mir verbracht hatte. Und jetzt lebe ich mit der Angst, meine Mutter auch noch zu verlieren. Das Leben ist manchmal so sinnlos.
(Maria, 15 Jahre)

Damals war ich *acht Jahre.* Es war ein Dienstag. Da ließen sich meine Eltern scheiden. Obwohl ich noch zu klein war, um das zu verstehen, bekam ich alles mit. Diese Familie gehörte einfach nicht zusammen. Ich saß in der neuen Wohnung herum und weinte – die ganze Zeit. Doch heute weiß ich, dass es besser war und das wir jetzt ein glücklicheres Leben führen.
(Kerstin, 14 Jahre)

Mit *neun Jahren* musste ich eine Woche alleine ohne meine Eltern wegfahren. Dieser Urlaub war einfach furchtbar, ich hatte schrecklich viel Heimweh.
(Silvia, 14 Jahre)

Zum ersten Mal wirklich traurig war ich mit *neun Jahren* über den Verlust meines Hundes Domingo. Er starb im Alter von fünf Jahren. Diese Zeit war sehr schwer für mich, weil er sehr wichtig für mich war und immer bei mir war, vor allem wenn es mir schlecht ging. Ich habe oft mit ihm gesprochen und habe dabei gedacht, dass er mich wirklich versteht und auf einmal war er nicht mehr da. Natürlich gibt es noch

andere Momente in meinem Leben, in denen ich wirklich traurig war, aber das war der schlimmste Augenblick für mich.
(Yvonne, 16 Jahre)

Mit *zehn Jahren* zog ich mit meiner Familie in eine andere Siedlung. Ich hatte damals alle meine Freunde verloren und trauerte ihnen mindestens zwei Jahre nach. Die erste Zeit war furchtbar, aber dann hatte ich mich im Grunde doch schnell an die neue Umgebung gewöhnt.
(Monika, 17 Jahre)

Vor drei, fast vier Jahren starb mein Großvater an Lungenkrebs. Da war ich *zwölf Jahre* und es ist (war) ein Erlebnis, bei dem ich wirklich getrauert habe. Wenn ich jetzt daran denke, werde ich immer wieder traurig. Ich war so wütend und verzweifelt wie nie zuvor. Ich wollte es überhaupt nicht einsehen, dass er starb. Beim Begräbnis war es schrecklich mit anzuschauen, wie alle heulten und trauerten, die ich liebe. Es war erst das 2. Begräbnis, das ich miterlebte. Das erste war bei meiner Großtante, ich war noch sehr klein und sie stand mir nicht sehr nahe, ich habe sie nicht gut gekannt. Meinen Großvater habe ich sehr geliebt, der Verlust von ihm war furchtbar. Heute erscheint es mir oft so, als liege dieses Ereignis schon ganz lang zurück, dass er gestorben ist. Wenn ich jetzt in das Haus meiner Großeltern komme, glaube ich manchmal, er ist noch da. Ich glaube, man hört nie auf zu trauern, man lernt nur damit umzugehen. Und irgendwann wird die Trauer größtenteils durch die Erinnerung ersetzt. Und das ist es, was wichtig ist.
(Gabrielle, 16 Jahre)

Mein Vater ist 1997 an Lungenkrebs gestorben. Ich war damals *zwölfeinhalb Jahre* alt. Damals konnte ich nicht weinen. Ich war bzw. bin so wütend gewesen und auch traurig und ich dachte: wenn er geht, gehe ich auch. Obwohl ich einerseits froh war, dass er nicht mehr so leiden musste, denn er war durch den Krebs von der Hüfte abwärts gelähmt. Er konnte aber alles spüren. Und er war vor allem geistig noch völlig da. Damals dachte ich, dass jetzt das Leben von uns allen zu Ende ist. Doch heute hat meine Mutter wieder ein Baby und einen Freund. Das ist für mich ein Grund, glücklich zu sein und nach vorne zu schauen.
(Barbara, 14 Jahre)

Diese Beispiele geben einen eindrucksvollen Einblick in die Erlebniswelt von Kindern und Jugendlichen. Wir können sehen, dass die Anlässe zum Traurigsein sehr unterschiedlich sind und durchaus nicht ausschließlich mit dem Tod eines geliebten Menschen zusammenhängen. Das Erinnerungsvermögen reicht in aller Regel in das Kindergartenalter zurück. Nur besonders dramatische und einschneidende Erlebnisse, die das Familienleben auch noch Jahre nach dem Unglücksfall beeinflussen, werden aus weit zurückliegenden Jahren erinnert. Hierbei ist zu bedenken, dass das *emotionale Gedächtnis* in den folgenden Jahren um die Dimension der *Erzählungen* und *Erinnerungen* erweitert wird. Auch die Betroffenheit der wichtigen Bezugs-

personen – etwa der Mutter – beeinflusst das Erinnerungsvermögen an traurige Ereignisse.
Beim Verlust eines Familienmitgliedes ist es vor allem die Beziehungsqualität, die über das Ausmaß der Trauer bestimmt. So kann beispielsweise der Tod der Oma, die weit weg wohnt und am Leben des Kindes wenig Anteil hat, keine große Bedeutung für ein Kind haben. Dem gegenüber kann der Tod der Nachbarin, die für das Kind vielleicht eine Art Ersatzmutter war, viel deutlichere Spuren hinterlassen und nachhaltiges Trauern auslösen.
Dort wo emotionale Geborgenheit und Sicherheit durch einen Verlust unterbrochen oder gar aufgehoben werden, erleben Kinder ein tiefes Gefühl der Trauer. Das kann der Verlust eines Spielzeuges sein, der Verlust der gewohnten Umgebung, die Trennung der Eltern, der Tod eines Haustieres, der Verlust eines Elternteiles oder der Tod des Großvaters. Bei Jugendlichen kommt zu dem Gefühl der Trauer auch ein Nachdenken über das Leben, den Sinn des Lebens und die eigene Endlichkeit hinzu.
Das Wort Trauer löst verschiedene Gedanken, Empfindungen und innere Bilder aus. Wie ein Mensch Trauer umschreibt, welche Worte ihm dazu einfallen und welche Bilder seine ganz persönliche Trauer am besten ausdrücken, kann zu einem besseren Verständnis des Trauererlebens führen. Auch können sich Perspektiven für eine individuelle Trauerarbeit erkennen und Ansätze für eine Trauerbegleitung finden lassen. Wir haben 14-Jährige und 18-Jährige gebeten, den Satz *„Trauer ist für mich wie . . .“* zu ergänzen. Das nachstehende Schaubild fasst allgemeine Begriffe zusammen, die von den Jugendlichen zum Wort Trauer gefunden wurden. Die von beiden Gruppen genannten Begriffe sind kursiv hervorgehoben.

„Trauer ist für mich wie . . .“

14-Jährige	*18-Jährige*
Einsamkeit	*Schmerz*
Streit	Kälte
Verzweiflung	*Leere*
Wut	Gefühlschaos
Hölle	*Schuld*
Schuld	*Angst*
Verlust	*Verlust*

Tränen	Schrei
Schwarz	*Einsamkeit*
Enttäuschung	Dunkelheit
Schmerz	*Schwarz*
Schatten	*Tränen*
Angst	Stille
Hass	Unruhe
Abschied	Krieg
Tod	Ungerechtigkeit
Heimweh	Schlaflosigkeit
Ohnmacht	Verlassenheit
Leere	Kreuz
Ungeliebt-sein	Erinnerung
Abschied	Kampf
	Selbstzweifel

Neben diesen allgemeinen Wortassoziationen entwickelten die Jugendlichen noch eine Fülle von ausdrucksstarken Bildern, die schlagartig aus dem einfachen Wort *Trauer* einen breit gefächerten Bilderbogen entstehen lassen. Dabei griffen sie zum einen auf Bilder aus der Natur zurück, zum anderen spürten sie sehr sensibel den inneren Vorgängen, die mit der Trauer verbunden sind, nach und fassten diese in Worte. Die Ergebnisse sind beeindruckend! Um wie viel ausdrucksstärker ist beispielsweise der Satz: „Ich habe das Gefühl, im Dunkel zu stehen und kein Licht zu finden", als die einfache Feststellung: „Ich bin traurig"! Auch macht es einen Unterschied, ob ein Kind sagt: „Trauer ist für mich wie Schokoeis ohne Sahne!" oder „Trauer ist für mich wie ein tiefes schwarzes Loch, in das ich immer tiefer falle". Es lohnt sich, genauer hinzuhören, was Kinder und Jugendliche in Verbindung mit Trauer wiedergeben, um ihre Welt besser zu verstehen: „Trauer ist für mich wie ein Tag ohne Sonnenschein!" ist doch von ganz anderer Bedeutung, als der Satz „Trauer ist für mich ein Grund, in andere Welten zu flüchten"! Ein Kind, das die Trauer mit einem Gänseblümchen vergleicht, das am Abend seine Blätter schließt und am Morgen wieder öffnet, wird einen anderen Zugang zu Trauererlebnissen haben, als ein Jugendlicher, der sagt „Trauer ist für mich wie ein Weltuntergang".

Auch liegen in der Wahl der Bilder erste Hinweise, welche Problembereiche bei einem bestimmten Jugendlichen eher im Vordergrund stehen, z. B.: „Trauer ist für mich wie ein Stich ins Herz" oder „Trauer ist für mich wie ein Kloß im Hals". Manchmal liegen in den Bildern, die

Jugendlichen zum Thema Trauer einfallen, auch Hinweise für eine Trauerbegleitung. Bei einem Kind, das sagt: „Trauer ist für mich wie eine Blumenwiese mit Steinen", wird es darum gehen, Hilfestellungen zu geben, sich die Steine genauer zu betrachten und Wege zu suchen, die Steine in die Blumenwiese zu integrieren. Bei einem Jugendlichen, der Trauer mit der Situation eines Absturzes von einer Bergwand vergleicht, wird man sich gemeinsam auf die Suche nach Sicherheitshaken machen, um in Ruhe einen Aufstieg zu planen (vgl. 3.7).

Wenden wir uns aber jetzt den Bildern zu, die besonders häufig verwendet wurden, um das Gefühl der Trauer zu beschreiben und ihm Farbe zu verleihen.

Bilder aus der Natur

(14-Jährige)" Trauer ist für mich wie . . ."

. . . eine Rose, deren Blätter völlig abgefallen sind.
. . . eine verwelkte Blume.
. . . das Verwelken einer Rose, deren Blütenblätter leise, sanft, in Ruhe zu Boden fallen und nur noch ein Stengel übrig bleibt, der mit nacktem Blütenkelch vor mir steht.
. . . Steine auf einer Blumenwiese.

. . . ein gerodetes Stück Wald.
. . . ein Wald ohne Rehe, Hasen und Ameisen.
. . . wenn ein wunderschöner Baum umgeschnitten wird.
. . . ein kahler, abgestorbener Ast.

. . . ein Tag voll Hagel und Regen.
. . . das Wetter in kalten Wintermonaten.
. . . ein Gewitter.
. . . düstere Wolken.

. . . ein Schmetterling, der nicht mehr fliegen kann.
. . . ein großer schwarzer Vogel.

. . . eine sehr lange Nacht.
. . . ein Tag ohne Sonnenschein.
. . . ein Sommertag ohne Luft zum Atmen.
. . . eine Landschaft, vollbedeckt mit Schnee.

. . . Ebbe und Flut.
. . . ein See, der stirbt.
. . . wenn die Erde untergehen würde.

. . . eine dunkle, leere Straße im Regen.
. . . ein Weg mit Felsen, den man überqueren muss.
. . . eine endlose Wüste, wo es keinen Weg zurück gibt.
. . . eine Reise in ein fremdes, weit entferntes Land.

(18-Jährige) „Trauer ist für mich wie. . ."

. . . eine große schwarze Regenwolke, die sich über mir entleert und durch die sich dann doch noch Sonnenstrahlen durchkämpfen können.
. . . eine Sonne, die nicht wärmt.
. . . ein Vogel, der nicht singt.
. . . ein kalter, grauer Morgen.
. . . wenn die Sonne untergeht und nie wieder scheint.
. . . ein steiler Abhang, an dem ich hinunter rutsche und mich aber nirgends festhalten kann! Nur Menschen, die mich lieben, können mich wieder herausholen.

Abb. 8: „. . . wie ein kahler, abgestorbener Ast"

Bilder, die mit dem eigenen Körper zu tun haben

(14-Jährige) „Trauer ist für mich wie . . .“

. . . ein zerbrochenes Herz, das in einem Meer von blutigen Tränen versinkt.

. . . als ob jemand einen Teil meines Herzens nehmen würde.

. . . ein Schwert, das mir ins Herz sticht.

. . . etwas, das auf mein Herz drückt und das ich einfach herauslassen muss, wenn ich weine.

. . . ein Stein im Herzen.

. . . ein Schmerz in der Brust.

. . . ein Teil von mir, der plötzlich fehlt.

. . . verschwollene Augen.

. . . eine Träne, die mir über das Gesicht rollt.

. . . ein Kratzer auf der Haut.

. . . ein Gesicht ohne Lächeln.

(18-jährige) *„Trauer ist für mich wie . . .“*

. . . ein leeres Gefühl im Inneren, das man wieder auffüllen muss.

. . . ein Kloß im Hals.

. . . schwer atmen können.

. . . ein entstelltes Gesicht voller Tränen.

. . . ein stechender Schmerz, der vom Herzen ausgeht und in alle Körperteile ausstrahlt.

. . . eine Last auf dem Herzen.

. . . Kälte im Herzen.

Bilder, die Gefühle beschreiben

(14-Jährige) „Trauer ist für mich wie . . .“

. . . die Angst, jemanden zu verlieren, den ich über alles liebe.

. . . das Gefühl, etwas verloren zu haben.

. . . ein Gefühl, gegen das ich machtlos bin.

. . . die Verzweiflung, machtlos zu sein.

. . . die Angst vor etwas, das man in sich hat und nicht kontrollieren kann.

. . . ein dunkler Schatten, der mich Tag und Nacht verfolgt und nicht mehr loslassen will!

. . . ein Gefühl, das mich erwürgt.
. . . eine Zeit, die nicht vergeht.
. . . ein Muss zum Leben.
. . . ein Traum ohne Erinnerung.
. . . ein Alptraum.

. . . wenn dich einer irgendwo stehen lässt.
. . . wenn ich allein auf einer langen dunklen Straße im Regen gehe.
. . . Allein-Sein, auch unter vielen Menschen.
. . . wenn mich keiner mag und keiner mit mir spricht.
. . . wenn man sich klein und verlassen fühlt.
. . . ein Gefühl, im Stich gelassen zu werden und ungeliebt zu sein.
. . . eine Welt ohne Freunde.

. . . keine Gefühle zu haben, sondern nur Ängste.
. . . Angst und Verzweiflung, nie wieder lachen zu können und nie wieder in die Wirklichkeit zu kommen.
. . . Verzweiflung und keinen Sinn mehr im Leben sehen.
. . . Hoffnung aufgeben.
. . . ein Gefühl der Leere und Hoffnungslosigkeit.
. . . ein Gefühl der Verzweiflung, der Leere und Dunkelheit.
. . . Niedergeschlagenheit, am Boden zerstört sein und nicht wissen, wie es weitergeht.
. . . ein seelischer Zusammenbruch.
. . . ein Gefühl der Hilflosigkeit und des Sich-Schuldig-Fühlens.

(18-Jährige) „Trauer ist für mich wie . . .“

. . . ein Kampf, in dem man siegen möchte , aber nicht kann.
. . . ein Kampf gegen das Vergessen.

. . . das Gefühl verlassen zu werden und allein zu sein.

. . . nicht loslassen können.

. . . ein Irrgarten der Gefühle.
. . . ein Gefühlschaos, aus dem man sich nur selbst befreien kann.

. . . ein notwendiges Gefühl, um auch Glück wirklich erleben zu können.
. . . etwas, was man zulassen muss und nicht verdrängen darf.
. . . ein Durcheinander in meinem Kopf, das erst geordnet werden muss.

. . . das Gefühl, eine Zeit lang überhaupt nicht zu leben.

. . . ein Tag, an dem ich nicht leben möchte.
. . . wenn meine Welt zusammenbricht.

. . . schlaflose Nächte.
. . . in einem Zimmer eingesperrt zu sein.
. . . der Einsturz eines riesigen Gebäudes über mir.
. . . nicht wissen, wie es weitergeht.
. . . schwer tragen müssen.
. . . kraftlos sein und ohne Motivation.
. . . am Boden zerstört sein.

. . . viele Fragen ohne Antworten.
. . . die Frage „WARUM?"

(Die Arbeiten der Kinder und Jugendlichen entstanden unter Begleitung von D. TROPPER)

Wir haben bereits darauf hingewiesen (vgl. 3.3), dass etwa um das 14. Lebensjahr die wesentlichen Prozesse in der emotionalen und geistigen Entwicklung abgeschlossen sind. Es sind alle Voraussetzungen gegeben, um die Welt so wie die Erwachsenen zu begreifen. Der Tod kann als endgültiges Ereignis begriffen und die eigene Endlichkeit erfasst werden. Somit waren keine wesentlichen Unterschiede zwischen den Antworten der 14- und 18-Jährigen zu erwarten. Dennoch ist es interessant, dass die älteren Jugendlichen öfter die positive Kraft der Trauer ansprechen und ihre Notwendigkeit, um „lebendig" zu sein. Sie greifen da und dort bereits Ansätze einer Trauerarbeit auf und bleiben weniger tief in den Gefühlen, die Trauer unmittelbar auslöst, gefangen. Die Jüngeren orientieren sich in ihren Vorstellungen, mit traurigen Situationen umzugehen, stark an den Vorgängen in der Natur: „Trauer ist für mich wie ein Tag, der in der Nacht versinkt", „Trauer ist für mich wie ein Blütenkelch, der sich am Abend schließt, um erst am nächsten Morgen wieder aufzugehen" , „Trauer ist wie ein Gewitter mit vielen dunklen Wolken und einigen ‚Blitzlichtern'". Je älter die Jugendlichen sind, desto eher kann die Trauer als Lebensemotion akzeptiert und der notwendige Eigenanteil bei der Trauerarbeit gesehen werden: „Trauer gehört einfach zum Leben", „Trauer ist notwendig, um leben zu können", „Trauer ist wie eine Reinigung meiner Seele", „Trauer ist ein notwendiges Gefühl, um das Glück wirklich erleben zu können" oder „Trauer ist etwas, dem man sich stellen muss, das man zulassen muss!"

Abb. 9a – 9d: Beispiele kreativer Trauerarbeit von Kindern und Jugendlichen

9a

9b

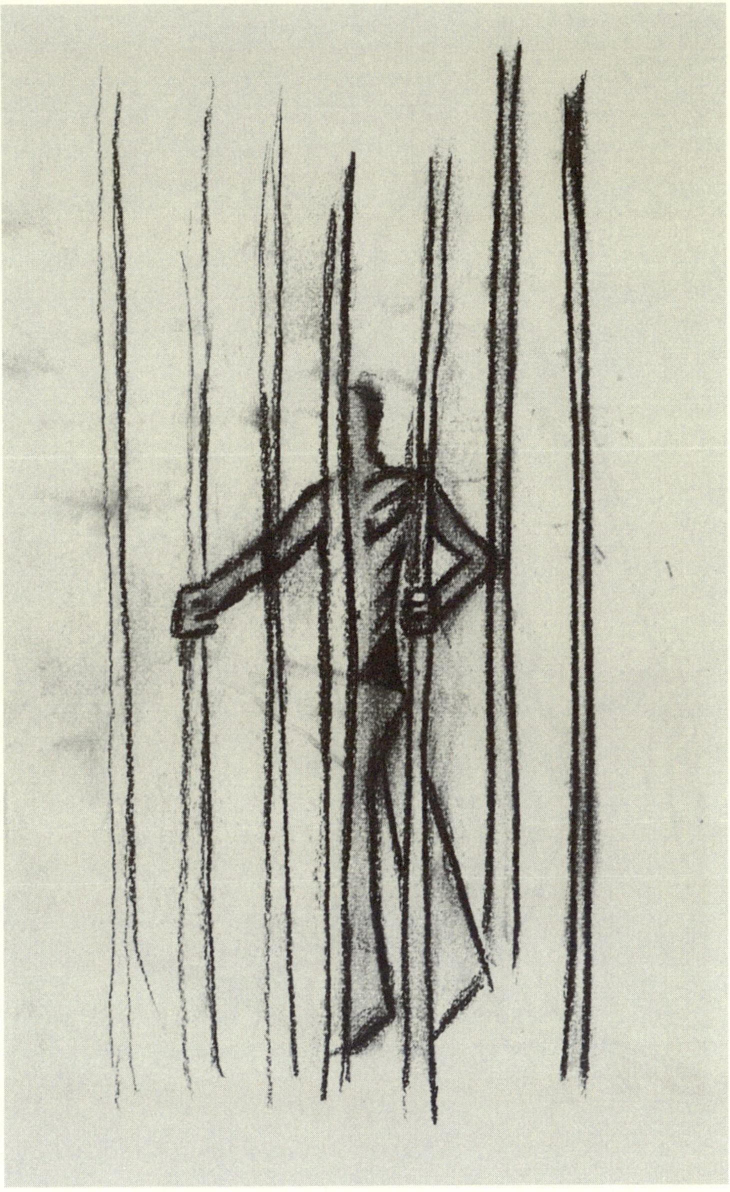

9c: SPECHT, H.: Trauer-Gesichter I (Kohlezeichnung)

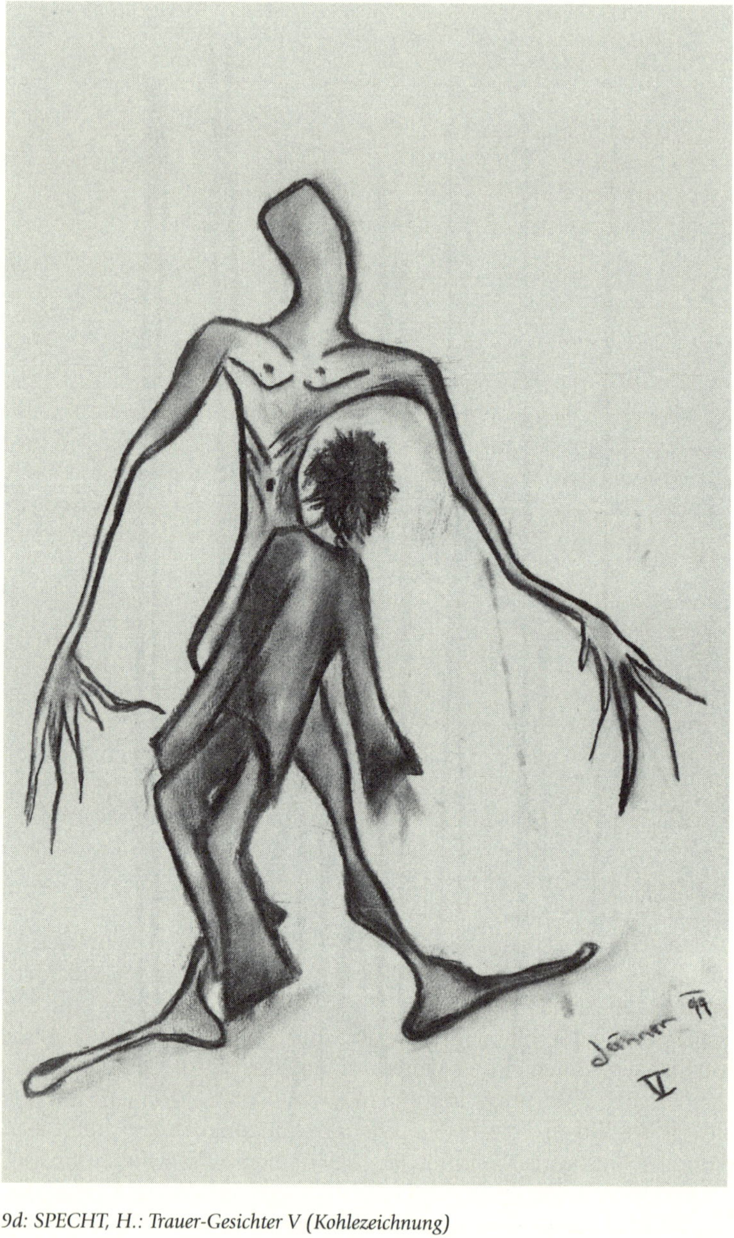

9d: SPECHT, H.: Trauer-Gesichter V (Kohlezeichnung)

3.6 Dem trauernden Kind begegnen: Voraussetzungen einer Trauerbegleitung

Grundsätzlich kann man davon ausgehen, dass der Umgang mit Tod und Trauer zu einer normalen kindlichen Entwicklung dazugehört. Auch der Trauerprozess selbst ist ein natürlicher Vorgang, der in aller Regel *keine professionelle* Betreuung oder Unterstützung braucht. Allerdings gilt hier wie auch in anderen Lebensbereichen, dass die Reaktionen der Umwelt entscheidend dafür sind, wie Menschen ihre Lebensaufgaben – und als solche ist Trauerarbeit zu sehen – bewältigen. Kinder brauchen in ganz besonderem Maße die liebevolle Zuwendung von Menschen. Dies beginnt bereits bei der Geburt. Das kleine Kind kommt im Vergleich zu den Jungen der Säugetiere sehr unfertig zur Welt: Es kann nicht gehen, nicht sprechen, sich nicht selbstständig ernähren. Es ist ganz auf die Hilfe seiner Mutter und der engsten Umgebung angewiesen. Im günstigsten Fall umhüllt die elterliche Liebe und Fürsorge das Kind wie eine zweite Gebärmutter, und Fachleute sprechen auch von der großen Bedeutung der Familie als „sozialem Uterus" (vgl. 2.2). Hier erfährt das Kind im ersten Lebensjahr all das, was es braucht, um dann später seinen eigenen Weg gehen zu können. Die Bindungen an die Mutter, den Vater, die Menschen, die seine erste Lebenszeit gestaltet und geprägt haben, bleiben ein Leben lang wichtig. Sie stellen gleichsam den Nährboden für eine gesunde Entwicklung dar. Kinder sind offen, sind neugierig, sie sind ganz begierig, die Welt zu entdecken – und zwar nicht nur die schönen, heilen, ästhetisch ansprechenden Aspekte sondern alles, was das Leben und die Umwelt zu bieten haben. Es wird ganz von der Art und Weise abhängen, wie die Menschen, zu denen das Kind Vertrauen hat, auf die unterschiedlichsten Aspekte des Lebens reagieren.
Das „Lernen am Modell", also die Orientierung des Kindes am Verhalten seiner sozialen Umwelt, ist für die Entstehung konkreter Einstellungen besonders wirksam. Dies gilt auch für die Auseinandersetzung mit Fragen zum Thema Tod und für den Umgang mit der Trauer. Das heißt, Eltern, Erzieher, Nachbarn und Freunde haben die Möglichkeit, durch ihr Verhalten, durch ihre eigene Art der Auseinandersetzung Wichtiges in Kindern auszulösen. Sie können zum positiven Vorbild in Fragen der Lebensbewältigung werden oder aber zum abschreckenden Beispiel. Sie bieten allein schon durch ihr Verhalten Orientierungshilfen und Hilfestellungen an, die die Kinder und Jugendlichen dann annehmen oder ablehnen können. Es ist in aller

Regel leichter, durch schwierige Zeiten zu kommen, wenn man eine positive soziale Unterstützung bekommt. Ebenso wichtig sind Modelle, denen man folgen kann oder aber an denen man seine eigenen Vorstellungen gleichsam als Kontrastprogramm entwickelt. In diesem Sinn wird wohl schon jeder von uns die eine oder andere Art von Trauerbegleitung ganz indirekt – oft sogar ohne sich dessen bewusst gewesen zu sein – geleistet haben!

Die Auseinandersetzung mit dem Thema Tod und Trauer sollte im Idealfall nicht erst dann einsetzen, wenn ein konkreter Verlust erfahren wird. Viele Erwachsene neigen aber dazu, Kinder von Erfahrungen mit dem Tod fernzuhalten. Das beginnt bereits dort, wo beispielsweise die traurigen Geschichten im Märchenbuch überblättert werden.

„Andreas soll doch nicht traurig werden, wenn der Königssohn sterben muss!", argumentieren besorgte Eltern oder Großeltern. Doch gerade Märchen mit ihrer typischen Bildersprache könnten dem Kind helfen, die traurigen Seiten im Leben zu „verstehen" und als selbstverständliche Lebensereignisse anzunehmen.

Das Fernhalten passiert auch dort, wo ein Kindergartenkind rasch abgelenkt wird, wenn z. B. ein toter Vogel im Straßengraben liegt. „Schau doch Anna, dort drüben ist ein schöner Spielplatz", mit diesen Worten versucht Annas Tante die neugierig – erschreckten Augen ihrer Nichte vom toten Vogel weg zu locken. Statt dessen könnte sie auch anhalten, dem Blick des Kindes folgen und dem Kind sagen, dass dieser Vogel tot ist und nicht mehr fliegen wird. Vielleicht hat Anna Fragen, vielleicht will sie wissen, was „tot" bedeutet, warum der Vogel tot ist, wer das gemacht hat und ob es einen Vogelhimmel gibt. Vielleicht will das Kind den toten Vogel untersuchen oder ihm aus Blättern ein kleines Grab machen. Oder aber Anna sagt: „Schade, dass der Vogel nicht mehr singen kann", und hüpft fröhlich weiter. In jedem Fall hätte Anna eine Begleiterin, die nicht rasch ablenkt und das Kind „schonen" möchte. Sie hätte einen Menschen, bei dem sie etwas vom Leben lernen könnte und zwar nach ihrem Tempo und in ihrer Art, sich den Fragen des Lebens, die eben auch Fragen rund um den Tod sind, zu nähern.

Was macht es den meisten Erwachsenen so schwer, positiv auf dieses Thema zuzugehen?

Die Scheu, Kindern in den Fragen um Sterben, Tod und Trauer offen zu begegnen, mag zum einen in der eigenen *Unsicherheit* liegen, in einer Unsicherheit, die auch als Folge gesellschaftlicher Tabuisierung

dieses Themenbereiches zu sehen ist. Zum anderen wünschen sich viele Erwachsene, dass das Kinderleben nur schön, sonnig, heiter und ohne Schatten sein möge. Dabei wird aber häufig vergessen, dass Kindern Verlusterlebnisse, Trauer und der Schmerz einer Veränderung nicht fremd sind. Zu eng ist Leben und Entwicklung mit Abschiednehmen verbunden! Sperren wir im Leben mit Kindern die negativen Seiten aus, so kommt das dem Versuch gleich, die Nacht für immer von unserem Planeten verbannen zu wollen!
Sehr oft sind die kleinen alltäglichen Verluste eine große Chance, sich auf die großen Verluste des Lebens vorzubereiten. So kann sich bereits im Stillen ein Wissen um Reaktionen und Verhaltensweisen herauskristallisieren. Manchmal wird durch den bewussten Umgang mit Abschied und Verlust im Alltag, durch ein Hinsehen auf die kleinen Trauerreaktionen, die Trauerarbeit bei einem konkreten Todesfall gleichsam schon vorbereitet. Es kann für Eltern und Erzieher hilfreich sein, zu wissen, wie das Kind auf Trennung und Abschied im Allgemeinen reagiert, welchen Menschen es sich anvertraut und welche

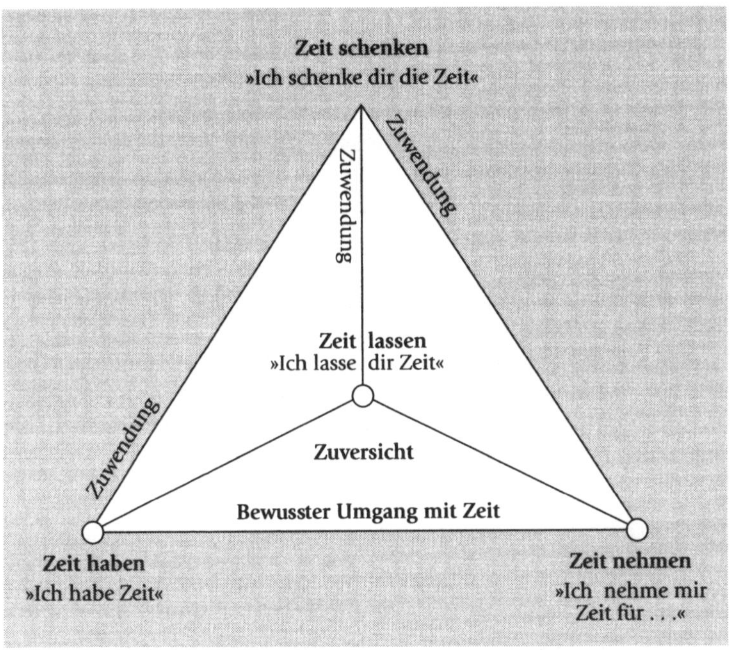

Abb. 10: Zeitpyramide

Formen der Bewältigung gewählt werden. Nicht alle Maßnahmen passen für alle Menschen – und da machen Kinder und Jugendliche keine Ausnahme.

- Für das eine Kind kann es z. B. hilfreich und wichtig sein, die zwei toten Schmetterlinge, die es während eines Spazierganges findet, beide in einem großen Schmetterlingsgrab zu beerdigen und täglich mit frischen Blumen zu schmücken. Einem anderen Kind entspricht es eher, die toten Schmetterlinge auf die Blätter eines schönen blühenden Strauches zu legen und ihnen ein letztes Lied zu singen.
- Das eine Kind wird wochenlang von seiner verstorbene Katze erzählen, sie jeden Abend herbei phantasieren, ja sogar von seinem Schnurren berichten, während das andere Kind seinem „Morle" viele Bilder malt – bis schließlich eines Tages ein anderes Thema wichtig und aufs Bild gebannt wird.

Jedes Kind ist in seinem Umgang mit Verlusten verschieden und hat im Laufe seiner Entwicklung meist sehr rasch sein sehr persönliches „Trauer-Muster" entwickelt. Eltern und Erzieher stehen bei einem Todesfall, der das Kind zutiefst erschüttert, dann nicht vor völligem Neuland in der Begleitung, wenn sie das Kind in seiner täglichen Auseinandersetzung mit den Schattenseiten des Lebens bewusst wahrnehmen. Wir möchten den Lesern Mut machen, auch und gerade im Leben mit Kindern auf die unterschiedlichsten Pole des Lebens hinzuschauen. Wir möchten aber auch Mut machen, den eigenen Intuitionen zu vertrauen und sich die konkrete Begleitung trauernder Kinder und Jugendlicher zuzutrauen. Man braucht nicht immer und überall an eigens ausgebildete Spezialisten zu denken – wir alle sind Experten in Sachen Trauer. Wir alle haben einen längeren oder kürzeren Trauerweg hinter uns, der uns vieles gelehrt hat über die Trauer, über uns selbst und über die Möglichkeiten, mit den Gefühlen der Trauer umzugehen. Natürlich gibt es bestimmte Situationen, die eine professionelle Hilfe notwendig machen. Darauf werden wir noch eingehen.

Was braucht ein trauerndes Kind?

Bevor an bestimmte Maßnahmen gedacht wird und einzelne Hilfestellungen angeboten werden, geht es zunächst einmal *nur* um *Zuwendung*. Ein Kind, das einen Verlust erlitten hat, das den Mantel der Geborgenheit verloren hat, braucht Liebe und Halt. Wenn die Welt

Abb. 11: Die drei „Z": Grundelemente im Umgang mit trauernden Kindern

zerbrochen ist, wenn der Boden unter den Füßen schwankt, braucht das Kind Arme, die es aufnehmen, Wärme, die es spüren kann und die körperliche Versicherung, dass da noch jemand ist, auf den es sich verlassen kann und der es nicht im Stich lässt. Das alles braucht *Zeit*. Ein trauerndes Kind zu begleiten bedeutet, ihm Zeit zu schenken und sich auf seine Zeit, sein Tempo und seine Möglichkeiten einzustellen. „Eins, zwei, drei - gleich vorbei!" - nach diesem Motto läuft keine Trauerbegleitung! Da wir alle in einer sehr temporeichen Welt leben, in der das Thema Zeit ein sehr heikles Thema ist, halten wir es für besonders wichtig, auf die große Bedeutung des Faktors Zeit hinzuweisen. Abbildung 10 soll verdeutlichen, welche Zeitaspekte bei einer guten und hilfreichen Begleitung bedacht werden sollen.

Der meist sprunghafte Verlauf kindlicher Trauer kann dazu führen, dass unser Zeitbudget oft hart gefordert wird. Es kann leicht geschehen, dass wir heute glauben, das trauernde Kind habe sein Gleichgewicht gefunden und benötige nicht mehr so dringend unsere stützende Hand. Doch morgen schon kann alles ganz anders sein und wir stehen wieder ganz am Anfang der Trauerbegleitung. Kinder fordern unsere Geduld, unsere Feinfühligkeit und unsere Fähigkeit, genau hin zu hören und hin zu sehen. Sie fordern unsere Bereitschaft, ihnen unsere Zeit zu schenken. Wie so oft in schwierigen Lebenssituationen ist dies häufig das einzige, was wir für einen anderen Menschen tun könne – ihm unsere Zeit zu schenken und darauf zu vertrauen, dass die selbstheilenden Kräfte wirksam werden! Neben Zuwendung und Zeit spielt also auch die *Zuversicht* bei der Begleitung trauernder Kinder und Jugendlicher eine entscheidende Rolle.

Was ist im Umgang mit trauernden Kindern und Jugendlichen besonders zu beachten?

Eine ganz wichtige Grundvoraussetzung für eine hilfreiche Begleitung ist die Echtheit in der Kommunikation. *Echt-Sein* bedeutet, dass die ausgesprochenen Worte mit den inneren Überzeugungen übereinstimmen. Echt-Sein heißt auch, dass Mimik und Gestik mit dem, was gesagt wird, übereinstimmen. Kinder haben einen sechsten Sinn in Sachen Ehrlichkeit und Echtheit. Sie spüren es, wenn Eltern nicht das sagen, was sie wirklich meinen. Sie spüren es, wenn die Antwort auf ihre Frage ein Vertrösten, ein Wegschieben oder ein Zurückweisen beinhaltet. Sie spüren es auch, wenn sie mit ihrem Verhalten und ihren Fragen die Eltern und Erzieher in Verlegenheit bringen oder betroffen machen. Ob ein Kind sich auch weiterhin in schwierigen Situationen oder mit heiklen Fragen an uns Erwachsene wenden wird, hängt zu einem großen Teil davon ab, wie „echt" wir den Kindern und Jugendlichen begegnen. Damit ist nicht gemeint, dass wir immer eine Antwort wissen müssen auf das, was Kinderherzen bewegt. Es bedeutet vielmehr, zur eigenen Unsicherheit zu stehen und sich mit dem Kind gemeinsam auf die Suche nach möglichen und für die jeweilige Situation passende Antworten zu begeben.

Wenn es um den Tod geht, sind wir immer wieder aufs Neue ratlos – und dies können und sollen Kinder durchaus miterleben. Wichtig ist, dass Kinder die *Zuneigung* und *Zuwendung* der Erwachsenen spüren und erleben können, dass man ihnen *Zeit* widmet und sie in ihren

Fragen und Erleben ernst nimmt! *Ehrlichkeit* und *Echtheit* können die entscheidenden Weichenstellungen in der Auseinandersetzung mit den zentralen Fragen sein, die sich um den Tod ranken. Demgegenüber macht es wenig Sinn, Kindern leere Worthülsen zu vermitteln oder „Glaubenssätze“, die den eigenen Vorstellungen und Glaubens-

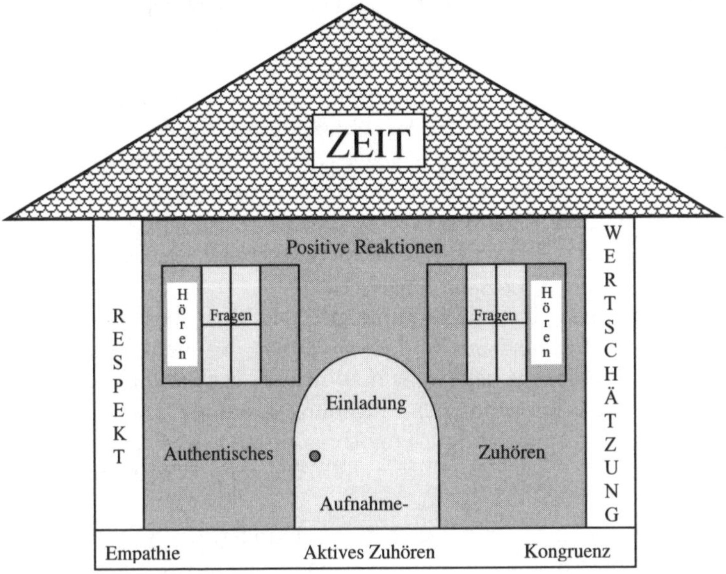

Abb. 12: Das Gesprächshaus

grundsätzen nicht entsprechen. Wenn Eltern beispielsweise selbst nicht an ein Weiterleben nach dem Tod glauben, wenn der Auferstehungsgedanke nicht in die eigene Lebensphilosophie passt, sollte dies auch nicht vor den Kindern wie ein potemkinsches Dorf aufgebaut werden. Andererseits sollte man die Möglichkeit offen lassen, dass das Kind sich an anderen Modellen orientieren und so seinen ganz persönlichen Weg in Sachen Sterben, Tod und Trauer finden kann.

- Sätze wie: *„Ich stelle mir das so vor . . ., aber es gibt auch Menschen, die . . .“*, können mit den entsprechenden Ergänzungen helfen, die nötige Ehrlichkeit mit der ebenso notwendigen Offenheit zu verbinden.

- *„Ich stelle mir das so vor, und wie stellst du dir das vor?"* wäre eine Möglichkeit, das Kind oder den Jugendlichen anzuregen, in einen gemeinsamen Gedankenaustausch zu treten.

Für welche Form des Gesprächs man sich auch entscheiden mag, immer sollte die Überprüfung der *eigenen* Haltung gegenüber dem Tod, den spirituellen Dimensionen des Lebens sowie des eigenen Glaubens einer Trauerbegleitung vorangehen.
Das in Abbildung 11 dargestellte Gesprächshaus kann speziell für die Begleitung trauernder Kinder und Jugendlicher als Anregung dienen, ein Gespräch wie einen Rundgang durch ein Haus zu begreifen. Da wird es immer wieder Räume geben, die einem neu und unbekannt scheinen, es wird Fenster geben, durch die wir neue Aus- und Einblicke bekommen und es kann passieren, dass das Dach eine neue Schicht Ziegel braucht. . . Allgemeine Voraussetzungen, für ein gutes Gespräch haben wir unter 4.6 zusammengestellt.
Betrachtet man Trauerbegleitung als eine Erziehungsaufgabe, als einen Freundschaftsdienst und einen Aspekt des menschlichen Miteinanders, so liegt es nahe, dass man sich im Trauerfall ganz auf sein Gefühle und seine spontanen Eingebungen verlässt. Dies ist in aller Regel auch gut und richtig. Dennoch kann es in der Begleitung trauernder Kinder und Jugendlicher hilfreich sein, einige Punkte abzuklären:
„Was beeinflusst das Trauergeschehen bei Kindern?"
„Was soll man über einen Verlust wissen?"
„Welche Verlusterfahrungen sind besonders gravierend?"

Einflussgrößen des Trauergeschehens bei Kindern

- *Entwicklungsstufe*
- *Persönlichkeitsstruktur*
- *Abwehrmechanismen*
- *Alter*
- *Entwicklungsstand des Todesbegriffes*
- *Informationsstand*
- *Anzahl der schwerwiegenden Verluste, die das Kind bereits erlebt hat*
- *Soziales Umfeld, soziales Netz*
- *Art des Verlustes/Todes*
- *Vorhersehbarer Verlust vs. unerwarteter*

Was man über den Verlust wissen muss

- Handelt es sich um ein Lieblingsspielzeug, ein Tier oder einen Menschen.
- Gehört die verstorbene Person zum engeren oder weiteren sozialen Umfeld des Kindes.
- Ist die verstorbene Person eine „primäre" Bezugsperson.
- In welcher Beziehung stand die verstorbene Person zum Kind (Verwandtschaft, Nachbarschaft, Freunde).
- Welche Rolle hat die verstorbene Person im Gesamtleben des Kindes gespielt.
- Wie häufig waren die Kontakte zwischen der verstorbenen Person und dem Kind.
- Welche Folgen hat der Tod für das Kind.

Besonders gravierende Verlusterfahrungen

- Tod eines Elternteiles
- Tod eines Geschwisterkindes
- Tod im Familienverband lebender Menschen
- Tod nahestehender Familienmitglieder
- Tod von engen Freunden
  (vgl. SPECHT-TOMANN, M., TROPPER, D.: Wir nehmen jetzt Abschied. Patmos 2000)

Da das *Alter* der Kinder im gesamten Trauerprozess eine große Rolle spielt (vgl. 3.2), sollen im Folgenden jene Punkte angesprochen werden, die im Verlustfall bei Kindern einer bestimmten Altersgruppen besonders zu beachten sind bzw. die sich als Impulse für eine kreative Trauerarbeit anbieten.

Kinder unter drei Jahren

Was können wir tun?

- Keine Veränderung der häuslichen Abläufe und Pflegegewohnheiten vornehmen.
- Essenszeiten, Spielzeiten, Singen, Geschichtenvorlesen . . . alles sollte „so wie immer" stattfinden, auch wenn es für die betroffenen Erwachsenen oft sehr schwer ist.

- Emotionale Zuwendung: Kleine Kinder können das Geschehen noch nicht verstehen, wohl aber spüren sie die Trauerreaktionen der Erwachsenen um sie herum. Daher brauchen kleine Kinder in dieser Zeit sehr viel Nähe durch Berührungen und Zärtlichkeiten.
- Auch in dieser Altersgruppe ist es bereits angezeigt, den Tod beim Namen zu nennen und zu sagen: „Opa kommt nicht mehr zu dir, er ist gestorben. Er ist tot." Viele Märchen und Geschichten beschäftigen sich mit den Themenkreisen Leben – Sterben – Tod – Trauer und können in dieser Situation behutsam eingesetzt werden.

Kinder zwischen 3 und 5 Jahren

Was können wir tun?

- Das starke Bedürfnis von Kindern in dieser Altersgruppe, den Tod zu erforschen, unterstützen.
- Ermutigung der Kinder, Fragen zu stellen und sich an Gesprächen in der Familie zu beteiligen.
- Klare Antworten auf alle Fragen; nur das beantworten, was gefragt wird! Nur solche Antworten, die den eigenen Überzeugungen entsprechen (dies gilt vor allem bei religiösen Fragen).
- Erklären von Krankheiten und Aufzeigen der Möglichkeit, dass nach *sehr, sehr* schwerer Krankheit jemand auch sterben kann oder nach *sehr, sehr* schweren Verletzungen bei einem Unfall.
- Vorsicht in der Wortwahl! (ungünstige Ausdrücke für das Erklären eines Todesfalls: einschlafen, müde sein, wir haben sie/ihn verloren, auf eine Reise gehen, Gott hat sie/ihn zu sich gerufen).
- Förderung des kreativen Ausdrucks: z. B. Malen eines Bildes von der Beerdigung.
- Lob und Anerkennung: Kinder brauchen in dieser Zeit neben Sicherheit, gerade Lob und Anerkennung für alle ihre Aktivitäten und Arbeiten zur Stärkung des eigenen Selbstwertgefühls.

Kinder zwischen 5 und 9 Jahren

Was können wir tun?

- In einer offenen, ehrlichen und klaren Sprache über den Tod sprechen.

- Die Umstände, die zum Tod geführt haben, müssen behutsam aber klar benannt werden. Kinder in diesem Alter wollen wissen, warum dieser Mensch im Sterben liegt oder gestorben ist. In der Wortwahl wiederum darauf achten, bestimmte Begriffe wie „einschlafen ..." zu vermeiden.
- Auf die Reaktionen und Gefühle des Kindes achten. Das Kind sollte das Bemühen spüren, seine Gefühle und Wünsche zu erkennen und zu verstehen und seine innere Bilderwelt kennen zu lernen.
- Das Kind muss in Ruhe und Gelassenheit über seine Ängste und Sorgen sprechen können – das braucht Zeit.
- Hilfreicher als alle Ratschläge und Belehrungen ist immer *aktives Zuhören,* d. h. mit eigenen Worten wiederholen, was man gehört hat und die Gefühle und Stimmungen, die man wahrgenommen hat, benennen.
- Kinder müssen die Möglichkeit erhalten, in Geborgenheit und ohne Unterbrechungen alles sagen zu dürfen (auch Anklagen oder wütende Äußerungen).
- Vorbereitende Gespräche über das Begräbnisritual.
- Einbeziehen der Kinder in Fragen der Verabschiedung und Begräbnisgestaltung. Dadurch haben sie das Gefühl, noch etwas für den Verstorbenen tun zu können.
- Die gemeinsame Geschichte, die das Kind mit dem Verstorbenen hatte, „durchleben" (Reise durch die Welt der Erinnerungen mit Fotoalben, Filmen etc.).

Kinder zwischen 10 und 14 Jahren

Was können wir tun?

- Jugendlichen die Gelegenheit geben, ungestört Zeit mit Menschen zu verbringen, die ihnen wichtig sind – das sind nicht immer die Eltern!
- Raum, Zeit und Möglichkeiten schaffen, dass sie alle ihre Gefühle ausdrücken können, ohne ihr Selbstwertgefühl zu gefährden.
- Akzeptieren, dass sie Raum und Zeit für sich allein brauchen, um zurückgezogen z. B. laut Musik hören zu können.
- Gespräche dürfen nie aufgezwungen werden; der junge Mensch soll selbst entscheiden können, *wann* der richtige Zeitpunkt dafür ist.
- Begleiter können ein besseres Verständnis für die oft heftigen und auch widersprüchlichen Gefühle und Emotionen dieser Altersgruppe aufbringen, wenn sie sich selbst in ihre Jugendzeit zurückversetzen.

- Klare, offene und ehrliche Antworten auf alle Fragen nach Ursache oder Umstände des Todes sind wichtig. Auch das ehrliche Eingestehen, etwas nicht zu wissen, kann eine Antwort sein.
- Kein Aufschub wichtiger Informationen oder Auswirkungen. Wenn z. B. der Tod einschneidende Folgen für die Familie hat, müssen die Jugendlichen das wissen.
- Teilnahme an allen Ritualen und Verabschiedungsfeierlichkeiten ermöglichen.
- Unterstützung beim Aufrechterhalten von Ess-, Schlaf- und Freizeitgewohnheiten. Hilfestellung, den „Jugend – Alltag" trotz aller Trauer leben zu können.
- Auch in der „allgemeinen Zeit der Trauer" den jungen Menschen individuelle Gestaltungsmöglichkeiten offen lassen und auch unkonventionelle oder „unpassende" Aktivitäten unterstützen (z. B. Tanzstunde, Kinobesuch, Klassenfahrt etc.).

(vgl. SPECHT-TOMANN, M., TROPPER, D.: Wir nehmen jetzt Abschied. Patmos 2000)

Je jünger Kinder sind, desto mehr sind sie auf verständnisvolle und liebevolle Unterstützung im Falle eines Verlustes angewiesen. Gerade weil kleine Kinder die Endgültigkeit des Todes noch nicht begreifen können (vgl. 3.3) und wenige Möglichkeiten haben, sich durch Worte auszudrücken, brauchen sie einfühlsame Menschen, die ihnen Sicherheit vermitteln. Dürfen Kinder Gefühle der Trauer nicht zum Ausdruck bringen oder stoßen sie in ihrer Trauer auf Unverständnis, ziehen sie sich zurück. Trauer und Schmerz über den erlittenen Verlust werden tief im Inneren versteckt – oftmals gar ganz begraben. Doch zu mächtig sind die Gefühle der Verlassenheit, des Zorns, der Wut und des bohrenden Trauerschmerzes, als dass sie über Jahre hin zurückgehalten werden können! Die niedergehaltene, versteckte Trauer bahnt sich oft ganz eigene Wege! Manche Krankheit, manch verändertes Verhalten oder eine unverständlich erscheinende Reaktion eines Kindes ist in Wirklichkeit „verkleidete" Trauer!
In der Auseinandersetzung mit dem Thema Sterben, Tod und Trauer geht es immer auch um Fragen der (Ver)*Wandlung*. Es gibt viele verschiedene Möglichkeiten, dieses Prinzip der Wandlung Kindern und jungen Menschen nahe zu bringen. Die bekannte Sterbeforscherin Kübler-Ross griff auf das Bild von der Raupe zurück, die nach einer Zeit der Ruhe und Stille zum wunderbaren Schmetterling wird. Für viele Menschen – ob Kinder oder Erwachsene – liegt in diesen Bildern viel

Tröstliches. Wir haben als Anregung für die Arbeit mit Kindern und Jugendlichen drei Beispiele ausgewählt.

Eine Geschichte für ganz kleine Kinder

E. Carle hat die Geschichte von der kleinen Raupe Nimmersatt geschrieben. Es ist ein Bilderbuch für *kleine* Kinder. Die Geschichte beginnt sehr geheimnisvoll. Sie erzählt von einem kleinen Ei, das von hellem Mondlicht beschienen, auf einem Blatt ruht. Als die ersten Sonnenstrahlen einen neuen Tag begrüßen, macht es „Knack" und aus dem Ei schlüpft eine kleine Raupe. Diese Raupe macht sich auf den Weg, Futter zu suchen. Es ist eine sehr hungrige kleine Raupe. Jeden Tag findet sie eine andere Frucht, durch die sie sich hindurchfrisst. Schließlich ist sie keine kleine hungrige Raupe mehr, sondern eine große, satte, dicke Raupe. Sie beginnt, sich ein Haus zu bauen. In dem Kokon, ihrem Haus, richtet sie sich gemütlich ein und bleibt einige Zeit darin, bis sie spürt, dass es Zeit ist, sich ein Lochen nach draußen zu knabbern. Sie knabbert und knabbert, zwängt sich durch das Loch und – aus der Raupe war ein wunderbarer Schmetterling geworden!

Eine Geschichte für Schulkinder

In E. Mosers Buch „Ein Käfer wie ich" erzählt ein Mehlkäfer, Mehli genannt, aus seinem Leben. Er erzählt von Fritz, seinem Freund, der ein Tausendfüßler ist und eines Tages einen seltsamen Fund macht: Er entdeckt ein ganz besonderen Ei. Dieses Ei ist gelb und hat rote Streifen. Unter großer Anstrengung gelingt es Mehli und Fritz diesen Schatz zu ihrer gemeinsamen Wohnung, einem alten Maulbeerbaum, zu schleppen. Dort pflegen sie das Ei, bewachen und verteidigen es gegen feindliche Ameisen und andere Eindringlinge und legen es jeden Tag in die Sonne. Schließlich warten alle gespannt, bis endlich das Baby aus dem Ei schlüpft. Als es dann soweit ist, kennt die Freude keine Grenzen: Vor Mehli und Fritz liegt ein kleines bezauberndes Raupenkind. Das erstaunlichste an ihm ist seine Färbung: gelb, blaugrün und ein schillerndes Blassrosa überziehen den kleinen Körper in regelmäßigen Ringen. Das Herrlichste sind aber die leuchtenden purpurroten Punkte, die den Rücken zieren.

Die Pflege der kleinen Raupe bringt Fritz und Mehli in Verlegenheit, denn aus dem zarten Raupenkind wird schon bald eine gefräßige Raupe. Mehli gibt ihr den Namen: Schmatzimilian. Von Tag zu Tag wird Schmatzimilian größer, er frisst ganze Zweige des Maulbeerbaumes kahl – bis er eines Tages verschwunden ist. Und so sehr Fritz und Mehli ihn auch suchen, Schmatzimilian bleibt verschwunden. Eine große Trauer legt sich über die Beiden. Wortlos sitzen sie nebeneinander und starren trübsinnig ins Leere.

Endlich beschließt Fritz, der Tausendfüßler, zu tiefst traurig über den Verlust von Schmatzimilian, dorthin zurückzukehren, wo schon Generationen seiner Vorfahren gelebt hatten. Er sucht sich einen großen, schweren Stein, wo es still und ruhig ist.

Mehli geht seinem alten Traum nach und sucht ein Menschenhaus, in dem er Mehl finden kann. Auf seiner Suche kommt er schließlich, nach vielen Abenteuern, auf einen Dachboden. Dort soll ein Schönheitswettbewerb für Schmetterlinge stattfinden. Mehli ist schon gespannt auf dieses Ereignis und schaut begeistert zu, wie Schmetterlinge in den herrlichsten Farben und kühnsten Flugformationen über das Dach schweben. Doch da passiert etwas Unglaubliches! Bestrahlt von den letzten

goldenen Sonnenstrahlen schwebt ein Schmetterling daher, der allen wie der Kaiser der Schmetterlinge erscheint. Die Färbung seiner Flügel versetzt alle in Staunen: gelb, blaugrün und wunderbare leuchtend rote Punkte! Es ist, als trüge der Schmetterling eine Kette aus glühenden Rubinen! Mehli ist begeistert und tief in seinem Inneren taucht eine alte Erinnerung auf: Mehli fragt sich, ob es möglich sein kann, daß Schmatzimilian in dieser Schmetterlingsgestalt vor ihm auftaucht. Und mit einem Mal sieht Mehli die Zusammenhänge: er erkennt,
dass aus dem seltenen Ei die wunderbare zarte Raupe wurde;
dass aus der kleinen schön gefärbten Raupe Schmatzimilian wurde;
dass sich Schmatzimilian verpuppt hat und den Winter in der Erde unter dem Maulbeerbaum verbrachte und
dass schließlich im Sommer aus der Puppe dieser herrliche Schmetterling schlüpfte.
Er erkennt: Ja, das musste Schmatzimilian sein! Rasch klettert er den schrägen Balken zur Dachluke hinauf und zieht sich aufs Dach. Direkt vor ihm sitzt eine Gestalt im Mondlicht – und Mehli erkennt ihn, „seinen" Schmatzimilian! Aber auch der wunderschöne Schmetterling erkennt seinen alten Freund Mehli.
Gemeinsam fliegen sie zum alten Maulbeerbaum zurück, besuchen die alten Freunde und haben einander sehr viel zu erzählen. Die Freude ist grenzenlos!

Eine Phantasiereise für Jugendliche: Die Erfahrung der Wandlung eines Schmetterlings

Wir möchten dich einladen, eine Zeitreise zu machen und die Wandlungsgeschichte eines Schmetterlings zu erleben. Du bist ganz entspannt und dein Atem ist ruhig, die Augen sind geschlossen. Hör' gut zu und lass' alle unsere Worte zu Bildern werden, entwickle die Gefühle und Vorstellungen eines Schmetterlings.
Als Erstes stelle dir vor, dass du von einer wohlig warmen und weichen Hülle umgeben bist. Du fühlst dich herrlich entspannt, hörst nur das Kommen und Gehen deines Atems. Du brauchst nichts zu essen und auch nichts zu trinken. Es geht dir einfach wunderbar. Trotzdem wächst du von Augenblick zu Augenblick ein kleines Stückchen mehr. Auch bist du nicht allein, neben dir liegen viele Geschwister, die sich gleich wohl und gut fühlen und nur darauf warten, bis die Hülle zu eng wird. Es ist ein gleichmäßiger Rhythmus und ein angenehmes Pulsieren in dieser großen Gemeinschaft.
Dann stell' dir vor, dass dir die Hülle zu eng wird. Du drehst dich vorsichtig nach rechts, dann nach links – und mit einem Male ist die Hülle zerrissen und du darfst herauskommen aus deinem wohlig-warmen Zuhause. Du streckst und dehnst dich und machst dich sehr, sehr lang. Jetzt bist du eine prachtvolle Raupe geworden. Jetzt hast du mehrere Paar Beine und dein ganzer Körper ist behaart. Du siehst mit deinen Augen plötzlich wunderschöne Blumen und Pflanzen, spürst die harte Rinde der Bäume und empfindest wieder eine wunderbare Wärme. Sie ist anders, als die in deiner Hülle, denn es ist die Sonne, die dich anlacht. Aber auch sie gibt dir das Gefühl von Geborgenheit. Jetzt spürst du zum ersten Mal in deinem Leben Hunger. So rasch wie dich die kleinen Beinchen tragen können, kletterst du auf den saftig-grünen Blätterstrauch direkt vor dir. Und nun beginnt das große Fressen: Du schmatzt und kaust dich durch das Blattwerk. Manchmal spürst du den Wind, der eine wunderbare Melodie summt. Manchmal musst du dich auch verstecken, um nicht vom großen, grauen Vogel geschnappt zu werden. Ein wenig lästig sind sie schon, die kleinen Ameisen, die sich ausgerechnet auf deinem Strauch eine Ameisenstrasse ge-

baut haben und dich nun ein wenig kitzeln. Du findest Nahrung im Überfluss – weil dir der Strauch schon zu langweilig und eintönig geworden ist, besuchst du die großen Blumen vor dir. Der Duft der Blüten zieht dich an, aber du hast nur Interesse an ihren saftigen Blättern in diesem herrlichen Dunkelgrün. Spät am Abend, wenn dein Bauch schier zu platzen scheint, legst du dich in den duftenden Blütenkelchen zu Bette. Bevor die Nacht hereinbricht, schließen die Blumen ihre Blütenblätter und du schläfst geborgen bis zu den ersten Sonnenstrahlen. Dann öffnen sie ihre Köpfe und du erlebst ein herrliches morgendliches Tautropfen-Bad. Du bist glücklich und wünscht dir, dass diese herrliche Zeit nie zu Ende geht. Doch du spürst immer deutlicher, dass du in den letzten Tagen schon sehr langsam und träge geworden bist. Fast hätte dich eine Amsel gefressen, weil du dich nur noch im Zeitlupentempo bewegen kannst.

Du hast plötzlich überhaupt kein Interesse mehr am Grün der Blätter. Du bist richtig faul geworden und verspürst auch keinen Hunger mehr. Vorsichtig bewegst du dich zu jenem Strauch zurück, der dir ganz am Anfang deines Raupendaseins in seiner Fülle genügend zu Fressen, unter seinen Blätter aber auch Schutz vor anderen Tieren geboten hat. Du kletterst mühsam und langsam hoch hinauf und suchst dir einen versteckten Platz unter einem Blatt ganz nahe am Stamm.

Jetzt stell' dir vor, dass du dich an deinem guten Platz mit einem dünnen Faden einwickelst, solange, bis von deinem Körper nichts mehr zu sehen ist. Du hast dich unter einer Puppenhülle versteckt und wartest auf etwas Neues. Wieder hast du weder Hunger noch Durst. Du träumst von den wunderbaren Tagen auf den Sträuchern, Pflanzen und Blumen. Du erinnerst dich an die herrlich duftenden Blüten, die dir als Bett gedient haben und an das morgendliche Tau-Bad. Es war eine herrliche Zeit. Mit diesen Gedanken an das Gestern vertreibst du dir die Langeweile des Wartens. So vergeht eine lange Zeit und du spürst, dass das Alte vergehen wird, dass jetzt wieder etwas Neues kommen muss.

Jetzt stell dir vor, wie du plötzlich wieder Licht und warme Sonnenstrahlen spürst. Dein Kokon, der dich so lange Zeit verborgen hielt, hat ein kleines Loch bekommen, weil du gegen die Hülle gedrückt hast. Neugierig streckst du dich der Sonne entgegen und zwängst dich mühsam heraus. In deinem Körper drängt alles der Freiheit entgegen, aber du bist schon ein wenig traurig, weil du wieder einmal Vertrautes zurücklassen musst. Doch die Sonne begrüßt dich freundlich und trocknet mit ihren Strahlen deinen Körper. Du dehnst und streckst dich und spürst, dass du eine ganz neue Gestalt bekommen hast. Als erstes spürst du die Fühler auf deinem Kopf, dann die langen, zarten Beinchen an deinem Leib und – du kannst es fast nicht glauben – die prachtvollen, großen Flügel. Sie sind braun und rot und blau und lila ... Du bist ein prachtvoller Schmetterling geworden. Zaghaft setzt du zum ersten Flügelschlag an und ein leichter Windhauch trägt dich zum Himmel hinauf. Es ist wunderbar, die Welt von oben zu betrachten: die Blumenwiese, den Strauch, der dir Haus und Schutz war – wie klein doch alles scheint! Bald wirst du dir gar nicht mehr vorstellen können, dass einmal alles anders war. Während du von Blüte zu Blüte gaukelst und herrliche Säfte zu dir nimmst, während du Artgenossen triffst und mit den Bienen und Hummeln um die besten Futterplätze streitest, hast du schon längst vergessen, dass du jemals etwas anderes warst als ein prachtvoller Schmetterling im Sommer.

(TROPPER D.)

Vorbereitende Gespräche über den Tod, eine ehrliche Auseinandersetzung mit diesem Thema sowie eine behutsame Begleitung trauernder Kinder und Jugendlicher sind Lebenshilfen ganz besonderer Art. Sie haben eine große psychohygienische Bedeutung und helfen, das Leben in seiner ganzen Fülle anzunehmen. Es ist eine lohnenswerte und wichtige Aufgabe, das Entstehen von Trauerbergen zu verhindern, verkrustete Trauerablagerungen sanft zu lösen und dafür zu sorgen, dass Kinder ihre Gefühle ausdrücken und ihre Tränen am richtigen Ort weinen können!
Die nachstehenden Texte sind im Rahmen von Deutscharbeiten in der Schule entstanden und sind alterstypische Beispiele für Ansätze einer positiven Aufarbeitung belastender Verlustsituationen. Sie zeigen, welche Möglichkeiten sich auch für LehrerInnen bieten, dem Thema Verlust Raum zu geben.

Wie ein Film in meinem Kopf

Es war eine sehr schwere Zeit für mich, in der das alles geschah. Meine Schwester war wieder einmal wegen ihres kranken Beines im Krankenhaus und dann passierte auch das noch:
Ich wusste schon sehr lange, dass meine Tante schwer an der Krankheit Krebs litt, aber ich konnte mir nie vorstellen, dass sie mir zu Weihnachten keine Bücher mehr schicken würde und dass sie nicht einmal im Jahr zu uns kommen würde. Doch diese Zeit nahte, ob ich es wollte oder nicht.
Einige Tage vor diesem schrecklichen Anruf fühlte ich schon, dass in den nächsten Tagen irgend etwas Schlimmes geschehen würde!
Eines Abends, als ich von der Klinik kam, in der meine Schwester lag, klingelte das Telefon. Meine Mutter hob ab, und ich sah, während sie redete, die Traurigkeit in ihren Augen, die immer größer wurden. Ich hatte nie gedacht, dass die Traurigkeit ansteckend sein könnte, aber an diesem Abend wurde ich traurig, obwohl ich nicht wusste, weswegen meine Mutter traurig war.
Dann machte es „Klick", ein sehr trauriges „Klick", und der Telefonhörer wurde aufgelegt. Meine Mutter nahm mich in den Arm und sagte: „Rike, Tante Rike, ist gestern Nacht gestorben." Obwohl es vielleicht absurd klingt, aber es war für mich erleichternd. Es war so, als ob sie von einem Fluch erlöst worden wäre. Doch so sehr ich auch über das Geschehene erleichtert war, war ich doch sehr traurig über ihren Tod. Ich fing an zu weinen und während ich weinte, gingen mir all die schönen Zeiten mit ihr wie im Film durch den Kopf!
Und obwohl das schon über drei Jahre her ist, spüre ich die Gegenwart von Tante Rike noch immer, egal ob in schönen oder schlechten Zeiten!
(Rita, 11 Jahre, zum Tod ihrer Tante)

Einsamkeit und Trauer

Gestern war alles noch in Ordnung gewesen, sie hatten sich noch so nett unterhalten und Witze gemacht. Doch heute hatte sich alles verändert. Ihre beste Freundin hatte sie im Stich gelassen. Wie konnte sie ihr das nur antun? Ausgerechnet jetzt, wo sie sie so dringend brauchte, war sie nicht mehr da und das war ihre Schuld. Sie hatten diesen so unglaublich verrückt scheinenden Streit wegen dieses Jungen, den sie beide gar nicht wollten, es ging ihnen nur darum, den eigenen Kopf durchzusetzen. Und dann hatte sie ihre Freundin einfach alleine stehen lassen, sehr wütend war sie abgehauen. Den ganzen Weg nach Hause hatte sie ein schlechtes Gewissen gehabt. Ein ungutes Gefühl in der Magengrube hatte sie Schlimmes erahnen lassen, denn ihre Instinkte ließen sie niemals im Stich. Und dann zu Hause das grausame Klingeln, das in ihren Ohren wie das Lachen eines schlechten Clowns, dessen ausgeleierte Späße nur noch ihn selbst amüsierten, hallte. Plötzlich schien die Zeit stillzustehen, als sie die unheilvolle Nachricht empfing. Ihre Freundin war tot und das war ihre Schuld, sie hatte sie beleidigt und dazu getrieben, sich vor das Auto zu werfen. Es erfüllte sie dieser unsagbare Schmerz, das Bedürfnis, ihre Freundin in die Arme zu nehmen und sich auszusprechen. Doch plötzlich hatten sich ihre Empfindungen vollkommen gewandelt, aus Trauer und Schmerz wurden Wut und Verzweiflung. Wie konnte ihre Freundin sie nur so im Stich lassen? Alles, was sie ihr immer sagen wollte, es aber nie getan hatte, kam jetzt in ihr hoch. Alles, was sie bei unnötigen Diskussionen verschwiegen und bei Streitereien aus Rücksicht verdrängt hatte, stieg wie ein Feuerball in ihr hoch. Ihr Kopf schmerzte und ihre Augen brannten durch die zahlreichen Tränen, die sie schon vergossen hatte. Die Verzweiflung, die sie fühlte, war unbeschreiblich, das Gefühl, ihrer Freundin nachzueifern, ihr bis in den Tod zu folgen und auf der anderen Seite die Angst, selbst zu sterben und die Ungewissheit der Folgen. Jetzt wurde ihr bewusst, wie schnell das Leben vorbei sei kann. Doch das Schlimmste war die Einsamkeit, die tiefe Leere, die sie fühlte und die sie innerlich aufzufressen begann. Schnell verdrängte dieses Gefühl des Nichts alles andere, Verzweiflung, Wut und Trauer wichen der Schwärze, sie hörte auf zu fühlen und zu denken. Ohnmächtig, unfähig sich zu bewegen, lag sie auf den weichen Kissen ihres Sofas, sanft eingebettet, ihr Gesicht glänzte fahl, die Sonne hatte sich hinter den Wolken verkrochen, als wollte sie es ihrem Herzen gleichmachen.

Morgen sollte sie wieder in die Schule gehen, sich die Heuchelei der anderen anhören und möglichst tapfer aussehen. Doch dieses Gefühl der Einsamkeit ließ sich nicht so einfach abstellen, es war da und hatte sich an ihrer Seele festgekrallt. Einsamkeit verbunden mit Trauer, Wut, Hass und Verzweiflung war Gift für ihr Herz. An diesem Tag starb ein Stück Kind in ihr.

(Sarah, 14 Jahre, zum Thema Trauer)

Wie könnte der Text weitergehen?

„Auch am folgenden Morgen war schönes Wetter. Als er aus der Tür trat, fröstelte er ein wenig, er fühlte ein Kribbeln auf der Haut, und dann hatte er ein deutliches Gefühl von Leichtigkeit, so, als wöge er plötzlich weniger. Luca war völlig klar, dass das physikalisch unmöglich war, aber genau das war sein Gefühl gewesen. Er dachte an alles mögliche, dass es an seinen Schuhen mit den Gummisohlen läge, dass er durch irgendein Wunder über

Nacht wieder sein Gewicht als Kind zurückerlangt hätte, ja sogar, dass durch eine plötzliche Beschleunigung der Drehgeschwindigkeit der Erde die Schwerkraft auf der ganzen Welt herabgesetzt sei. Am Ende hatte er sich selbst derart beeindruckt, dass er in die erste offene Apotheke trat, um sich zu wiegen."

Er ging zum Apotheker, um zu fragen, ob er sich wiegen lassen könne, doch dieser registrierte ihn nicht. Er nahm noch einen Anlauf und fragte abermals, ob er sich wiegen lassen könne. Der Apotheker bemerkte ihn noch immer nicht. Also, dachte er sich, dann wiege ich mich eben selbst. Er stellte sich auf die Waage und wartete. Er wartete weiter, doch der Zeiger, der für gewöhnlich mindestens 94 Kilogramm anzeigen müsste, bewegte sich nicht.

Langsam wandelte sich seine Beeindruckung in Verzweiflung um. Luca fing an, zu überlegen.

Das erste, woran er dachte, war, dass er vielleicht keinen Körper mehr hatte. Erschreckt dachte er, vielleicht ist das der Tod? Er versuchte sich an den Vorabend zu erinnern. Jede Einzelheit war ihm völlig klar, bis auf den Abend. Er spürte doch die Sonnenstrahlen auf seiner Haut, Luca konnte seine Füße am Boden sehen. Wie kam es dann dazu, dass ihn der Apotheker nicht sehen konnte und dass er kein Gewicht hatte?

Er verließ die Apotheke und ging zurück zu seiner Wohnung. So viele verschiedene Gedanken schossen ihm durch den Kopf. Luca stieg in die Straßenbahn ein und setzte sich auf einen leeren Platz. Bei der nächsten Haltestelle stieg ein Kartenkontrolleur ein. Luca zückte seine Karte, um sie vorzuweisen. Der Kontrolleur näherte sich Luca. Lucas Hoffnung wurde immer größer. Vielleicht bemerkte ihn ja wenigstens der Kontrolleur. Vielleicht war der alte Apotheker schon ein wenig taub und kurzsichtig gewesen, vielleicht war auch die Waage kaputt gewesen. Doch zu Lucas Pech schlenderte der Kontrolleur an Luca vorbei ohne ihn zu bemerken.

Verzweifelt verließ Luca die Straßenbahn. Alles um ihn herum begann sich zu drehen, er wusste nicht mehr, wo oben und wo unten war. Jetzt fühlte er sich noch leichter, er fühlte sich, als könne er fliegen. Er versuchte ein wenig Überblick über seine Lage zu erlangen. Er konzentrierte sich und tatsächlich hatte er Überblick über die ganze Stadt, auch die Verzweiflung, die Angst und die anderen Zustände, die er hatte, waren weg. Er fühlte sich richtig euphorisch. So ein Glücksgefühl hatte er vorher noch nie empfunden. Luca breitete die Arme aus und bekam ein Gefühl für das Fliegen. Er flog quer durch die Stadt, schlug Saltos in der Luft, und fühlte sich richtig wohl. Er dachte nicht darüber nach, was vorher war oder was später passieren würde, er genoss jede Minute mit neuer Energie und nützte sie in seinem Sinn sinnvoll.

Auf irgendeine Art und Weise zog es ihn zum Friedhof. Schon von oben konnte er erkennen, dass gerade ein Begräbnis stattfand. Er flog langsam näher hin, da es ihn interessierte, wer wohl gestorben war. Doch plötzlich erschrak er ein wenig. Die Personen kannte er doch, seine Mutter und seine Geschwister, seine Frau und seine Freunde – alle waren anwesend. Als der Pfarrer meinte: „Wir alle trauern um Luca", wurde Luca klar, dass er gestorben war, doch es spielte für ihn überhaupt keine Rolle mehr.

Er flog weg und unternahm etwas Neues. Er war endlich frei, nicht mehr begrenzt. Und das Allerwichtigste war, er war glücklich.

(Karin, 17 Jahre, zum Tod ihres Freundes)

3.7 Trauer – eine positive Kraft: Impulse zur Trauerarbeit

Es gibt in jedem Leben Hunderte Anlässe, traurig zu sein. Dies gilt für Erwachsene ebenso wie für Kinder. Der Inhalt der Trauer wandelt sich mit den Jahren ebenso wie die Fähigkeit, mit den kleinen alltäglich oder alljährlich wiederkehrenden Verlusten relativ gut umgehen zu können. Ein alter Mann hat z. B. schon viele, viele Jahre erlebt, dass der Baum vor seinem Haus im Herbst seine Blätter verliert. Die Äste des Baumes ragen im Winter wie tot gegen den Himmel. Jahr für Jahr kann es der alte Mann fast nicht glauben, dass im nächsten Frühjahr die Blätter langsam wieder kommen und die Knospen den Baum mit einem zarten Rosa überziehen. Doch die Erfahrungen der vielen Jahre haben in seinem Inneren ein Gefühl der Hoffnung auf das Wiedererstehen all der Pracht und Fülle in jedem Frühjahr entstehen lassen. Der alte Mann hat über die vielen Jahre hinweg gelernt, den Tod und das Vergehen als Teil des Lebens zu akzeptieren. Er weiß, dass jedem Neubeginn ein Sterben vorangeht und in jedem Sterben der Anfang von Neuem liegt. Diese Erfahrung fehlt den Kindern. Sie müssen erst lernen, dass jedem Winter ein neuer Frühling folgt, dass etwas sterben muss, damit Neues entstehen kann.

Was hat das alles mit konkreter Trauerbegleitung zu tun? Wir meinen, dass eine frühe Auseinandersetzung mit dem Thema *Vergänglichkeit* wichtig ist. Sie stärkt das Vertrauen der Kinder in die Kräfte des Lebens. Dies wiederum bietet eine gute Voraussetzung für eine positive Bewältigung unterschiedlichster Verlusterfahrungen, die auch vor Kindern nicht halt machen. Erste Schritte einer Trauerbegleitung im weitesten Sinn können demnach in einem behutsamen Heranführen an das Thema der Vergänglichkeit liegen. Dafür eignet sich besonders der *Jahreskreis der Natur.*

Impulse

- Täglich Lieder, kleine Geschichten oder Sprüche auswählen, die die Jahreszeit mit ihren typischen Merkmalen zum Inhalt haben.
- Bilder von Blumen, Pflanzen und Landschaften in allen vier Jahreszeiten. Dies eignet sich besonders zur Einstimmung z. B. für ein Gruppengespräch über „Was wächst im Frühjahr", „Meine Lieblingsjahreszeit". Verwendet man Overhead-Folien, kann man schöne Musik dazu spielen, die Bezug zu den Jahreszeiten herstellt.

- Durch Bilder, die den Übergang von einer Jahreszeit zur anderen deutlich machen, kann man für die feinen Ankündigungen der Natur, für die „Zwischentöne des Abschieds" sensibel machen.
- Gestaltung des Raumes (Gruppenraum, Kinderzimmer, Ecke im Wohnzimmer) mit typischen Blumen oder Gegenständen der Jahreszeiten. Ein Jahreszeitentisch oder eine Jahreszeitenecke kann von Kindern selbst das ganze Jahr über mit Blumen, Zweigen, Steinen, kleinen Schätzen des Alltags geschmückt werden. Auch Elemente aus dem Kreis der Jahresfeste können da ihren Platz finden: Ostereier, Weidekätzchen, Nikolausfiguren, Weihnachtsengel, Kerzen . . .
- Im Rahmen eines täglichen Spazierganges können Kinder dazu angeregt werden, einen bestimmten Baum genau zu beobachten.

  „Wie schaut der Baum im Frühjahr aus?"
  „Wie schaut der Baum im Sommer aus?"
  „Wie schaut der Baum im Herbst aus?"
  „Wie schaut der Baum im Winter aus?"

- Die Kinder können in jeder Jahreszeit Bilder von ihrem Baum malen, und am Ende eines Kindergartenjahres können dann große Jahreszeitenbilder geklebt werden.
- Mit Naturmaterialien ein „Jahreszeiten-Mandala" gestalten.
- Bunte Herbstblätter sammeln, Bilder kleben lassen und die Geschichte des Baumes erzählen, der jedes Jahr seine Blätter abwirft, sie loslässt und im Frühjahr seine ganze Blätter- und Blütenpracht aufs Neue entfaltet.
- „Welche Farbe passt zum Frühjahr? Wo seht ihr diese Farbe überall?" Diese „Farbenspiele" kann man nicht nur auf das ganze Jahr ausdehnen, man kann es auch erweitern und nach anderen Eigenschaften fragen, die zu einer bestimmten Jahreszeit passen. Besonders lohnt es sich, die Kinder für die Übergänge von einer Jahreszeit zur nächsten einzustimmen, etwa: „Woran merkt ihr denn, dass es Frühling ist? Woran merkt ihr, dass der Sommer zu Ende geht?"
- Den Löwenzahn als „Blume der Verwandlung" entdecken! Im Frühjahr sind die ersten zarten Knospen inmitten des kräftigen Grüns der Löwenzahnblätter zu entdecken. Schon bald kann man aus den gelben Blüten schöne Halsketten oder Armbänder basteln, man kann Löwenzahnkronen flechten und die Nasen

mit dem Blütenstaub gelb färben! Der Herbst zeigt, wie sich die Blüten in tausend kleine Fallschirmchen verwandeln. Die „Pusteblume" bietet lustige Gelegenheiten, selbst einmal Wind zu spielen und die kleinen Fallschirme durch die Luft zu wirbeln. Es gibt schöne Geschichten und Märchen von Pusteblumen, die sich sehr zum Vorlesen eignen und den Gedanken der Verwandlung und des Weiterlebens in einer anderen Form für Kleine gut verständlich zum Ausdruck bringen (vgl. Literaturverzeichnis).

- Zapfen, Rinden, Moos, Flechten suchen und kleine Naturoasen gestalten. Anleitung, in der Natur „Naturbilder" zu legen.
- Basteln und Arbeiten mit Naturmaterialien, die typisch sind für die jeweilige Jahreszeit, z. B. Blumenkränze binden, Löwenzahnketten basteln, leere Schneckenhäuser oder Steine bemalen, aus Rinden etwas schnitzen, Tiere aus Kastanien basteln . . .
- Kräuter sammeln und für den Winter trocknen. Im Winter kann man dann mit den Kindern einen Tee aus den selbst getrockneten Kräutern trinken und über die Zeit sprechen, in der sie alle die Kräuter gesetzt, gegossen und schließlich geerntet und getrocknet haben. Dabei können die Kinder auf die Erinnerungsspur der jeweiligen Jahreszeit und der nötigen Aufgaben im Garten führen.
- Kleine Beete anlegen, die von den Kindern das Jahr über betreut werden. So können Kinder beobachten, wie sich aus den Samen kleine grüne Spitzen empor recken, wachsen und bei guter Pflege auch schöne Pflanzen oder Blumen werden. Sie erleben, wie die Blumen verwelken, sie können sie auch für den Winter trocknen; das Gemüse kann geerntet werden, dabei können die Kinder z. B. im Kürbis neue Samen entdecken. Im Spätherbst werden die Beete dann für den Winter gerichtet. Im Winter deckt die weiße Schneedecke die kleinen Beete zu . . .
- Eine Schatzkiste anlegen, in die die Kinder das ganze Jahr über kleine Schätze hineinlegen dürfen, die sie beim Spaziergang gefunden haben oder die sie im Laufe von Bastelrunden gemacht haben. Am Ende des Kindergartenjahres können dann alle Schätze in die Mitte eines Sesselkreises gelegt werden. Jedes Kind darf sich ein Symbol, einen Schatz nehmen. In der anschließenden Runde sagt jedes Kind: „Ich habe dieses . . . gewählt, weil . . ." Die Kinder können ihre Erinnerungen wiedergeben, die Jahreszeiten und die jeweiligen Situationen werden wieder lebendig.

- Spiele, in denen die Kinder selbst die Jahreszeiten und die verschiedenen Elemente in der Natur verkörpern können, z. B.: alle (Blumen-)Kinder liegen unter einer weißen Schneedecke, dann kommt die Sonne und schmilzt den Schnee, die ersten Schneeglöckchen rekeln und strecken sich, sie schauen zu den Primeln ... Der Frühling geht von Blume zu Blume und weckt sie auf, die Vögel singen, die Bäume strecken sich und werden grün. So kann man auch die anderen Jahreszeiten mit den Kindern spielen. Einfache Tücher, die man im Sommer mit den Kindern selbst einfärben kann, dienen als Verkleidung.
- Kinder dürfen sich selbst Verkleidungsstücke für die vier Jahreszeiten zusammensuchen. Welche Farben passen für welche Jahreszeit, wie sind die Bewegungen, die z. B. zum Winter passen? Auch Musikinstrumente dürfen verwendet werden, Trommeln, Rasseln und andere vielleicht sogar selbst gebastelte Instrumente. Entsprechende Musikstücke und Lieder können das kleine Theater ergänzen.
- Geschichten von Tierfamilien und wie sie im Einklang mit der Natur und den Jahreszeiten leben. Anschließend können kleine Rollenspiele helfen, z. B. typische Wintergefühle eines kleinen Fuchses darzustellen oder das Erwachen eines Tieres nach langem Winterschlaf ...
- *Größere Kinder* können angehalten werden, verschiedene Menschen nach ihren Lieblingsjahreszeiten zu befragen. Das Bearbeiten dieser Interviews und das Erstellen einer Jahreszeitencollage runden diese Arbeit ab.
- Gruppenarbeiten zum Thema Jahreskreislauf:
  Sammeln von Texten, Geschichten, Liedern und Gedichten;
  Bestimmte Landschaften in allen vier Jahreszeiten fotografieren oder zeichnen und zu einem Jahresbild zusammenstellen;
  Symbole, Worte, Assoziationen für die einzelnen Jahreszeiten suchen lassen.
- Mit zunehmendem Alter ist es auch möglich, auf die „Jahreszeiten des Lebens" zu verweisen.

Abb. 13a – 13f: Werden und Vergehen einer Lilie

13a

13b

13c

13d

13e

13f

Eine zweite wichtige Möglichkeit, Kinder an das Thema der *Vergänglichkeit*, des Wandels heran zu führen und auf den Rhythmus des Lebens einzustimmen und vorzubereiten stellen die *Jahreskreisfeste* dar. In ihnen wird nicht nur die rhythmische Wiederkehr Jahr für Jahr erfahrbar, sondern Themen wie Geburt und Sterben, Erwartung, Sehnsucht, Hoffnung und Auferstehung werden direkt thematisiert. In unserer Kultur richtet sich auch das weltliche Leben stark nach dem Rhythmus des Kirchenjahres.
Somit rücken alle Jahre wieder Themen in den Vordergrund, die die Möglichkeit einer intensiven Auseinandersetzung mit existenziellen Lebensthemen bieten.
Im Jahreskreis der Feste wird die ganze Vielfalt des Lebens angesprochen und alle existentiellen Themen berührt. Der Festekreis kann in gewissem Sinn zur Lebenshilfe werden. Er strukturiert die persönliche Zeit und gibt die Chance, einzelne Themen aufzugreifen, sich bewusst mit ihnen auseinander zu setzen. Und er gibt die Sicherheit, dass auch das kommende Jahr alle Feste wiederbringt. Das gibt Halt und ein Gefühl der Geborgenheit. Der Kreislauf der Feste lässt in Kindern ein Gefühl der Vertrautheit und des Vertrauens in die Beständigkeit von Dingen entstehen.

- Auch wenn das Kind nicht begreift, warum die Eltern Jahr für Jahr zu Allerheiligen und Allerseelen auf den Friedhof gehen und ein Grab schmücken, wird es nach und nach begreifen, dass man da an Menschen denkt, die nicht mehr auf der Welt sind, es wird sich darauf freuen, mit seinen kleinen Händen eine Kerze anzünden zu dürfen . . .
- Auch wenn das Kind zunächst in der Adventzeit seine Ungeduld und Vorfreude kaum zähmen kann, so wird es langsam diese Zeit der Vorbereitung auskosten lernen. Die Gewissheit wird wachsen, dass seine Sehnsucht nach der Weihnachtsfreude, nach dem Strahlen und Glänzen erfüllt wird . . .
- Auch wenn es jedes Mal weh tut, wenn der Christbaum weggeräumt wird, so wird das kleine Kind doch eines Tages zum inneren Wissen kommen, dass im folgenden Jahr wieder ein Christbaum das Wohnzimmer schmücken wird . . .
- Auch wenn das Kind die gedrückte Stimmung des Karfreitags Jahr für Jahr schmerzhaft erlebt, so lernt es doch allmählich darauf zu vertrauen, dass am Ostersonntag die Freude wieder einkehrt und Ostern zu einem Fest des Lebens wird . . .

So kann schon das kleine Kind im intensiven Miterleben der Jahreskreisfeste viel vom Geheimnis des Lebens mitbekommen. Wichtig dabei ist das Miterleben, das Mittun und weniger das „Verstehen". Das Kind schwingt in seinen Gefühlen und Stimmungen mit seiner Umwelt mit. Es braucht keine intellektuellen Erklärungen, es braucht nur einfache Antworten auf seine Fragen und die Chance, am heilsamen Rhythmus der Jahresfeste teilnehmen zu können. Und so sind Eltern und Erzieher aufgerufen, den Kindern – und sich selbst – die Möglichkeit eines intensiven Lebens im Gleichklang mit den Festen des Jahres, die die Feste unserer Kultur und Religion sind, nicht vorzuenthalten!

Abb. 14: Jahreskreis der Feste

Das Einbeziehen der Kinder in die *Vorgänge der Natur* und das Miterleben der *Jahreskreisfeste* sind wichtige Grundlagen für die Bearbeitung von Verlusterlebnissen. Kinder mit der Vergänglichkeit vertraut zu machen und an das Thema Sterben heranführen ist eines. Etwas ganz anderes ist es jedoch dann, bei einem konkreten Verlust einem Kind Hilfen anzubieten.

Was passiert, wenn Kinder einen toten Vogel finden und ihn aufgeregt der Kindergartentante bringen? Wie soll sie reagieren? Was kann sie tun? Was passiert, wenn die Katze mit einer toten Maus im Maul zur Tür hereinkommt? Wie reagiert die Mutter auf die Tränen ihrer Tochter? Was macht sie mit der Maus? Und was macht sie mit der Katze? Wie kann sie die Situation erklären und lösen?
Schon diese relativ harmlosen Situationen bringen Eltern und Erzieher „ins Schwitzen". Um wie viel schwieriger wird es, wenn Verwandte sterben, Freunde mitten aus dem Leben gerissen werden oder gar ein Elternteil stirbt!
Wir möchten nun anhand von *vier Fallbeispielen* konkrete Impulse für eine Begleitung geben und jene Aspekte der Begleitung herausarbeiten, die auch in anderen Trauer-Situationen hilfreich und wichtig sind.

In aller Regel sind die ersten Erfahrungen der Kinder mit Sterben und Tod die Begegnungen mit toten Tieren. Sie finden eine tote Maus, einen überfahrenen Igel, einen toten Maulwurf oder einen vertrockneten Regenwurm.

Georg

Georg ist ein munteres Kindergartenkind. Besonders gerne spielt er mit seinem Freund Anton. Die Kinder laufen im Garten umher, tollen über die Wiese, verstecken sich hinter den Fliederbüschen und klettern auf die Bäume. Auch an diesem Dienstag spielen die Kinder im Freien. Da läuft Georg ganz aufgeregt zur Kindergartentante: „Tante, Tante, ich hab' eine kleine graue Maus gesehen – aber die ist nicht weggelaufen ... ich glaube, sie ist tot ...!" Anton nimmt Georg bei der Hand und beide Kinder laufen zur Hecke.
Die Kindergärtnerin spürt die Aufregung von Georg. Sie merkt auch, wie mit einem Mal die anderen Kinder ihr Spiel unterbrechen. Rasch geht sie mit Georg zur toten Maus.
Hinter der Tante laufen viele Kinder her. Das Ereignis hat ihre Neugierde geweckt. Georg biegt die Zweige zurück- und da liegt sie, die tote Maus. Ihre Beinchen sind gespreizt, ihre kleine Schnauze ist leicht geöffnet. „Schau, wie sie die Augen verdreht hat!" ruft Anja! Birgit fängt leise zu schluchzen an, Benjamin kniet sich nieder und berührt das graue Fell. „Hör auf, das darf man nicht, ein totes Tier anfassen!", meint Maria, „mein Papa hat gesagt, da wird man krank!" „Warum läuft die nicht weg?" will Martin wissen und stampft ein paar mal heftig mit dem Fuß auf den Boden.
Die Kindergärtnerin ist einen Augenblick ratlos.
Die Kinder bilden eine große Traube um den Strauch, unter dem die Maus liegt, die Kleinen beginnen zu weinen, die Größeren schubsen und stoßen, einige kichern und versuchen so, ihre Spannung abzubauen.
Die Kindergärtnerin atmet tief durch, versucht ruhig zu bleiben und sagt dann mit klarer Stimme:
„Kinder, passt einmal auf: Georg hat eine tote Maus gefunden. Das ist etwas Besonderes, jeder von euch möchte sie sehen oder anrühren. Wir werden jetzt in den

Gruppenraum zurück gehen. Georg darf die Maus auf eine kleine Schaufel legen und mit hinein nehmen. Barbara, Anna und Paul, nehmt ein Bisschen Gras mit hinein, damit wir die Maus darauf legen können."
Die Aufregung hat sich durch die klaren Worte der Tante etwas gelegt. Sie hat das Vorgefallene in Worte gefasst und den Kindern die nächsten Schritte angekündigt.
Im Gruppenraum bilden die Kinder einen Sesselkreis. Barbara, Anna und Paul legen das Gras in die Mitte. Es sind auch einige Blumen dabei. „Jetzt liegt die Maus in unserer Mitte. Wie geht es euch damit?" fragt Tante Pia.
„Warum kann die nicht mehr laufen?" fragt die kleine Susanne. „Oder schläft sie?" „Nein, Susanne, sie ist tot." „Tot?" das kleine Mädchen schaut ungläubig. Andere Kinder rufen durcheinander, sie erzählen, woran sie das merken, dass die Maus tot ist.
„Warum ist sie tot?" will Sebastian wissen. „Vielleicht hat sie die Katze erwischt." „Nein, die ist überfahren worden", meint Antonia. Anna ist sich sicher, dass die Maus krank war.
Die Kindergärtnerin gibt den Kindern Raum und Zeit, ihre eigenen Gedanken auszudrücken. Hin und wieder gibt sie Informationen weiter, ermuntert stille Kinder, auch etwas zu sagen und regt die Kinder an, sich einen geeigneten Platz für ein kleines Grab auszudenken.
Schließlich gehen alle Kinder wieder in den Garten. Georg, der die Maus gefunden hat, wünscht sich, dass das kleine Mausgrab direkt unter dem Fliederbusch sein soll. Mit Schaufel und Harken wird ein Erdloch ausgehoben. Die Kinder legen Gras und Blumen in die Grube, dann darf Georg die Maus hineinlegen. Das Grab wird zugeschüttet, die Kinder legen Blumen darauf und Georg bindet zwei Holzstäbe zu einem Kreuz zusammen. Er steckt es auf den „Grabhügel". Mit kleinen Aststücken formen die Kinder das Wort „Maus".
Die Kindergärtnerin fasst rechts und links nach einer kleinen Kinderhand und langsam bildet sich ein großer Kreis. Einige Augenblicke stehen die Kinder still und denken an die Maus. Dann fordert die Tante die Kinder auf, noch ein Bisschen im Freien zu spielen.
Einige Tage nach dem Vorfall nützen einige Kinder die Freimalstunde, um eine Maus zu malen, die am Boden liegt, andere zeichnen das Grab.
Die Tante greift diese Idee auf und gibt auch den anderen Kindern, die Anregung, ein Tierbegräbnis zu zeichnen.
Georg trägt sein Bild zum Grab der kleinen grauen Maus. Ihn hat dieses Ereignis tief beeindruckt, war es doch das erste Mal, dass er so direkt auf den Tod gestoßen ist.
(SPECHT-TOMANN, M.)

Was hat die Kindergärtnerin getan, um die Kinder in dieser Situation gut zu begleiten? Welche Impulse sind auch auf andere Situationen zu übertragen?

- Gute Wahrnehmung, was die Kinder bewegt und rasches Reagieren auf die neue Situation: Das Kind nicht allein lassen, sondern zu dem Ort seiner Entdeckung begleiten.
- Innehalten und sich eingestehen, dass man für den Augenblick ratlos ist; Konzentration auf die eigene Atmung; Versuch, die Gedanken zu ordnen.
- Die Ereignisse in Worte fassen. Ausdrücken, was als Gefühl und Stimmung „in der Luft liegt".

Abb. 15: Mausgrab

- Anleitung für die nächsten Schritte unter dem Motto: „Was jetzt zu tun ist." Damit werden die Kinder wieder handlungsfähig und sind nicht nur dem Chaos ihrer Gefühle ausgeliefert.

- Raum und Zeit, sich mit dem Ereignis Tod auseinander zu setzen; den Kindern ermöglichen, eigene Erlebnisse einzubringen und allgemeine Gedanken zum Thema Tod auszusprechen.
- Impuls zur Gestaltung einer Verabschiedung vom toten Tier und Umsetzung der Ideen; Schaffen eines Gemeinschaftsgefühls, in dem der Einzelne sich geborgen und getragen fühlt.
- Aufforderung, wieder ins „normale" Leben einzutauchen.
- Impuls zum Malen in der Hoffnung, versteckte Trauergefühle zum Fließen zu bringen.

Im vorangegangenen Fallbeispiel hat ein kleiner Junge eine tote Maus gefunden. Es war für dieses Kind das erste Mal, dass er bewusst mit dem Tod konfrontiert wurde. Allerdings war es „irgendein" Tier, zu dem er keinen besonderen Bezug hatte. Durch die behutsame und doch sehr klare Betreuung seiner Kindergärtnerin hat das Kind eine wichtige Erfahrung positiv zu Ende bringen können.
Kinder lieben Tiere. Dies gilt ganz besonders für die eigenen Haustiere, die Katze, den Hund, den Hamster, die Fische oder den Kanarienvogel. Die Tiere haben einen festen Platz im Familienleben und bekommen viel Aufmerksamkeit und Liebe. Oft sind sie es, denen die Kinder ihr Herz ausschütten und die über die geheimsten Dinge Bescheid wissen. Kleine Kinder haben auch ein großes Bedürfnis, die Tiere anzufassen, zu streicheln und mit ihnen zu schmusen – und dies trotz aller Hinweise auf hygienische Probleme! Wenn so ein Herzensfreund stirbt, überfahren wird oder entfliegt, bricht oftmals eine Welt zusammen. In ihrer Hilflosigkeit wissen Eltern oft nicht, wie sie sich verhalten sollen.

Tanja

Tanja geht in die dritte Grundschulklasse. Sie lebt mit ihren Eltern und zwei Schwestern in einer Wohnung am Stadtrand. Seit drei Jahren hat sie eine Katze. Diese Katze ist ihr ganzer Stolz. Es ist auch eine besondere Geschichte, wie diese Katze zu Tanja kam:
... Es war ein schöner Sommernachmittag vor drei Jahren, als Tanja bei einer Freundin zu einem Geburtstagsfest eingeladen war. Die Kinder durften im angrenzenden Wiesenstück fangen spielen und herumtollen. Plötzlich entdeckte Tanja am Wegrand ein kleines Kätzchen. Sofort lief sie hin und nahm es auf den Arm. Die kleine Katze war ganz abgemagert, hatte ein struppiges Fell und miaute ganz erbärmlich. Alle Kinder umringten Tanja. Sie war doch ein Glückspilz! Sie hatte ein Kätzchen gefunden! Und diesmal konnten die Eltern ihr nicht verbieten, dieses Kätzchen zu behalten – es war ja ihres, das sie da mitten auf dem Weg gefunden hatte, klein, fast verhungert und ganz verlassen. Tanja nahm die Katze mit. Zu Hause entdeckte die Mutter, dass das Kätzchen ganz verkrüppelte Vorderpfoten hatte. Ver-

mutlich wurde es von seiner eigenen Mutter verstoßen, da es keine Chance hätte, so verkrüppelt in freier Wildbahn zu überleben . . .
So kam Murli in die Familie Bauer und entwickelte sich bald zu einem niedlichen kleinen Wollknäuel. Sie gedieh prächtig, wenngleich sie immer etwas kleiner und zarter blieb als andere Katzen ihres Alters. Murli und Tanja wurden die besten Freundinnen. Immer wenn sich Tanja einsam und unverstanden fühlte, nahm sie Murli zu sich ins Zimmer und erzählte ihr alles, was ihr auf dem Herzen lag. Am Abend durfte die Katze bei ihr im Zimmer übernachten und es kam oft vor, dass das wohlige Schnurren der Katze zur Einschlafmelodie für Tanja wurde.
Alles war so wunderbar – bis an jenem Tag, als Tanja von der Schule kam und eine ernste, betreten schweigende Mutter ihr die Tür öffnete. „Tag, Mama, was ist denn mit dir, du schaust ja so komisch?" Tanja stellte die Schultasche ins Eck und wollte in ihr Zimmer laufen. Doch die Mutter hielt sie fest.
„Tanja, ich muss dir etwas sehr Trauriges sagen . . ." Die Mutter zog das Kind zu sich.
Tanja machte sich steif und schaute misstrauisch in das Gesicht der Mutter: „Ja?. . ."
„Tanja, unsere, deine . . . deine Murli ist heute von einem Auto überfahren worden!"
Mit einem gewaltigen Ruck riss sich Tanja von der Mutter los. Starr vor Schreck stand sie da, ungläubig sah sie die Mutter an. „Murli, unsere Katze, meine Murli . . . von einem Auto . . ." Das Kind stammelte immer wieder diesen Satz. Dann drehte es sich plötzlich um, rannte in sein Zimmer und warf die Tür hinter sich zu.
Die Mutter stand ratlos vor der verschlossenen Tür. Sie war ja selbst so traurig, als ihre Nachbarin die tote Katze in einer Schachtel vorbeibrachte.
„Zwar ist unsere Murli nicht wieder lebendig zu machen, doch könnte man ja rasch so ein kleines Kätzchen besorgen . . ." Dieser Gedanke tauchte immer wieder auf und plagte Tanjas Mutter den ganzen Vormittag. Da lag die tote Katze in der Schuhschachtel, dort nagte die Angst vor Tanjas Reaktion. Mit einem Mal tauchte die Möglichkeit auf, den Schmerz über die tote Katze mit der Freude über eine neue gut zumachen.
Die Mutter war hin und her gerissen. Doch instinktiv schlug sie sich den Gedanken an eine neue Katze aus dem Kopf. Sie wollte Tanja Zeit lassen.
Ihre beiden größeren Töchter waren noch in der Schule. Ihr Mann war nicht zu erreichen. Und Tanja?
Sie konnte Tanja jetzt nicht alleine lassen. Frau Bauer klopfte leise an die Tür von Tanjas Zimmer, öffnete und trat ein.
Tanja lag auf dem Bett und weinte ganz leise vor sich hin.
Die Mutter setzte sich ans Bett, legte dem Kind die Hand auf den Rücken und streichelte es sanft.
Nach einiger Zeit der Stille drehte sich Tanja um, schmiegte sich an die Mutter. Stille, Wärme, Ruhe. „Wie ist es denn passiert, Mami?"
Tanja wollte es genau wissen.
Die Mutter erzählte Tanja alles, was sie über den Tod von Murli wusste.
Sie musste es oft erzählen und jedes Mal schmiegte sich das Kind fest an die Mutter. Dann wollte Tanja Murli sehen. Lange blieb sie vor der Schachtel stehen. Sie streichelte noch einmal über den kleinen Katzenkörper, der jetzt so komisch steif und wieder struppig vor ihr lag, so struppig schien ihr, wie am ersten Tag ihrer Begegnung.
Gegen Abend ging Tanja mit ihrer Mutter und einer Freundin an jenen Ort, an dem sie die kleine Murli einst gefunden hatte. Sie gruben ein kleines Grab. Die Schachtel hatte Tanja schon zu Hause schön bemalt und mit Steinen ein kleines Kreuz darauf geklebt.

Auf das Katzengrab legte Tanja einen Stein, damit sie die Stelle auch später noch wiederfinden konnte. In den nächsten Tagen war Tanja oft traurig, besonders gegen Abend fehlte ihr Murli sehr. Manchmal holte sie die Fotoalben wieder hervor. *Zusammen mit ihrer Mutter blätterte sie die Seiten durch, gemeinsam erinnerten sie sich an so manche lustige Begebenheit. Es tat gut, auch wieder lachen zu können.*
Nach einigen Wochen dachte Tanja nicht mehr so oft an Murli. Und als das nächste Frühjahr kam, tauchte bei Tanja der Wunsch nach einer neuen Katze auf. Zum Glück hatte sich die Mutter mit der raschen Neuanschaffung Zeit gelassen! Tanja hat den Schmerz und die Trauer über ihre geliebte Katze leben und ausleben dürfen. Jetzt war sie um eine wichtige Erfahrung reicher und frei für Neues.
(SPECHT-TOMANN, M.)

Was hat die Mutter getan, um ihre Tochter in dieser Situation gut zu begleiten? Welche Impulse sind von dieser Geschichte auch auf andere Situationen zu übertragen?
- Einstimmung auf die Situation, vorbereitende Worte, damit Kinder mit einer traurigen Botschaft nicht überfallen werden.
- Klare, unmissverständliche Sprache.
- Wahrnehmen der eigenen Gefühle, Ordnen der eigenen Gedanken.
- Keine vorschnellen Reaktionen, die keinen Trost, sondern nur ein Vertrösten darstellen würden.
- Das Kind nicht allein lassen, Nähe spüren lassen, Tränen und Stille aushalten.
- Genaue Informationen über die Umstände des Todes erst zu dem Zeitpunkt, wenn das Kind danach fragt.
- Geduld und Bereitschaft, den Bericht oft zu wiederholen.
- Gemeinsames Gestalten eines kleinen Abschiedrituals.
- Gemeinsame Erinnerungsarbeit.

Besonders schwer ist es für Kinder, wenn ein Mensch stirbt, den sie lieben. Oft hinterlassen diese Erfahrungen die ersten Erinnerungen an Traurig-Sein (vgl. 3.5). Je näher dieser Mensch dem Kind stand, desto weitreichender werden die Auswirkungen sein. Zum Glück müssen nur wenige Kinder erleben, dass ein Elternteil stirbt oder Geschwister. Häufig ist es der Tod der Großeltern, bei dem Kinder zum ersten Mal den Verlust eines ihnen nahestehenden Menschen erfahren. Kinder spüren sehr oft beim Tod eines Großelternteiles das erste Mal, wie Trauer nicht nur das eigene Herz schwer macht, sondern wie sich die Trauer gleichsam wie ein dunkler Schleier über alle Menschen legt, die ihm wichtig sind. Diese Erfahrungen lassen das Kind aufhorchen. Mit einem Schlag kann die Mama selbst nicht mehr so richtig trösten, weil sie ihre eigene Mutter oder ihren eigenen Vater verloren hat. Das Kind braucht aber Hilfe! In dieser Situation sind es sehr oft Kindergärtnerinnen, Nachbarinnen oder Freunde der Familie, die konkrete Orientierungshilfen anbieten können und gleichsam zu Schlüsselpersonen im Trauergeschehen werden. Je jünger Kinder sind, desto wichtiger ist es, dass der Boden unter ihren Füßen nicht allzu sehr zu schwanken beginnt.

Andreas

Andreas ist vier Jahre alt als sein Opa stirbt. Für den kleinen Jungen ereignet sich etwas, das er nicht versteht.
Jeden Sonntag ist der Opa zu Besuch gekommen, er hat mit seinem Enkel gespielt, hat ihm Geschichten vorgelesen und ihn auch mal auf eine Radtour mitgenommen. Das war für Andreas überhaupt das Schönste! Wie herrlich war es doch da oben auf dem Rad, wenn der Wind um die Ohren blies und die Bäume vorbei tanzten! Die letzten paar Monate wollte Opa nicht mehr mit dem Rad fahren. Andreas hat das nicht verstanden. „Opa, bitte, fahren wir mit dem Rad weg, bitte!" „Andreas, ich bin zu schwach, meine Beine wollen nicht mehr . . .!" Der Opa nahm seinen Enkel in die Arme, doch Andreas war böse. Die dummen Beine vom Opa. Warum wollten die denn nicht mehr Radfahren. Und warum war der Opa so langweilig und so oft müde?
Die Krankheit des alten Mannes nahm einen raschen Verlauf. Die Eltern erklärten Andreas, dass der Opa nun nicht mehr am Sonntag kommen könne. Statt dessen wollten sie ihn besuchen gehen. Als Andreas seinen Opa im Bett liegen sah, setzte er sich gleich zu ihm und streichelte seine Hand. „Opa, du wirst bald wieder gesund, du musst nur brav im Bett bleiben." Der Opa lächelte müde. „Andreas, ich bin zu alt und auch zu krank." Der kleine Junge malte seinem Opa Bilder, er brachte ihm Steine und Kuscheltiere mit. Andreas wollte doch, dass sein Opa wieder mit ihm lustig sein konnte. Dann starb der Großvater.
Die Mutter nahm Andreas in die Arme. Sie wiegte ihn sanft und sagte in ruhigen, klaren Worten: „Andreas, heute Nacht ist Opa gestorben."
Andreas schaute auf und sah die Tränen der Mutter. „Mama . . .?"
Die Mutter erklärte Andreas, dass sie traurig sei, weil der Opa gestorben war.
Mit einem Mal war es so still im Raum. Andreas wurde es ganz unheimlich. Er glitt vom Schoß seiner Mutter. Er lief in sein Zimmer. Dort nahm er seine Spielautos und ließ sie alle ganz wild herumfahren. Laut und wild, rasend schnell sollten sie fahren . . . Er stieß die Autos herum, dann warf er eines in die Ecke, noch eines und noch eines. Immer heftiger schleuderte er die Autos im Zimmer herum, bis er plötzlich in Tränen ausbrach.
Seine Mutter kam zu ihm ins Zimmer. Sie setzte sich zu ihm auf den Boden und schaute in sein kleines verheultes Gesicht. Sie strich ihm sanft über das Haar.
„Wann kommt der Opa wieder, Mama?" „Andreas, der Opa ist tot. Er kommt nicht mehr." Andreas schmiegt sich an die Mutter. „Warum kommt er nicht mehr, Mama?" „Der Opa ist tot."
Frau S. fiel es schwer, auf die immer wiederkehrenden Fragen ihres Sohnes ruhig und geduldig zu antworten. Sie war ja selbst so traurig! Und im Grunde konnte sie es ja auch nicht so recht begreifen, dass ihr Vater, dieser große, starke Mann tot war.

Als das Begräbnis näher rückte, überlegte die Familie, ob es sinnvoll sei, Andreas mit zur Beerdigung zu nehmen. Tante Andrea meinte, dass sei doch nichts für Kinder; die Oma aus I. fand, der Kleine könne in der Zeit doch besser im Kindergarten bei den anderen Kindern spielen; Onkel Hans wollte, dass Andreas ganz vorne beim Trauerzug dabei sein sollte.

Da erinnerte sich die Mutter von Andreas, wie traurig sie als Kind war, als sie beim Begräbnis ihrer Oma „verschickt" wurde und wie böse sie damals auf ihre Eltern war. Sie erzählte das ihrem Mann und die beiden beschlossen, Andreas mitzunehmen.

Die Vorbereitungen für das Begräbnis nahmen ihren Lauf. Die Karten wurden gedruckt und in einer großen Familienrunde wurde eine lange Adressenliste erstellt. Tante Andrea kochte Kaffe und gemeinsam ging man an das Beschriften der Briefumschläge. Dabei tauchten einige Geschichten über Opa auf, man kam ins Erzählen, war traurig, dann wieder löste sich die Spannung in einem gemeinsamen Lachen über Heiteres aus der Vergangenheit.

Einen Tag vor dem Begräbnis ging die Mutter mit Andreas spazieren. Sie erklärte ihm, was beim Begräbnis alles geschehen werde. Sie fragte ihn, ob er vielleicht ein Bild für Opa malen wolle, das er dann mit den Blumen zusammen dem Opa auf den Sarg legen könne.

Die Stunden vor dem Begräbnis war Andreas sehr aufgeregt. Die angespannte Atmosphäre zu Haus übertrug sich auf das Kind. Zum Glück war Sarah da, die junge Nachbarin.

Frau S. war über dieses Angebot der Nachbarin, Andreas in der Zeit rund um das Begräbnis zu betreuen, sehr froh und sie konnte es dankbar annehmen.

Am Friedhof war Andreas von den vielen schwarz gekleideten Menschen, den Blumen und den Tränen überwältigt. Er suchte die Nähe seiner Mutter. Für einige Zeit war er nicht von ihrer Seite zu bringen. Doch schließlich konnte er sich lösen und stand an der Hand von Sarah dicht neben den Eltern. In seiner kleinen Hand hielt er ein Bild. Er hatte dem Opa ja ein Bild gemalt – ein Fahrrad! „Sarah, ich hab dem Opa ein Bild gemalt. Schau, das tolle Fahrrad . . . Jetzt kann er auch im Himmel Radfahren", fügte er leise hinzu. Sarah drückte seine Hand und lächelte.

Etwas scheu und zögernd stand Andreas dann vor dem offenen Grab und warf sein Bild auf den Sarg von Opa. Dann wollte er rasch weg. Er zog Sarah an der Hand und wollte weglaufen. Sarah machte mit Andreas einen kleinen Spaziergang durch die angrenzenden Grabreihen. Sie entdeckten schöne Blumen, kleine Figuren und langsam löste sich die große innere Spannung des Kindes.

Die folgende Zeit war schwer. Frau S. litt selbst sehr unter dem Tod ihres Vaters. Sie war traurig. Die Kinderfragen ihres Sohnes waren nicht leicht zu beantworten.

„Wo ist Opa jetzt?" – „Sein Körper ist begraben. Sein Lachen ist im Himmel."

„Warum ist Opa tot?" – „Opa war sehr, sehr, sehr krank."

Immer wieder kamen die gleichen Fragen und Frau S. musste viel Geduld aufbringen, ihrem Kind immer wieder die gleichen Antworten zu geben.

Es konnte passieren, dass Andreas sein Spiel plötzlich unterbrach und zu seiner Mutter stürzte:

„Mami, aber zu meinem Geburtstag, da wird der Opa schon wiederkommen. Wir werden Radfahren." – „Nein, Andreas, der Opa wird nicht kommen. Der Opa ist tot."

Immer wieder störten die Fragen von Andreas, seine Schwierigkeiten, die Endgültigkeit des Todes seines geliebten Großvaters zu verstehen, die Mutter im Erleben ihres eigenen Trauerprozesses.

Sie war froh, dass es Sarah gab! Die junge Nachbarin war der ganzen Familie eine Stütze. Ihr einfaches Da-Sein erleichterte die Situation.

Sie sorgte dafür, dass Andreas seine lieben kleinen Gewohnheiten beibehalten durfte, für die die Mutter weder Kraft noch Nerven aufbringen konnte. Sie schaute, dass Frau S. genügend Zeit hatte, für sich allein zu sein, um sich in Ruhe innerlich von ihrem Vater verabschieden zu können.

Manchmal gingen alle gemeinsam auf den Friedhof und stellten eine Kerze ans Grab des Großvaters. Der Vater hatte ein kleines Rosenbäumchen gekauft, das sie nun aufs Grab pflanzten. „Das gefällt dem Opa!", jubelte Andreas!

Dann rückte der Geburtstag von Andreas immer näher. Das Kind freute sich schon sehr darauf. Eines Tages fragte er:

„Du Mami, wird der Opa wirklich nicht mehr kommen?" – „Nein, Andreas, der Opa ist tot."

„Auch nicht an meinem Geburtstag?" – „Nein, Liebes, der Opa kann nicht mehr kommen, er ist tot. Aber im Himmel wird er an dich denken, bestimmt!"

Die Mutter nahm Andreas an der Hand und führte ihn ins Wohnzimmer. Da stand ein Bild vom Opa auf dem Regal. Das Foto zeigte den Opa, wie er mit seinem Enkel auf dem Rad unterwegs war. Gemeinsam schauten Andreas und die Mutter das Bild an. Andreas weinte und auch Frau S. kamen die Tränen.

Sie umarmten sich. Eine kurze Zeit standen sie eng aneinander geschmiegt und schauten das Foto an. Dann löste sich Andreas von der Mutter und sprang sichtlich erleichtert zurück in sein Zimmer . . .

(SPECHT-TOMANN, M.)

Was hat die Mutter getan, um ihren Sohn in dieser Situation gut zu begleiten? Welche Impulse sind von dieser Geschichte auch auf andere Situationen zu übertragen?

- Mit klaren, einfachen Worten über die Tatsache des Todes sprechen: „Tot ist tot." Geduld gegenüber den immer wiederkehrenden Fragen. Einfache immer gleichlautende Antworten.
- Körperliche Nähe spüren lassen.
- Die eigenen Gefühle und Reaktionen dem Kind gegenüber beim Namen nennen. „Mama weint, weil Opa tot ist. Mama ist traurig."
- Gute Wahrnehmung der kindlichen Gefühle und Verständnis für unterschiedliche Reaktionsweisen (z. B. Aggression als eine Form der Trauer).
- Den eigenen Kindheitserinnerungen nachspüren.
- Einstimmung auf die Rituale, an denen das Kind teilnehmen wird und Einbeziehen des Kindes bei den Vorbereitungen (z. B. Anbieten von Möglichkeiten, für die verstorbene Person noch „etwas zu tun").
- Suche nach Unterstützung im sozialen Umfeld für sich selbst und für das Kind („Soziales Netz").
- Gemeinsames Tun (z. B. Grabbesuche, Kerzen aufstellen).

- Hilfestellung, dass die verstorbene Person zu einer inneren Figur werden kann (Erinnerungsarbeit).

Kinder und Jugendliche knüpfen unterschiedlichste Beziehungen zu Menschen ihrer Umgebung. So entstehen im Laufe der Zeit Kinderfreundschaften, die oft ein Leben lang halten. Es entwickeln sich Beziehungen zu Nachbarn, die auch dann tragfähig bleiben, wenn die Ablösung von zu Hause schon längst begonnen hat. Wird nun aus diesen Beziehungen ein Mensch herausgerissen und stirbt, so sind das einschneidende und oftmals schwer zu verkraftende Ereignisse. Hier spielt wiederum – wie schon so oft erwähnt – das Alter der Kinder eine große Rolle.
Das Kind erweitert Schritt für Schritt seinen Horizont und tritt aus dem geschützten Umfeld der Kernfamilie heraus, es knüpft zu anderen Kindern Kontakte und orientiert sich immer stärker an Gleichaltrigen. Die Suche nach der eigenen Identität beginnt. Oft ist es die beste Freundin, der beste Freund, der zum wichtigsten Menschen auf der Welt wird. Stirbt dieser Mensch, brechen Welten zusammen und die eigene Entwicklung – ja das eigene Leben – kann sinnlos erscheinen. In so einem Fall wird die Frage der Trauerbewältigung oft zu einer Frage des seelischen Überlebens und der gesunden Weiterentwicklung.

Jörg

Jörg und Thomas waren seit vier Jahren unzertrennliche Freunde. Damals vor vier Jahren waren sie gerade 10 Jahre alt und Thomas kam neu in die Klasse. Es war nicht leicht für den etwas zurückhaltenden, zarten, sehr gescheiten Jungen sich in eine Klassengemeinschaft einzufügen, in der sich die meisten Kinder bereits aus dem Kindergarten kannten. Doch dann kam er neben Jörg zu sitzen. Jörg war ein Träumer. Er konnte stundenlang beim Fenster hinausblicken, dem Spiel des Windes in den Zweigen der großen Trauerweide zuschauen. Die Worte der Lehrerin berührten kaum seine Ohren. Thomas fand das seltsam, er wollte alles wissen, konnte gar nicht genug bekommen von den Worten der Lehrer. Doch irgendwie fand er die Gespräche mit Jörg interessant und bald schon wurden sie zu guten Freunden. Die Kinder wuchsen heran. Der eine legte seine Träumerei mehr und mehr ab, ging aus sich heraus und wurde aktiver Sportler, der seine Freizeit in der Sporthalle verbrachte. Der andere baute seine intellektuellen und künstlerischen Fähigkeiten aus, verbrachte seine Freizeit mit seiner Gitarre, blieb aber sozial zurückgezogen.
Jörg und Thomas waren zwei sehr unterschiedliche Freunde und doch unzertrennlich. Sie konnten miteinander reden und schweigen, Spaß haben und Streiten, Lachen und Träumen. Sie hatten große Pläne für die Zukunft, wollten gemeinsame Reisen machen und die Welt erobern. Doch dann ...
... Es war ein wunderschöner Sommertag, Jörg kam von einer Reise nach Hause zurück und freute sich schon auf das kommende Wochenende. Da sollte Thomas

kommen und die beiden wollten Zelten. Wie die Jahre zuvor wollten sie an „ihrem" Platz im Wald das Zelt aufstellen. Es würde viel zu besprechen geben, denn eine gemeinsame Frankreichreise stand auf dem Plan . . .
Jörg stand auf der Wiese vor dem Haus seines Onkels. Er sah seine Mutter aus dem Haus kommen. Seltsam, sie schien ihm so verändert, sie ging so langsam und . . . als sie näher kam, sah Jörg, dass sie weinte. Er konnte sich nicht vorstellen, warum seine Mutter in Tränen aufgelöst war.
Dann kam sie näher, ging auf ihn zu, hielt ihn an den Schultern und flüsterte: „Jörg, etwas sehr Schlimmes ist passiert. Thomas hatte einen Unfall. Er ist tot."
„Tot-tot-tot-tot" – wie ein schreckliches Echo hallte dieses Wort durch Jörgs Kopf. Dann schüttelte er sich. „Tot? Thomas? – das kann nicht sein, Mami!" – „Doch, Thomas hatte einen Radunfall. Ein Auto . . . Thomas hatte keine Chance. Er war auf der Stelle tot."
Die Mutter versuchte trotz der eigenen großen Betroffenheit ihrem Sohn in aller Klarheit zu sagen, dass sein Freund tot ist. Sie hielt ihn an den Schultern, spürte wie sich sein ganzer Körper anspannte, hart wurde. Sie blieb stehen und hielt ihn fest.
Dann spürte sie, wie Jörgs Körper erschlaffte, seine Schultern gaben nach und sein Kopf fiel zur Brust. Ein stummes Schluchzen schüttelte den Körper des Jungen. Er ließ sich von seiner Mutter halten. Doch wieder und wieder spannte er seine Muskeln, warf den Kopf hoch und rief: „Nein, Thomas ist nicht tot, das kann nicht sein." – „Jörg!" Die Mutter versuchte, ihrem Sohn in die Augen zu schauen, „Jörg! Willst du bei den Eltern von Thomas anrufen, seine Mutter möchte dich sprechen."
Gemeinsam gingen Jörg und seine Mutter in das Haus des Onkels. Mechanisch griff Jörg zum Telefon. Mechanisch wählte er die Nummer. Die Mutter ging aus dem Zimmer.
Nach einigen Minuten kam Jörg in den Flur. „Ich möchte jetzt zu Britta (der Mutter von Thomas), sie wartet auf mich. Kannst du mich hinbringen?" Die Mutter ging mit Jörg zum Auto. Es gab keine andere Möglichkeit, als selbst zu fahren, niemand war da, der nicht genauso betroffen vom Tod des Jungen war.
Sie wollte ihren Sohn begleiten, konnte und wollte ihn jetzt nicht allein lassen und sie wusste, dass er jetzt in das Haus der Familie seines Freundes gehörte.
Die Mutter stieg mit Jörg zusammen aus. Alles war so unwirklich. Konnte denn die Welt noch so aussehen wie immer, konnte dieses Haus noch so stehen wie immer, wo doch Thomas tot war? Sie schauten sich an und wussten, der andere denkt das gleiche. Wie lang der Weg durch den Garten war. Und wie lange es dauerte, bis Britta aufmachte. Wortlos nahm sie Jörg in den Arm. Kein Ton schien auf der Welt zu sein, nur das Schluchzen der beiden!
Es wurde nicht viel geredet an diesem Abend.
Die Großeltern von Thomas waren auch im Haus, eine Teekanne stand auf dem Tisch und es tat gut, ein paar Schluck heißen Tee zu trinken. Eine Kerze brannte. „Und wie . . .", Jörg wollte es wissen. Wie war es geschehen, warum und wo.

Zu Hause in seinem Zimmer warf sich Jörg auf sein Bett. Er fühlte sich leer und ausgebrannt. Sein Kopf schmerzte und eigentlich hatte er gar nichts begriffen.
Seine Eltern setzten sich zu ihm ans Bett. Sie blieben lange da, schwiegen, berührten dann und wann den Rücken von Jörg, schauten ins Dunkel. Als Jörg eingeschlafen war, deckten sie ihn zu, löschten das Licht.

Die folgenden Tage waren dunkel und schwer. Unerbittlich strahlte die Sonne vom blauen Himmel – doch für Jörg war es kalt. Er saß stundenlang in seinem Zimmer, er hatte ein Bild von Thomas vor sich auf dem Schreibtisch. Und er hörte immer dieselbe Musik, es war die Musik, die Thomas auch so gern mochte. Diese Musik war nicht traurig, sie war sehr rhythmisch, sehr fröhlich und lebendig. Diese Musik dröhnte aus dem Zimmer von Jörg.

Seine Eltern hielten es kaum aus!

Wie konnte ihr Sohn nur so laut Musik hören, so eine fröhliche, heitere Musik! Aufgebracht stürmte der Vater in das Zimmer von Jörg und wollte schon „Leiser, um Gottes willen, leiser!" rufen – doch da sah er seinen Sohn. Jörg saß am Boden, er schaute zum Fenster hinaus, doch eigentlich schaute er ganz wo anders hin. Er saß regungslos und sein Gesicht war tränennass.

Da begriffen die Eltern, dass diese Musik etwas mit Thomas zu tun hatte und dass sie Jörg nicht stören durften. Die Mutter brachte eine Kerze. Sie stellte sie neben das Bild von Thomas.

Kurz schaute Jörg auf. Er zog sich am Tisch hoch, griff in die Hosentasche und zog ein Feuerzeug heraus. Er zündete die Kerze an. „Danke , Mami!" Er lehnte den Kopf an die Schulter seiner Mutter.

Sie strich ihn über das Haar, nur ganz leicht.

Für das Begräbnis wollte sich Jörg nicht an die üblichen Kleidervorschriften halten. Er wollte sich weiß anziehen: eine weiße Hose und ein weißes Hemd. Und eine Sonnenblume wollte er Thomas ins Grab legen.

Die Eltern wollten schon widersprechen. Doch dann sahen sie die Entschlossenheit im Gesicht ihres Sohnes und spürten, dass es für Jörg ganz wichtig war, selbst zu bestimmen, wie er seinen Freund auf dessen letztem Weg begleiten wollte.

Britta rief an und bat Jörg, schon früher in die Aufbahrungshalle zu kommen. Sie wünschte sich, den besten Freund ihres Sohnes an ihrer Seite, sie wollte mit ihm zusammen vor dem Sarg stehen.

Die Familie von Jörg brachte Jörg zu Britta und zog sich zurück. Es fiel ihnen nicht leicht, ihren Sohn so tief in das Leid dieser Familie verstrickt zu sehen. Und doch spürten sie intuitiv, dass es für beide gut so war.

Am Abend nach dem Begräbnis saßen alle um den Küchentisch. Sie erzählten von ihren Eindrücken.

Es war so ein erschütterndes und ergreifende Begräbnis, an dem so viele Kinder, Jugendliche und Familien mit kleinen Kindern teilnahmen. Und wie gut das Weiß gepasst hatte! Viele Kinder trugen bunte Sommerkleider und ließen Luftballons in den Himmel fliegen. Es waren traurig-schöne Bilder, die wohl niemand jemals vergessen würde!

Der Sommer wurde eine schwere Zeit für Jörg. Mit dem Tod von Thomas war alles so anders geworden. Er fühlte ein riesiges Loch in sich. Niemand konnte den Platz füllen. Die Ferien waren auch so unwichtig geworden. Lustlos nahm er an einem Ferienaufenthalt seiner Familie in Italien teil.

Immer wieder versuchten die Eltern mit Jörg ein Gespräch zu beginnen. Doch außer knappen Antworten oder Achselzucken kam nichts. Dennoch hielten sie die Gesprächsangebote aufrecht.

Sie luden Jörg zu Strandspaziergängen ein, zu Wettschwimmen, zu Ausflügen . . . Selten nahm Jörg die Angebote an, viel öfter zog er sich mit einem Buch zurück. Er legte sich in den Sand und versank stundenlang in der Welt der Buchstaben.

Der Schulanfang rückte näher. Jörg fürchtete sich davor, wieder in die Klasse zu kommen und alle anderen zu sehen. Er wollte nicht über die Sache mit Thomas reden. Und er wollte auch keinen neuen Sitznachbarn bekommen. Als er in die Klasse kam, wurde er von seinen Mitschülern umringt.

Der Klassenlehrer ging auf Jörg zu und fragte ihn, ob er vielleicht ein Foto von Thomas mitbringen könnte, er wolle es gerne aufhängen.

Und so geschah es auch, Jörg brachte ein Foto mit. In einer kleinen Feier wurde über Thomas gesprochen, Texte gelesen und ein Abschiedslied gesungen. Das Foto von Thomas erhielt einen Ehrenplatz in der Klasse und sollte die Jugendlichen bis zum Ende ihrer Schulzeit begleiten.

In den darauf folgenden Wochen fiel Jörg immer wieder in seine „uralten" Muster zurück. Er saß da und schaute zum Fenster hinaus. Er träumte vor sich hin, und alle Worte der Lehrer schienen an ihm vorbei zu ziehen. Seine Leistungen ließen nach, seine Sportbegeisterung auch. Jörgs Eltern machten sich Sorgen um ihren Sohn. Sie wussten nicht, wie sie ihm helfen konnten. Die Mutter hatte regelmäßigen Kontakt zu Britta, der Mutter von Thomas. In einem ihrer Gespräche fragte Britta zögernd an, ob nicht Jörg vielleicht wieder einmal vorbeischauen wollte. Sie würde gern das Zimmer von Thomas umstellen, da könnte sie Jörgs Hilfe brauchen.

Die Mutter stimmte einem Besuch von Jörg im Elternhaus von Thomas zu.

Als Jörg nach Hause kam, erzählte er seiner Mutter, dass er einige Sachen von Thomas geschenkt bekommen habe. Er trug einen Pullover von Thomas und hielt ein Gedicht in Händen, das Thomas geschrieben hatte. Von diesem Tag an ging er regelmäßig in das Haus seines verstorben Freundes, er nahm wieder stärker am Leben teil und sucht seine alten Sportkameraden auf.

Den Eltern von Jörg schien es, als würde der Boden unter seinen Füßen allmählich wieder fester.

Der Kontakt zu den Eltern von Thomas war zur Bewältigung des übergroßen Schmerzes von Jörg wichtig. Nur die Eltern von Thomas konnten wirklich nachvollziehen, was auch Jörg spürte – diese schreckliche Wunde tief in der Seele, die der Tod von Thomas gerissen hatte: Sie hatten ihren Sohn verloren, Jörg seinen besten Freund – ja einen Teil seiner selbst.

(SPECHT-TOMANN, M.)

Was haben die Eltern getan, um ihren Sohn in dieser Situation gut zu begleiten? Welche Impulse sind von dieser Geschichte auch auf andere Situationen zu übertragen?

- Halt geben durch Körperkontakt.
- Klare Informationen, kein Aufschieben, kein „Schonen".
- Eigene Gefühle zeigen.
- Da – Sein, schweigend Anteil nehmen.
- Scheinbar unverständliche Trauerreaktionen aushalten.
- Anteilnahme durch Setzen eigener kleiner Trauergesten signalisieren.
- Unkonventionelle Formen des Umgangs mit den Trauerritualen akzeptieren.

- Geborgenheit in der Gemeinschaft der Familie erfahrbar machen, Erlebtes einander mitteilen.
- Möglichkeiten der Hilfestellungen überlegen und deren Umsetzung unterstützen.
- Genaues Hinspüren und Wahrnehmen, wie sich der Prozess der Trauer verändert und Wunden sich langsam schließen.

Diese vier Fallbeispiele haben einen Einblick in die *vielfältigen Reaktionsweisen* trauernder Kinder gegeben und Möglichkeiten aufgezeigt, wie man konkret reagieren und *Hilfestellungen* anbieten kann. Dennoch gibt es keine Patentrezepte für eine gute adäquate Begleitung trauernder Kinder. Jeder Trauerfall ist anders und jedes Kind kann wiederum ganz anders reagieren als ein anderes Kind in vergleichbarer Situation. Bei der Begleitung trauernder Kinder und Jugendlicher ist es besonders wichtig, dass man die Bereitschaft hat, einen unbekannten Weg gemeinsam mit dem Kind zu gehen. Wie dieser Weg aussieht und welche Ereignisse hinter der nächsten Wegbiegung auf Trauernde und Ihre Begleiter warten, bleibt zunächst unklar. Je breiter das Repertoire an möglichen Reaktionen und Hilfestellungen ist, desto sicherer wird sich ein Begleiter fühlen und desto eher wird er in der gegebenen Situation „richtig" reagieren können. Die Liebe zum trauernden Kind, der Respekt vor seiner Persönlichkeit und seinem individuellen Trauerverhalten sollte die Grundlage jeder Trauerbegleitung sein!
Nicht immer können Kinder und Jugendliche mit ihren Verlusterfahrungen zurecht kommen. Nicht immer genügt es, dass die Menschen ihrer engeren und weiteren Umgebung liebevoll und verständnisvoll mit ihnen umgehen. Es gibt Situationen, in denen eine professionelle Hilfe unbedingt notwendig ist. Das ist kein Armutszeugnis für die Familie und den Freundeskreis. Das ist auch keine Niederlage für Nachbarn und Lehrer. Und es hat auch wenig Sinn, zu fragen: „Warum kann Maria mit dem Verlust des Vaters so gut umgehen und warum scheint Claudia am Tod ihrer entfernt verwandten Tante schier zu zerbrechen?" Tatsache ist eben, *dass* Maria keine professionelle Hilfe braucht. Tatsache ist auch, *dass* Claudia diese Hilfe sehr wohl dringend benötigt. Woran kann man das merken? Folgende Liste fasst jene Anzeichen zusammen, bei deren Auftreten man eine Fachfrau/einen Fachmann (Arzt, Psychologen, Psychotherapeuten . . .) zu Rate ziehen sollte.

Mögliche Anzeichen für notwendige, therapeutische Hilfestellung

- Extreme Verhaltensänderungen; das Kind scheint „wie ausgewechselt".
- Unverhältnismäßig heftiges Weinen oder häufige Wutausbrüche über einen langen Zeitraum hinweg.
- Lang anhaltende Phasen des Rückzugs und der Niedergeschlagenheit.
- Ungewöhnliche Schweigsamkeit.
- Kein Interesse oder Freude an Aktivitäten, die früher Spaß gemacht haben.
- Alpträume, Schlafstörungen, Appetitlosigkeit und Gewichtsverlust.
- Häufige Kopfschmerzen oder andere psychosomatische Störungen.
- Ständige negative Gedanken über die Zukunft und das eigene Leben.
- Deutliche Verschlechterung der schulischen Leistungen.

Professionelle Begleitung ist angezeigt bei:

- Tod eines Elternteiles;
- Tod von Geschwistern;
- Eigene chronische Erkrankung/zum Tode führende Erkrankung;
- Scheidungen.

Mit dem Tod eines *Elternteiles* bricht für ein Kind die Welt seiner Kindheit auseinander. Es verliert eine wesentliche Quelle der Liebe und Zuneigung. Durch die Betroffenheit der ganzen Familie und besonders des überlebenden Elternteiles, sind viele Kinder in dieser für sie als existentielle Bedrohung erlebten Situation allein. Der Tod eines Elternteiles lässt Kinder und Jugendliche „entwurzelt, leer, haltlos, voller Angst, vom Leben abgeschnitten und vereinsamt" zurück.

Was ist zu tun?

Vielfältige Trauerreaktionen akzeptieren, zulassen und unterstützen. Hilfestellungen anbieten, die Kinder und Jugendliche aktiv sein lassen (noch etwas für den verstorbenen Menschen tun können), Gesprächsbereitschaft signalisieren und sich gemeinsam den Schuldfragen, den Aussagen „hätte ich doch ...", „könnte ich doch ..." stellen. Das Kind/den Jugendlichen alles das aussprechen lassen, was im Inneren verborgen ist. Anregungen durch Erinnerungsarbeit, den verstorbenen Elternteil zu einer inneren Figur werden zu lassen.

Der Tod von *Geschwistern* geht Kindern und Jugendlichen sehr nahe. Sie müssen schmerzlich erfahren, wie das vertraute Familiengefüge sich verändert, ja manchmal gar auseinander zu brechen droht. Auch

die große Betroffenheit der Eltern ist für viele Kinder schwer zu ertragen. Freude, Lachen, gemeinsame Aktivitäten – alles scheint aus dem Leben verbannt, wenn ein Kind in einer Familie stirbt.
Was ist zu tun?
Gemeinsamkeiten betonen: gemeinsames Trauern, gemeinsames Tun, gemeinsames Erinnern. Kindern das Gefühl geben, dass sie wahrgenommen werden. Sie sollen in alles einbezogen statt ausgegrenzt werden. Wichtig ist auch körperliche Nähe, viel Lob und Anerkennung sowie Unterstützung, am „normalen Leben" teilzunehmen. Kinder brauchen unbedingt Klarheit über die Todesursache. Sie brauchen auch die Möglichkeit, über negative Gedanken oder Schuldgefühle zusprechen. Vorsicht vor einer Idealisierung des/der Toten – die zurückbleibenden Kinder können sich dadurch zurückgesetzt und ungeliebt fühlen! Viel besser ist es, in gemeinsamen Erinnerungen eine lebendige, realistische Sicht des verstorbenen Kindes zu bekommen.

Die Trauer während der letzten Lebenszeit eines *todkranken Kindes* hat einen ganz besonderen Charakter und eine eigene Dynamik. Vom Leben Abschied zu nehmen, ist in jedem Alter schwer. Besonders schwer und traurig ist es aber, wenn es sich um einen „unzeitgemäßen" Tod handelt – einen Tod in einer Lebensphase, in der Wachstum, Blühen und Entwicklung im Vordergrund stehen sollten. Bei Kindern und Jugendlichen, die durch eine schwere Erkrankung mit dem Tod konfrontiert sind, kommt es zu einer Verschränkung von Sterbe- und Trauerprozess (vgl. SPECHT-TOMMANN, M., TROPPER, D.: Wir nehmen jetzt Abschied. Patmos 2000). Es würde den Rahmen dieses Buches sprengen, auf das sensible Thema der Sterbebegleitung von Kindern einzugehen. Dazu gibt es eine Reihe einschlägiger Veröffentlichungen (vgl. Literaturverzeichnis). Hier sei nur darauf verwiesen, dass in aller Regel nicht nur die erkrankten Kinder, sondern auch deren Familien eine Begleitung durch Fachkräfte brauchen. Wichtig ist auch, dass ein soziales Netz (Freunde, Nachbarn, Ärzte, Priester, Verwandte) aktiviert wird, auf das sich die Betroffenen verlassen können und das ihnen in schweren Stunden Halt und Stütze gibt.
Der Verlust eines Elternteiles muss nicht immer Tod bedeuten. Auch bei Scheidungen erleben Kinder einen Bruch der Familie, einen Riss, der oft mitten durch ihren Körper zu gehen scheint. Es sind häufig schwierige Trauerprozesse, durch die Scheidungskinder gehen müssen. Der Weg von der Auflehnung zur Annahme ist oft sehr steinig und kann ohne professionelle Hilfe in vielen Fällen nur unzureichend be-

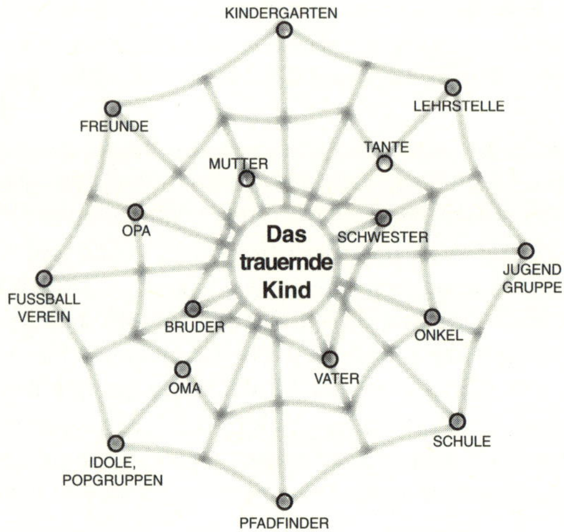

Abb. 16: Soziales Netz

wältigt werden. Gerade bei *Scheidungen* kann es sinnvoll sein, den Kindern die Möglichkeit zu geben, mit unbeteiligten Dritten ihre Situation aufzuarbeiten.
In vielen Ländern bestehen sog. rainbow-Gruppen, die es sich zur Aufgabe gemacht haben, Scheidungskindern zur Seite zu stehen. Sie bieten Aussprache, Beratung und verschiedene Gruppenaktivitäten an. Auch bei anderen Verlusterlebnissen können diese Beratungsstellen als erste Anlaufstellen dienen.
Nachstehende Beispiele sollen einen kleinen Einblick in die Welt von Jugendlichen geben, deren Kindheit von Trauer durchzogen war. Sie können das Erlebte zwar klar ausdrücken, die Trauer selbst scheint jedoch nicht gelöst. Hier wäre eine Hilfestellung dringend angesagt! Diese verschleppten Trauergeschichten beeinträchtigen die Lebensqualität, ziehen wichtige Lebensenergie ab und lassen jeden neuen Verlust zu einer echten Bedrohung für das seelische Gleichgewicht werden.

Als ich 10 Jahre war, starb meine Schwester an Leukämie. Sie war schon lange sehr krank. Doch meine ältere Schwester und ich durften in den letzten Wochen nicht mehr zu ihr. Zu Hause war es still und niemand redete laut. Wenn ich einmal lachte, sah mich mein Vater strafend an und meine Mutter weinte. Als Monika starb, wurde es noch schlimmer. Meine Mutter verbrachte jeden Tag viele Stunden am Grab. Zu Hause zog sie sich in ihr Zimmer zurück. Sie konnte sich um nichts mehr kümmern. Unser Vater versorgte den Haushalt so recht und schlecht, und eine Nachbarin

kochte für mich und meine Schwester. Wochen vergingen, doch meine Mutter schien in Gedanken nur bei Monika zu sein. Sie hatte ein Foto aufgestellt und stellte jeden Tag eine frische rote Rose vor das Bild. Mit uns sprach sie kein Wort über Monika. Manchmal nahm sie uns in den Arm und weinte.
Zu Weihnachten schenkte Vater meiner Mutter ein großes Ölbild von Monika, das er extra malen ließ. Dieses Bild bekam im Wohnzimmer einen Platz. Aber mit dem Bild zog auch die Traurigkeit in das Wohnzimmer. Es durfte nur mit gedämpfter Stimme gesprochen werden und lautes Lachen war überhaupt verboten. „Unsere Monika kann nicht mehr lachen ...", sagte meine Mutter mit tränenerstickter Stimme. In mir staute sich eine große Wut an. Warum durfte ich kein ganz normales Kind sein, lachen, toben und mich meines Lebens freuen? Nur weil Monika gestorben ist? Ich bekam eine Wut auf meine Eltern und auch auf Monika – aber sagen konnte ich das nur meiner Schwester. Doch sie war ja schon älter und viel außer Haus, hatte auch bald einen Freund und lief von diesem „schwarzen Trauerhaus" einfach davon.
Im Sommer durfte ich nicht mit ins Ferienlager. Ich musste zu Hause bleiben, „damit Mutter nicht so einsam ist". Oft träumte ich vom Meer und den Dünen. Wie schön müsste es jetzt am Meer sein. Einmal träumte ich, dass die ganze Familie in einem kleinen Ferienhaus am Meer Urlaub machte. Wir saßen alle in diesem Haus, alles war still und wie von sehr weit weg hörten wir das Lachen der Kinder, das Rauschen des Meeres und das Kreischen der Möwen. Die Fensterläden waren zu und eine unheimliche Dunkelheit lag über den Räumen. Nur da und dort fand ein Sonnenstrahl seinen Weg durch die Jalousien. Mutter weinte. Vater starrte zu Boden. Mir ging die Luft aus. Ich fühlte mich so abgeschnitten vom Leben.
Die Jahre sind vergangen. Ich bin zum Studium in die Stadt gezogen. Das Verhältnis zu den Eltern ist schwierig. Ich gehe nicht gerne zurück ins Elternhaus. Im Wohnzimmer hängt noch immer das Bild von Monika. Heute frage ich mich, warum uns damals niemand geholfen hat ...
(Karina, 24 Jahre)

Ich war 10 Jahre alt, als meine Mutter starb, die ich sehr lieb hatte. Sie war viele Wochen im Krankenhaus, doch dann war sie wieder zu Hause. Sie musste viel liegen und konnte nichts machen. Meine Cousine hat den Haushalt gemacht. Meine Mutter war sehr schwach, doch ich durfte immer zu ihr, und dann saß ich am Bett und hielt ihre Hand. Sie war sehr krank, das wusste ich schon – aber ich dachte immer, dass sie bald wieder aufstehen werde.
Als ich dann an einem Montag von meiner Cousine von der Schule abgeholt wurde, war alles so anders und still. Zu Hause kam mein Vater auf mich zu. Er weinte. Ich fragte, was los sei. Sie sagten mir, dass meine Mutter heute gestorben war. Ich wollte es nicht wahr haben. Ich lief in ihr Zimmer und als ich sah, dass sie sich nicht mehr rührte, begann ich fürchterlich zu heulen. Ich war so mit den Nerven am Ende, dass mein Vater unseren Arzt anrief. Der gab mir eine Beruhigungsspritze.
Beim Begräbnis musste mich meine Tante zurückhalten und mit mir vom Friedhof weggehen, weil ich sonst ins Grab hinein gesprungen wäre. Seit diesem tragischen Tod ziehe ich meistens Schwarz an. Für mich ist die Zeit stehen geblieben und irgendwie meine ich immer, dass meine Mutter doch wiederkommen müsse. Mein Vater macht sich große Sorgen um mich und hat Angst, dass ich mir etwas antue.
(Anonym, 15 Jahre)

Wenn ich an meine Kindheit denke, gab es viele Ereignisse, die mich oft sehr traurig stimmten, auch heute noch. Aber alles war nicht nur „ein" Ereignis, sondern eine Summe im Laufe der Jahre. Mein Vater war schwerer Alkoholiker, meine Mutter und mein großer Bruder wurden von ihm geschlagen. Meine Mutter auch sexuell misshandelt. Mein Vater verleitete meine Schwester und mich und meine Geschwister zum Diebstahl. Meine Mutter wollte diesem Schrecken damals ein Ende bereiten, indem sie sich mit uns Kindern und einem Küchenmesser bewaffnet auf den Weg „davon" machte. Dann kam die Scheidung und wenn ich meinen Vater heute sehe, tut er, als ob er von nichts wüsste und prahlt mit seinen Gaben und positiven Eigenschaften, die wir Kinder heute besitzen und die uns eigentlich meine Mutti anerzogen hat. Das stimmt mich auch heute oft noch traurig, obwohl es eigentlich schon lange her ist. Aber ich habe zum Glück meine Mutter. In gemeinsamen Gesprächen versuchen wir beide, immer wieder zu vergessen und uns wieder Mut zu machen.
(Jasmin, 17 Jahre)

Am traurigsten war ich, als meine Eltern sich scheiden ließen, da war ich erst 8 Jahre. Das war und ist das Schlimmste für mich! Zuerst der Streit, dann die Tränen und dann das Kofferpacken. Jeden Abend ging ich ins Bett und hoffte, am Morgen werde alles anders sein. Aber kein Gebet hat geholfen! Jetzt sind sie beide unglücklich und bereuen ihre Entscheidung, aber sie finden nicht mehr zueinander. Und ich stehe immer noch zwischen ihnen und sehne mich danach, dass alles so sein könnte wie damals, als ich klein war und meine Eltern sich noch liebten.
(Nina, 16 Jahre)

(Diese Berichte entstanden auf Anregung und unter Begleitung von D. TROPPER)

„. . . und ist ein wunderschöner Schmetterling geworden."

4 ERWACHSENE UND TRAUER

4.1 Wege durch die Trauer – der Trauerprozess

„Wohin ich immer gehe,
Wie weh, wie weh, wie wehe
Wird mir im Busen hier!
Ich bin, ach! Kaum alleine,
ich wein, ich wein, ich weine,
Das Herz zerbricht in mir.
Die Scherben vor meinem Fenster
Betaut ich mit Tränen, ach!
Als ich am frühen Morgen
Dir diese Blumen brach.
Schien hell in meine Kammer
Die Sonne früh herauf,
Saß ich in allem Jammer
In meinem Bette schon auf."
(GOETHE, J. W.)

Dieses Gedicht von Goethe lässt uns spüren, dass Trauer mit Tränen, Schmerzen und Wehklagen einher geht. Auf die Fragestellung „Trauer ist für mich wie . . ." gibt es unendlich viele verschiedene Antworten: Tränen, die Farbe Schwarz, Alleinsein, Begräbnis, ein lähmendes Gefühl, ein dunkles Gefängnis, tiefe Depression, ein Himmel voller dunkler Wolken, Hilflosigkeit. Wie sich die Trauer körperlich ausdrücken kann, kommt schon in der griechischen Sage von Niobe gut zum Ausdruck:

Verwaist sitzt sie da unter den Leichen ihres Gatten, der Töchter und Söhne und erstarret vor Schmerz. Kein Windhauch bewegt ihr Haar, in den Wangen fließt kein Blut, das Auge steht starr in dem traurigen Antlitz: sie ist zu Stein geworden. Kalter Tod wohnt in dem Gebilde, aber aus den Augen fließen Tränen, als wenn der Schmerz noch in dem Inneren lebte. Eine Windsbraut erfasset den Stein und trägt ihn in Niobes alte Heimat. Dort steht er angeheftet auf dem steinigen Gipfel des Sipylus, und noch immer fließen die Tränen von dem Felsenbilde.

Auf jede Form von Verlust oder Trennung reagieren wir mit mehr oder wenig starker Trauer. Obwohl die Trauer und ihre Symptome zum alltäglichen Leben gehören, wird sie noch immer als negative Lebensemotion dargestellt. Nur ungern stellen sich die Menschen daher ihren persönlichen Trauerbergen, es ist vielmehr ein Ausweichen, Weglaufen und oft auch Wegschauen zu bemerken, weil die Gefühle der Trauer heftige Reaktionen in uns und bei unserer Umwelt auslösen. All dies verursacht Ängste vor der Hilflosigkeit im Umgang mit eigener und fremder Trauer. Dabei kann Trauer auch etwas „Besonderes" sein, wie dies die 18- jährige Annemarie beschreibt:

„Trauer ist für mich etwas Seltsames, darum etwas Besonderes und es gibt mir die Chance, in mich zu sehen – ganz tief. In dieser Zeit bin ich verletzlicher, nachdenklicher und bin irgendwie auf der Suche ... nach was? Nach mir! Und nach Menschen zum Reden."

Dieser Blick in die eigenen Abgründe der Seele, zu den tiefen, versteckten, im Unterbewusstsein eingegrabenen Trauererfahrungen und -erlebnissen kann „heil" machen und uns die glücklichen Augenblicke unseres Lebens besser erleben, wahrnehmen und kostbarer schätzen lassen.

Zu den schlimmsten Verlusten im Leben jedes Erwachsenen gehört wohl der Tod nahestehender, geliebter Menschen. Diese Verluste bedeuten weit mehr als nur Einsamkeit, Trauer, Schmerz und Verzweiflung. Sie entwickeln sich leicht zu einer „Gefahr" für Körper und Geist, wird doch die „seelische Gesundheit" stark angegriffen, wenn oft über viele Jahr hin durch Depression und Hilflosigkeit erfahren und erlitten wird. Trauer ist auch kein „Zustand", der zu einem bestimmten Zeitpunkt „erledigt, einfach abgehakt" ist, sondern ein Prozess, der sich immer wieder – ausgelöst durch neue, oft nur kleinste Verluste – in schmerzhafte Erinnerung ruft und Menschen nicht zur Ruhe kommen lässt.

Trauer ist ein Prozess, ein Kreislauf, in dem der trauernde Mensch gefangen ist. Die einzelnen Phasen wiederholen sich und typische Trauergefühle und Reaktionen gehen ineinander über. Verschiedene Abwehrmechanismen machen das „Abtrauern", das Auflösen von Trauer oft zusätzlich so schwierig. Sie können unterschiedlichste Stimmungsbilder erzeugen und zu teilweise sogar extremen Verhaltensweisen führen. Die Prozesse der Trauer und ihre Phasen bilden einen äußeren, dichten Mantel; im Inneren des Kreises bewegt sich unaufhörlich die Spirale der Abwehrmechanismen, die die Bewältigung und Annahme von Verlusten manchmal unmöglich, häufig jedoch zumindest sehr schwer macht.

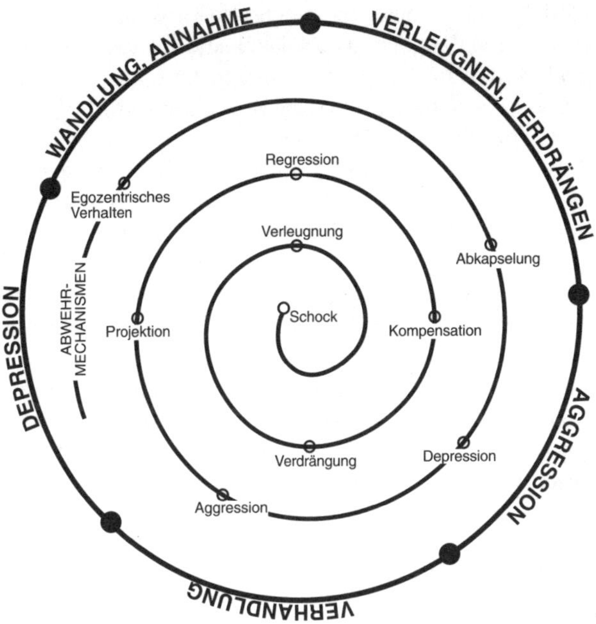

Abb. 17: Trauerkreis

Die äußeren Pole des Trauerkreises sind fünf *Phasen*, in denen sich die Wahrnehmungs- und Gefühlswelt des trauernden Menschen bewegt. Es ist ein Durchlaufen, ein Hin- und Herpendeln zwischen den Gefühlen des Verdrängens, der Aggression, des Verhandelns, der Depression und letztlich der Wandlung und Annahme.

Der Wunsch
nicht alleingelassen
zu werden
stand auf einmal
im Raum
trostlos
und allein
(TROPPER, E.)

Der erste Pol ist die *Phase des Nicht-Wahrhaben-Wollens* und *-Könnens*. Betäubung, Unglaube und Schock kennzeichnen diese Zeit der Empfindungslosigkeit, Starre und Leere. Die typische Reaktion auf eine

Todesnachricht besteht aus Unglauben und Fassungslosigkeit. Dieses Verdrängen und Verleugnen als Verhaltensmuster kennen wir jedoch auch bei kleinen Verlusten unseres Alltags. Entsetzen und Fassungslosigkeit machen sich breit und lassen Menschen nicht mehr zur Ruhe kommen. Typische Äußerungen wie: „Das ist nicht möglich!", „Das darf nicht wahr sein!" „Ich fühle mich so verloren" prägen das „Erscheinungsbild" dieser ersten Phase. Unerwartete Traueranlässe wie plötzlicher Tod durch Unfall oder „unzeitgemäßer Tod" eines Kindes schlagen ein wie ein Blitz aus heiterem Himmel und zwingen den Menschen in die Knie. Sie bewirken auf der körperlich-seelischen Ebene Reaktionen, wie sie bei jedem Schockzustand zu finden sind: Herzrasen, Schweißausbrüche, Übelkeit, Erbrechen, motorische Unruhe und verzögerte Reaktionen. Es gleicht einem Zustand der Schwebe zwischen Bewegungslosigkeit, Starre und dem starken Bedürfnis nach Suchen. Trauer macht in dieser Situation auch sprachlos und desorientiert – ein Chaos der Gefühle bahnt sich an.

In der Traurigkeit
fallen die Worte
leicht
wie die Tränen
auf meinem Gesicht

In der Wut
verletzen die Worte
tief
wie die Wunden
durch die ich blute

In der Verzweiflung
schreien die Worte
laut
wie die Seele
in meiner Brust
(TROPPER, E.)

Die zweite Phase ist jene der „starken Gefühle", der *Aggression* und *aufbrechenden Emotionen.* Die Sehnsucht nach Wiederherstellung des „alten" Zustandes, nach dem gegangenen Partner, den verlorenen Dingen breitet sich extrem stark aus. Mit dem langsamen Realisieren, dass es „nie wieder so wie früher werden kann", lösen sich ähnlich einem Vulkanausbruch auch all jene gerne als negativ bezeichneten Lebens-Gefühle wie Wut, Zorn, Angst und Verzweiflung. Einsamkeit,

Ruhelosigkeit, mit den Gedanken ständig bei dem Toten sein kennzeichnen diese Phase, in der Schuldgefühle immer wieder eine große Rolle spielen. „Hätte ich doch nur mehr für sie getan!" Viele Selbstvorwürfe und Selbstzweifel lassen den Trauernden nicht mehr zur Ruhe kommen. „Warum hat er mich allein zurückgelassen?" „Die Ärzte sind an allem schuld!" Allmählich mischt sich jedoch auch eine gehörige Portion Zorn und Wut in das Trauergeschehen, Aggressionen und Beschuldigungen gegen andere, aber auch gegen den Verstorbenen.

Dieser Zorn nach Innen und Außen entwickelt sich auch bei anderen Verlusten: wenn das kostbare Porzellan zu Bruch geht oder etwas Wichtiges nicht wieder gefunden werden kann. In dieser Phase der Aggression verspüren trauernde Menschen häufig den Wunsch, mit einer Axt durch ein Glaswarengeschäft laufen zu können, um alles kaputt zu schlagen. Die Aggressions-Attacken lassen viele körperliche und seelische Reaktionen entstehen: Reizbarkeit, Panikgefühle, Brustbeklemmung, Atemnot. Diese immer wiederkehrenden Gefühle bewirken manchmal auch eine oft monatelange Apathie, Desinteresse an allem Lebendigen, Appetitmangel, Schlafstörungen und eine extreme Reizbarkeit. Manchmal ist „jedes Wort" zu viel. Wegen der Schlafstörungen kommen tagsüber noch Müdigkeit und Konzentrationsstörungen hinzu.

Vollendete Dunkelheit,
pechschwarze Nacht
leise ist sie gekommen
leise wird sie vergehen

Süßes Nichts voller Träume,
dein Mond verweilt in blasser Gestalt
auch er wird nicht bleiben
nichts bleibt
Und doch lebt er weiter.
(TROPPER, E.)

Irgendwann landet der trauernde Mensch dann in der *Phase des Verhandelns*. Langsam sickert in das Bewusstsein die Tatsache, dass der Tod tatsächlich eingetreten ist oder der Verlust nicht weiter verleugnet werden kann. Auf der anderen Seite bleibt das Prinzip Hoffnung erhalten, gepaart mit einem verzweifelten Nichtbegreifen-Können. In allen Phasen der Trauer wird das Suchen immer wieder zum Lebensthema, an diesem dritten Pol ist es jedoch am ausgeprägtesten. Einsamkeit,

Hilflosigkeit und Verzweiflung führen dazu, dass Menschen sich in dieses Verhalten flüchten, das die Hoffnung auf eine Wiedervereinigung, auf ein Wiederfinden in sich trägt. Intensive Träume lassen den verlorenen Gegenstand oder den verlorenen Menschen noch oft „real" werden und führen zu einem zeitweisen Realitätsverlust. So geht die Witwe noch Monate nach dem Tod ihres Mannes jeden Tag um 18 Uhr zum Bahnhof, um ihn von der Arbeit abzuholen. „Ich glaube, sie ist im Garten." „Ich sehe auf der Straße unentwegt Menschen, die so aussehen wie Katharina." Dieses Suchverhalten mit seinen (Wahn-)Vorstellungen, der Unruhe und Einsamkeit lässt Trauernde unglaubliche Verhandlungsstrategien entwickeln. „Wenn ich meine Handtasche wiederfinde, dann gehe ich am Sonntag in die Kirche und bete zehn Vaterunser." „Wenn Karl wieder ganz gesund wird, dann fahren wir auf eine Wallfahrt nach Mariazell." „Wenn Stefan nur doch wiederkommen könnte, damit wir noch einmal an die See fahren könnten." Lautes Reden mit dem Verstorbenen und innere Zwiegespräche prägen diese Zeit des Verhandelns und Suchens.

Dunkles Licht bricht sich,
warme Kälte entflieht,
hässliche Schönheit erfüllt
den Raum glücklicher Trauer
(TROPPER, E.)

Langsam wird die Trennung in ihrer gesamten Schmerzhaftigkeit als endgültig erlebt und wahrgenommen. Eine *tiefe Traurigkeit*, die *Depression*, legt sich wie ein großes, schweres Tuch über den Menschen. Später sprechen Trauernde davon, am Rand eines tiefen Abgrundes gestanden oder gar in ein schwarzes Loch gefallen zu sein. Im langen Trauerprozess wird nun immer dringlicher, dass die alten Muster des Handelns, Denkens und Fühlens keinerlei Gültigkeit mehr haben. Das Abschiednehmen von ihnen erzeugt wiederum Verzweiflung, die in Depression und Apathie führt. Trauer und Tränen kennzeichnen diese Wegstrecke und die Frage nach dem Sinn erhält zentrale Bedeutung. „Ich ertrinke in einem Tränensee", „Ich kann ohne ihn nicht leben!" „Am liebsten würde ich auch sterben" – das sind Beispiele typischer Äußerungen.

Diese Phasen der Depression zwingen trauernde Menschen aber auch dazu, Rückschau, sozusagen „Lebensbilanz mitten im Leben" zu ziehen: Sich dankbar der gemeinsamen Stunden erinnern, diese Erinnerungen wie einen kostbaren Schatz hüten, aber trotz aller Schwere und

Schwärze wieder ein winziges Licht am Ende des Tunnels zu sehen, auch zu spüren, dass das pulsierende Leben weitergeht und trotz aller Traurigkeit noch viele schöne Augenblicke parat hat – einen prachtvollen Sonnenuntergang, vielleicht einen Regenbogen oder einen Schmetterling auf einer Blume.

Komisch
wie alles
von Neuem erwacht
der Glanz in den Augen
flammt wieder auf
nach so langer Zeit

Komisch
wie sich alles
verändert hat
die Gefühle
die Erscheinung
sind menschlicher geworden
seit damals

Komisch
wie sehr
ich mich
verändert haben muss

(TROPPER E.)

Allmählich nähert sich der trauernde Mensch der *Annahme des Verlustes,* der eine innere Wandlung vorausgeht. Diese fünfte Phase ist geprägt von einem „Abfinden" mit der Tatsache des Verlustes, von der Reorganisation und der Entwicklung eines neuen Selbst- und Weltbezuges. Ist der Trauernde nun nicht mehr mit seinem ganzen Denken, Handeln und Fühlen auf den Verstorbenen oder den Verlust ausgerichtet, so kann zaghaft damit begonnen werden, die neue Situation zu bewältigen und sich dem Leben in seiner breiten Fülle zu stellen. Am Ende eines oft langen Trauerweges angekommen, eröffnet sich dem „Wanderer" eine völlig neue Landschaft: buntes, reges Leben, helle Farben, Freude, Erleichterung und eine neue Selbständigkeit. Zuvor konnte dies alles nicht wahrgenommen werden, dichte Vorhänge und viele Schleier ließen keinen Blick nach außen zu. „Endlich bin ich diesem Chaos entronnen." „Jetzt kann ich mein Leben neu gestalten und ich verstehe auch viel mehr von den Dingen!" „Ich fühle mich befreit" – so anders gestalten sich auch die Aussagen am letzten Pol des Trauerkreises!

Allerdings sind Trauernde noch immer sensibel für Gefühlsschwankungen und haben Orientierungsschwierigkeiten. Selbst wenn der Verstorbene endlich zur inneren Figur geworden ist, und Menschen auch einen Sinn in dem, was geschehen ist, erblicken, sind sie immer noch sehr anfällig und reagieren auf jede neue, noch so kleine Form von Verlust mit all den vorangegangenen Trauerreaktionen. Schließlich normalisieren sich die Körperfunktionen, das Suchen wird schwächer oder hört ganz auf und innere Ruhe kehrt ein.
Trauerarbeit kann jedoch nur dann gelingen, wenn die Verluste, die vorhanden sind, und die, die später möglicherweise noch dazukommen, angenommen werden. Erst dann ist der Mensch in der Lage, um sie zu trauern. Was erschwert nun dieses Abtrauern so sehr? Es sind die *Abwehrmechanismen*, die sich ähnlich einer Spirale, unentwegt im Inneren des Trauerkreises bewegen und an jedem Pol in jeder Form auftreten und sich verstärkend auf die jeweilige Emotion auswirken können. Es sind dies:

- Schock
- Verleugnung
- Verdrängung
- Kompensation
- Regression
- Projektion
- Aggression
- Depression
- Abkapselung
- Egozentrisches Verhalten

Solange alle im Leben eines Menschen auftretenden Verluste durch diese gezielt eingesetzten Abwehrmechanismen nicht wahrgenommen und immer nur verdrängt werden, ist eine echte Trauer, die sich wieder auflöst, nicht möglich, weil es scheinbar nichts gibt, um das getrauert werden kann. Wenn sehr alte Menschen in diesen Abwehrmechanismen erstarren und in den Sterbeprozess eintreten, dann ist es fast immer ein harter Kampf bis zum Lebensende, weil das Sterben-Können vom Nicht-Loslassen-Können überschattet ist. Es ist wie bei einem großen Roman: Kapitel für Kapitel des Lebensbuches muss abgeschlossen sein, damit das Buch endgültig „aus der Hand" gegeben werden kann.
Nachfolgend werden die einzelnen Formen der Abwehr kurz dargestellt.

Schock
Schock und Unglaube sind die ersten Symptome im Trauer- wie im Sterbeprozess. Eine Welt ist aus den Fugen geraten, ein Leben liegt in Scherben auf dem Boden, alles scheint außer Kontrolle geraten. Die Unbegreiflichkeit des Leides könnte häufig nicht ertragen, erlitten werden, würden Menschen nicht durch den Schock in einen Zustand der Gefühls- und Regungslosigkeit fallen. Die lähmende Erstarrung ist auch ein Schutzmechanismus, der jedoch irgendwann wieder durchbrochen werden muss, um eine heilsame Trauerarbeit zu ermöglichen.

Verleugnung
So wie ein Schwerkranker, der mit einer niederschmetternden Diagnose und schlechter Prognose konfrontiert wird, alle Gedanken an die Zukunft ins Unterbewusstsein verdrängt und verharmlosend über alles spricht, so flüchtet sich auch der trauernde Mensch in eine Art verleugnendes Verhalten. Anstehende Probleme werden auf die lange Bank geschoben, als könne die Zeit alle Wunden heilen. Es ist wie ein Schutzmechanismus, um all das Geschehene aushalten zu können. Die Stimmung wechselt oft innerhalb von Minuten, Stunden oder Tagen zwischen scheinbarer Gelassenheit und immer wiederkehrenden Angstgefühlen.

Verdrängung
Hier wird im Gegensatz zum Ablauf beim verleugnenden Verhalten das gesamte Trauergeschehen in den Bereich des Unterbewusstseins abgeschoben. Dieses lässt sich jedoch nicht ohne Reaktionen dort einschließen: es stellen sich psychosomatische Beschwerden wie Kopfschmerzen, Übelkeit, Rückenschmerzen, Veränderungen im psychischen Verhalten (Depression, Aggression, manchmal sogar neurotische, zwanghafte Reaktionen) und soziale Kommunikationsstörungen (Angst vor Kontakt, Isolation und Abkapselung) ein.

Kompensation
Bei schwerkranken Patienten wird die Lebensbedrohlichkeit der Erkrankung einfach verharmlost und verkleinert. Es kommt zu Therapieabbrüchen, manchmal werden Therapievorschläge überhaupt gänzlich abgelehnt. Der trauernde Mensch zieht sich völlig in sich zurück und verschweigt z. B. finanzielle Probleme, die durch den Verlust entstanden sind. Soziale Kontakte werden abgebrochen und gebotene Hilfestellung abgelehnt.

Regression
Innerhalb kürzester Zeit fällt der Kranke oder der Trauernde ohne erkennbare körperliche Verluste auf eine niedrige Entwicklungsstufe zurück, verliert seine Selbstständigkeit, gibt sein Selbstbewusstsein auf und nimmt kindliche, hilfsbedürftige Reaktionen an. Dies zeigt sich in der Unfähigkeit, alleine eine Formalität zu erledigen, selbständig die Nahrungsaufnahme zu gestalten oder die Körperpflege durchzuführen. Alle Energie und Anstrengung wird für die zur Zeit bestehende Problemsituation aufgewandt, sodass keinerlei „freie Speicherkapazitäten" für die trivial erscheinenden Tätigkeiten des alltäglichen Lebens mehr vorhanden sind.

Projektion
Manchen Menschen bleibt am Ende ihres Lebens oder in ausweglos scheinenden Trauersituationen nichts anderes mehr, als die Problemübertragung. Sie sind nicht in der Lage, über ihre eigenen Probleme und die damit verbundenen Gefühle zu sprechen. Besonders Männer leiden unter diesem Abwehrmechanismus, der von frühester Kindheit gefördert wurde: „Ein Indianer kennt keinen Schmerz!" „Große Jungen weinen nicht!" Eigene Angst und Unfähigkeit wird dann in andere Personen projiziert.

Aggression
Die Aggression hat viele Gesichter; sie äußert sich in Wut, Zorn, Hass, in Schuldgefühlen und ist manchmal wie eine „Flucht nach vorne" zu betrachten, wenn Angst und Hilflosigkeit überhand nehmen. Hier können eine Fülle von Gefühlen auftreten: Beschuldigungen nach außen, aber auch Niedergeschlagenheit, Grübeln oder tiefe Traurigkeit nach Innen. Hier ist die Einsicht angezeigt, dass all die negativen Reaktionen und aggressiven Stimmungen ein einziger Hilfeschrei sind, ein heftiger Appell mit der Aufforderung, diesem Menschen zu helfen.

Depression
Die Depression in der Trauerspirale ist viel mehr als nur tiefe Traurigkeit, es sind häufig Lebens-Ängste, wie die Angst vor der völlig neuen Situation und dem eigenen Versagen oder vor Trauer ohne Hilfe. In diesen Situationen wird auch sichtbar, wie tragend oder wie brüchig das Beziehungsnetz bereits geworden ist. Versteinerung, Abkapselung, Verbitterung und völlige Erstarrung kennzeichnen diesen Abwehrmechanismus, der besonders stark bei Menschen mit einem ausgeprägten Empfindungsvermögen auftritt.

Abkapselung
Hier zieht der Mensch sich wie in eine Kapsel zurück, vergleichbar mit einer Weinbergschnecke, die sich in ihrem Schneckenhäuschen einschließt. Es werden keinerlei Kontakte mehr gepflegt oder gewünscht, der Rückzug bedeutet auch eine völlige Abschirmung von der Umgebung. Menschen, die so reagieren, sind schon oft verletzt worden, sind misstrauisch gegenüber allen (Ver-)Tröstungen und reagieren sensibel auf jeden Ton in der Stimme des Gesprächspartners. Sie beobachten stumm Körperhaltung und Gestik ihres Gegenübers und geben keinerlei Antworten. Manchmal wirken sie sogar abwesend und weltfremd.

Ichbezogenes Verhalten
Ganz im Gegenteil zum vorangegangenen Beispiel muss sich bei dieser Abwehrform alles um den Patienten oder den Trauernden drehen, er steht im Mittelpunkt, seine Bedürfnisse, Wünsche, Forderungen müssen Vorrang haben. Ein solches Verhalten führt häufig zu konfliktbeladenen Situationen und zu Eskalationen, denn alle ihn umgebenden Menschen, die ihr Bestes tun, fühlen sich erniedrigt, verraten, ausgenützt und zurückgesetzt. Auch dieses Verhalten ist ein einziger Hilfeschrei: Menschen, die nie „soziale Wahrnehmung" eingeübt und die nie gelernt haben, um Verständnis, Hilfe oder Anerkennung zu fragen, versuchen, sich auf diese Weise die notwendige Zuwendung „zu holen".

Alle zehn sich in einer Spirale drehenden Abwehrmechanismen, die an jedem Pol des Trauerkreises „andocken" können, treten immer wieder mehr oder wenig ausgeprägt auf. So ist es auch bei den Trauerphasen, sie laufen nicht nach einem Schema ab, sondern drehen sich wie ein Rad im Kreis. Am Ende des „Kampfes" und der Auflehnung sollte die Auflösung der Trauer stehen, also die Annahme des Problems und die Zustimmung zu all dem, was sich ereignet hat – ohne wenn und aber. Eine Mutter, die ihr Baby verloren hat, ein Patient, der weiß, dass seine Erkrankung nicht heilbar ist und zum Tode führen wird oder ein Mensch, der durch Krieg sein normales Leben und seine Heimat aufgeben musste, sie alle durchleben einen Trauerprozess mit all den Abwehrmechanismen. Sie lehnen sich gegen ihr Schicksal auf und kämpfen, doch irgendwann wird jeder von ihnen den Kampf beenden und das Unabwendbare und Unvermeidliche annehmen. Gelingt dies, werden diese Menschen nach der Verarbeitung ihrer Trauer friedlich und ruhig sein und auch in Gelassenheit das Kommende akzeptieren können. Gelingt es nicht, wird der „Garten der Trauer" nicht neu bestellt und ereignen sich – wie im Leben eines jeden Menschen – noch weitere Verluste, Abschiede und Trennungen, so wachsen gewaltige „Trauerberge" bis zum Ende des Lebens an. Niemand wird dann noch in der Lage sein, sich einen Überblick zu verschaffen; es wird auch zu spät sein, vertane Lebens-Chancen, die nur einmal kommen, nachzuholen oder gar die ungeweinten Tränen der Kindheit zum Fließen zu bringen!

4.2 Trauer hat viele Gesichter

So wie Angst eine Triebfeder der menschlichen Entwicklung war und die Evolution ohne die Ängste der Menschen nicht hätte stattfinden können, so ist auch die Trauer ein wichtiger Faktor im Leben eines jeden Menschen. Wir können uns der „Lebensfarbe" Trauer nicht entziehen und müssen geduldig warten, welche Schicksalsschläge und Trauerberge das Leben für jeden einzelnen von uns bereit hält. Mächtig, hässlich, schwarz und verschlingend, manchmal als Rächerin, dann wieder als dürres, runzeliges altes Weiblein – so entwickelte sich der Archetypus der „Trauer" im Laufe der Jahrhunderte. Sie wird als furchterregende, aber auch weise Alte mit Pferd oder Rabe dargestellt, dann wieder als Mutter und Grab.
Trauer hat viele Ausdrucksformen, löst unterschiedliche Gefühle aus

und sie hat vor allem viele Gesichter. So wie Traueranlässe und -ursachen unterschiedlich sind, dem Betrachter mehr oder weniger gravierend und groß erscheinen, werden einige Menschen mit dem Begriff „Trauer" nur Todeserlebnisse assoziieren, andere hingegen schon kleinste Veränderungen und Verstimmungen benennen, oder einfach nur Stimmungen und Situationen beschreiben.
Trauer hat viele Gesichter: Der Tod der Mutter, der Tod von Haustieren, Verlust von Sehkraft und Gehör, von Selbständigkeit und Freiheit, Ende der Berufstätigkeit, Scheitern der Ehe, wenn die Kinder flügge werden und von zu Hause ausziehen, Arbeitsplatzverlust, verloren gegangener Kontakt zu den Schulkameraden, Einsamkeit zu bestimmten Anlässen (Weihnachten oder Muttertag), eine große Leere, keine Zeit mehr füreinander haben, Wut, Zorn, Einsamkeit, Stille, Schmerz, Endgültigkeit, Abschied, Verwirrtheit, Stille, Nachdenklichkeit ...
Von der Wiege bis zur Bahre begleitet uns das Lebens-Gefühl Trauer. Wie im vorangegangenen Kapitel bereits ausführlich beschrieben, erleben kleine Kinder in ihrem Familien- und Kulturkreis den Umgang mit Trauer. Ist diese erste Ur-Erfahrung eine positive, so werden sie später als Erwachsene im allgemeinen ihre Trauer gut bewältigen. Allerdings hängt es auch mit dem Traueranlass zusammen, ob und in welcher Form eine Traueraufarbeitung überhaupt möglich ist. Trauer ist immer ein sehr individuell verlaufender Prozess, dessen Ursache bzw. Auslösungsmechanismus für den einen Menschen als „groß" empfunden, für den anderen als eher klein erlebt wird.
An ganz unterschiedlichen Beispielen wollen wir im Folgenden zeigen, wie verschieden Traueranlässe sein können und wie sehr jeder Mensch zu jeder Zeit in verschiedenste Trauerprozesse verwickelt sein kann.

Am Beispiel „Schul-Trauer"

Viele junge Erwachsene empfinden große Trauer, wenn mit der Reifeprüfung die Schulzeit zu Ende geht, eine über Jahre zusammengewachsene Gemeinschaft gegen ungerechte Benotungen und „schwierige"Lehrer auseinander bricht, Freundinnen und Freunde plötzlich getrennte Wege gehen und man einander ganz aus den Augen verliert. Da helfen auch keine Vereinbarungen und Beschwichtigungen, sich in regelmäßigen Abständen zu treffen, sich zu schreiben oder miteinander zu telefonieren.
Im mittleren Erwachsenenalter wird dann die erste Erinnerung an die Schulzeit wiederkommen – spätestens dann, wenn die eigenen Kinder mit Schwierigkeiten in ihrem Schulalltag kämpfen. Für viele von uns verklären sich schon im „frühen Alter" die Bilder an die eigene Schulzeit und diese werden nur als positiv und schön dargestellt. Über mangelnde Schulerfolge wird nicht gesprochen, Trauer über eine

schlechte Benotung kommt erst gar nicht auf, weil der eigene tägliche Überlebenskampf in der Schule wie durch einen Filter verschleiert ist. Eltern, die von ihren Kindern besonders gute Schulnoten erwarten, waren meist selbst schlechte Schüler! Ihre Kinder sollen für sie jene Lorbeeren erringen, die sie selbst nie auch nur im Entferntesten erreichen konnten.
Erst im reifen Erwachsenenalter holen uns wieder die echten, wahren Erinnerungen daran ein: Vieles muss noch einmal erlebt, durchlitten, durchgegangen werden, muss sich auflösen, bevor der Mensch loslassen und sterben kann.

(TROPPER, D.)

Am Beispiel Zahnprothese und anderer kleiner, körperlicher Verluste

Heinrich Pera, der bekannte Sterbebegleiter, der auf sehr einfühlsame Weise über die Begleitung Schwerkranker, Sterbender und ihrer Angehörigen spricht und der der Hospiz-Bewegung ein menschenwürdiges Gesicht gegeben hat, sagte einmal im Rahmen eines Vortrages zum Thema Angst: „Was glauben Sie, welche Angst ich vor den dritten Zähnen habe, trotz Kukident und was es da noch alles gibt!" Es macht tatsächlich sehr traurig, einen Zahn zu verlieren. Kleine Kinder weinen um jeden ausgeschlagenen Zahn; Erwachsene weinen oft „innere Tränen", die nicht sichtbar nach außen kommen, wenn ein bleibender Zahn gezogen wird oder sich gar die teure „Generalsanierung" des Mundes anbahnt – in Form einer Zahnprothese.
Dies alles hat mit dem Alterungsprozess zu tun und ob wir es gerne hören oder nicht – auch wenn die Werbung uns unentwegt jugendliche Schönheit vor Augen, Ohren und Nasen hält – wir alle sind mit jedem Tag in jedem Lebensalter ein Stück auf dem Weg zur Vergänglichkeit. Bis zum Ende kann es ein weiter Weg sein und mit jedem Lebensalter sind neue Einbußen zu betrauern: die ersten 0,5 Dioptrien Sehkraftverlust bis hin zur dicken Hornbrille im Alter, die man ständig irgendwo sucht; die ersten, noch leichten Gelenksschmerzen in Hüfte und Knie um die 40, das langsam beginnende Rückenleiden mit 50 – alles kündigt sich leise und schleppend an und kann später zum Krückstock oder gar in den Rollstuhl führen.

Manchmal prägen sich besondere Bilder und Stimmungen ganz tief in unser Gedächtnis ein. So wie alte Menschen in einer Art innerer Bilderwelt leben und noch einmal viele Stationen ihres Lebens mit ihrem „inneren Auge" durchqueren müssen, sind auch für uns bestimmte Trauererfahrungen mit markanten Erinnerungsbildern verknüpft.

Am Beispiel Sonnenuntergang

Ich fahre nach einem langen Nachmittag wieder nach Hause. Auf dem Programm stand ein Besuch bei einer ganz jungen Krebspatientin, die – trotz der sichtbaren Schwere ihrer Erkrankung – noch immer so viel Hoffnung hat, wieder völlig gesund zu werden. Sie sprach über die Lilien, die sie unbedingt im Herbst im Garten aussetzen wolle und Wildtulpen, die direkt vor der Terrassentür wachsen sollten; sie sprach von Büchern, die sie noch unbedingt lesen wolle und von einer großen Reise nach Griechenland, die sie demnächst buchen werde. Jeder zaghafte Versuch von mir, alle die Wortgebäude zur Seite zu schieben und über das Jetzt und Heute, über die ihr noch verbleibende, vermutlich sehr kurze Zeit zu sprechen, scheiterten an

ihrem Unvermögen, die Realität und ihre Erkrankung anzunehmen. *Sie* wollte verdrängen und konnte nicht wahrhaben und *ich* musste lernen, dies zu akzeptieren. Damals ahnte ich bereits, dass sie bis zu ihrem Tod verdrängen werde. Ich war beseelt von dem Gedanken, ihr jede nur erdenkliche Chance zu bieten, um Bilanz über ihr bisheriges, unerfülltes und streckenweise sehr unglückliches Leben ziehen zu können. Das stundenlange, sehr intensive Gespräch hat nach meinem Aufbruch und der Verabschiedung von ihr einen schalen, traurigen Nachgeschmack bei mir hinterlassen. Nachdenklich und meine eigenen Fähigkeiten hinterfragend trat ich meine Heimreise an, die mich länger als eine Stunde durch eine sehr malerische Landschaft mit vielen grünen Hügeln, Weingärten und Apfelplantagen führte, durch kleine Ortschaften mit alten Holzhäusern. Bevor es wieder Richtung Stadt ging, beim letzten Hügel vor der weiten Ebene, ging plötzlich glutrot die Sonne am Himmel unter. Ich parkte meinen Wagen vor einem kleinen Landgasthaus und ging ein Stück durch ein Maisfeld zu einem kleinen Wald. Ich ließ mich auf einer bemoosten, kleinen Holzbank nieder und betrachtete staunend das Wunder: Noch stand die Sonne orangerot über der Bergspitze, aber unaufhaltsam verschwand sie hinter den blaugrünen, bewaldeten Bergen. Ich spürte ihre Kraft und auch jene Stille, die um mich war. Dabei empfand ich große Dankbarkeit dafür, dass ich noch weiterleben darf und Traurigkeit darüber, dass diese junge Frau bald sterben muss. Diesen besonderen Sonnenuntergang werde ich immer in Erinnerung behalten.
(TROPPER, D.)

Trauer ist aber auch untrennbar mit dem Zerbrechen innerer und äußerer Werte, mit dem Verlust einzelner Säulen unserer Identität verbunden. Die „tragenden Säulen" unseres Lebens sind unser Körper, das soziale Netzwerk, Arbeit und Leistung, materielle Sicherheit und schließlich unsere Wertvorstellungen und die Religion. Sind wir gesund und noch in den Arbeitsprozess eingegliedert, haben wir eine Familie und Freunde, geht es uns finanziell gut und fühlen wir uns sicher auf unseren Lebenspfaden, so stehen die Säulen unserer Identität auf einem festen Fundament, gleich einem prunkvollen Tempel der Antike.

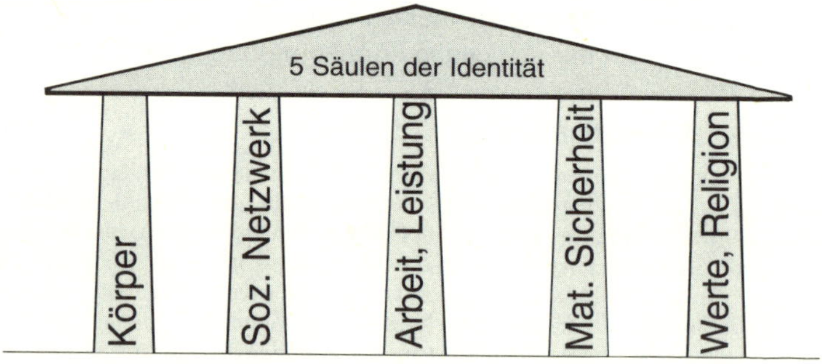

Abb. 18: Tempelsäulen menschlicher Identität

Nicht nur im Alter werden diese Säulen brüchig, wie Abbildung 19 zeigt, plötzlich und unerwartet können Ereignisse unser Leben in den Grundfesten so erschüttern, dass die „heile Welt" auseinander bricht und nur noch Ruinen vorhanden sind.

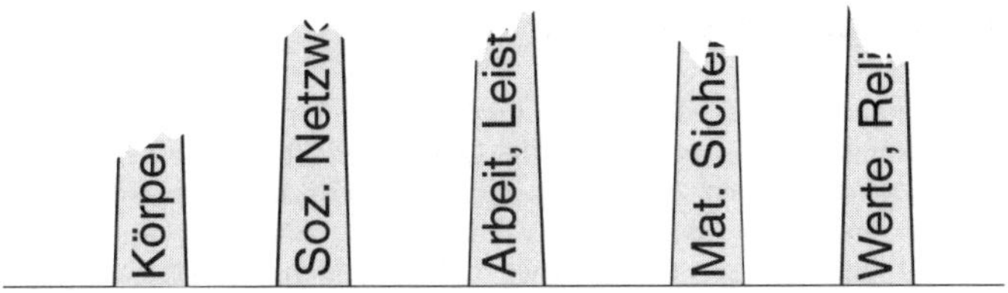

Abb. 19: Zerbrochene Tempelsäulen menschlicher Identität

Am Beispiel Verlust der sozialen Sicherheit

Trauer mit all ihren Symptomen tritt auch auf, wenn man seinen Arbeitsplatz verliert. Auch hier gibt es in der „Achterbahn" der Gefühle ein massives Nicht-Wahrhaben-Wollen und -Können, ein Verdrängen und Verleugnen. Viele Menschen gehen oft noch monatelang jeden morgen um 7 Uhr aus dem Haus, obwohl es ihren Arbeitsplatz längst nicht mehr gibt. Emotionen spielen auch eine Rolle: einmal heftiger Zorn auf den Chef oder Vorgesetzten, Wut auf die Kolleginnen und Kollegen, die von der „Einsparungsmaßnahme" nicht betroffen sind. Viele Arbeitslose stürzen auch in tiefe Traurigkeit und Depression und haben das Gefühl, überhaupt nichts mehr wert zu sein. Es schmerzt, wenn man nicht mehr gebraucht wird. Häufig werden diese Gefühle mit Alkohol oder Medikamenten gedämpft („Man ertränkt seinen Kummer"). Es kann Wochen und Monate dauern, bis sich Menschen wieder aufraffen und durchringen, neue Versuche, einen Arbeitsplatz zu finden, zu starten. Jede Absage und jeder negative Bescheid zeigt Auswirkungen auf das Selbstwertgefühl und die Psyche: Niedergeschlagenheit und Trauer machen sich breit, lähmen den Menschen und die Folge sind Antriebslosigkeit und inneres Chaos. Für viele Menschen ist der Verlust des Arbeitsplatzes der Anfang vom Ende: sie stürzen sich in den Alkoholkonsum, verlieren dann sehr oft ihre Familien und ihre Wohnung. Entwurzelt, ohne Halt in der Gesellschaft, unfähig, das eigene Leben zu meistern, landen sie letztlich oft auf der Straße oder in Obdachlosenasylen, sind einsam, verbittert und voller Trauer.

(TROPPER, D.)

Alle Symptome des Trauerprozesses und alle Folgen von Stress können auch bei einem Gefängnisaufenthalt auftreten. Es ist kein Geheimnis, dass selbst so genannte „schwere Jungs" weich und traurig werden, wenn in den Strafanstalten die Weihnachtszeit kommt oder der Muttertag gefeiert wird. Wir haben ein sehr drastisches Fallbeispiel ausgewählt, um lebenslange Trauer am Beispiel eines Gefängnisaufenthaltes aufzuzeigen. Hier geht es nicht um Schuld oder Unschuld, um Recht oder Unrecht, sondern vielmehr um nichtgelebtes, nicht mehr erlebbares Leben, um die Trauer nach etwas Verlorenem, das vielleicht nie mehr gefunden werden kann.

Am Beispiel Gefängnisaufenthalt

Stefan K. ist erst 22 Jahre alt. Er muss für zwei Jahre hinter Gitter, weil er einen Überfall verübt hat. Stefan hat eine traurige Kindheit und Jugend hinter sich. Seinen Vater lernte er nie kennen, die Mutter, die als Kellnerin in einem Lokal arbeitet, brachte den Buben zur Großmutter und kümmerte sich kaum um das heranwachsende Kind. Stefan passt ins Klischee-Bild des typisch schwierigen, auffälligen Kindes: immer Schlägereien mit Spiel- und Klassenkameraden, schlechte Schulnoten, später viele unerlaubte Fehlstunden und Abbruch der Schulausbildung. Er übernimmt Gelegenheitsjobs, einmal arbeitet er bei einem Mechaniker, einmal als Arbeiter bei der Städtischen Müllabfuhr. Nirgendwo bleibt er längere Zeit. Er ist ein Suchender, ein Rastloser – vor allem nach dem plötzlichen Tod der Großmutter. Ab diesem Zeitpunkt gerät sein Leben völlig aus der Bahn: es beginnt mit kleineren Ladendiebstählen und es folgen nächtliche Einbrüche vorwiegend in Lebensmittelgeschäfte. Dem Bewährungshelfer gelingt es nicht, eine Vertrauensbasis zu dem jungen Burschen aufzubauen. Stefan K. findet „Freunde": junge Neo-Nazis, die mit ausländerfeindlichen Parolen nächtens betrunken durch die Straßen torkeln. Der Junge fühlt sich wohl in dieser Gruppe, erlebt zum ersten Mal Gemeinsamkeit und will dem Gruppenführer besonders gefallen, indem er den anderen in ihrer Hetze und ihren schändlichen Taten immer ein kleines Stück voraus ist. Als die Gruppe Geld braucht, um ihre Trinkgelage zu finanzieren, überfällt Stefan K. am helllichten Tag den Laden ganz in der Nähe, wo seine Großmutter gelebt hatte. Die Ladenbesitzerin, eine dickliche, gutmütige Person, schlägt den Räuber mit ihrem lauten Geschrei in die Flucht, ehe er überhaupt ihre Kasse zu Gesicht bekam. Sie kennt Stefan schon von Kindheit an und kann der Polizei sogar den Namen des vermeintlichen Räubers nennen. Wenig später wird er im Park verhaftet. Er lässt sich widerstandslos abführen und wird später zu zwei Jahren Haft ohne Bewährung verurteilt. Im Gefängnis hält es der junge Bursche kaum aus: Wut- und Schreianfälle führen dazu, dass er tageweise in eine Einzelzelle verlegt wird, nach drei Wochen versinkt er in tiefe Traurigkeit und Apathie. Er verweigert das Essen und erhängt sich schließlich mit seinem T-Shirt am Zellenfenster.
(TROPPER, D.)

Arbeitsunfälle lösen immer wieder eine Kette von Trauerreaktionen aus. Einmal sind die Arbeitskolleginnen und Kollegen betroffen und durchleben in ihrer Hilflosigkeit alle Trauerreaktionen. Über spektakuläre Arbeitsunfälle wird auch in den Printmedien, in Hörfunk und Fernsehen berichtet. Dies bewirkt oft eine Welle der Solidarität mit den betroffenen Angehörigen, löst bei Außenstehenden, unbekannten Menschen Anteilnahme und Mitleid aus.

Am Beispiel Arbeitsunfall (1)

Frau F. arbeitet seit 20 Jahren als Sekretärin und Buchhalterin in einer Dachdeckerei. Das Unternehmen wurde von ihrem Onkel vor 25 Jahren gegründet und mittlerweile vom Sohn übernommen. Vier Lehrlinge und drei Gesellen arbeiten gemeinsam mit dem Meister. Einer der Gesellen, Gottfried W., knapp 30 Jahre alt, ist seit seiner Lehrzeit dem Unternehmen verbunden und gilt als einer der tüchtigsten Mitarbeiter. Vor vier Jahren hat er geheiratet, im Vorjahr kamen die Zwillinge Peter und Maria zur Welt und im Frühling (knapp vor Ostern) dieses Jahres bezog die junge Familie das neugebaute Haus am Stadtrand. Dachdecker W. galt als ein sehr vorsichtiger, erfahrener Arbeiter, der ein rigoroses Alkoholverbot auf allen Baustellen für seine Truppe einführte und auch überwachte. Während andere Handwerker und Bauleute kistenweise Bier anschleppten, gab es für die Mitarbeiter der kleinen Dachdeckerei immer nur Fruchtsäfte und Mineralwasser. Heute war das Unfassbare geschehen. Frau F. zittert am ganzen Körper und zerknüllt ein Papiertaschentuch nach dem anderen. Sie konnte es noch immer nicht fassen. Plötzlich kam der Anruf von der Baustelle, der Baupolier vom Hochhausprojekt Siebenturm teilte ihr nüchtern mit, dass ein Arbeiter ihrer Firma vom Dachgeschoss des Neubaus 14 Meter im Inneren in die Tiefe gestürzt und auf dem Betonfundament aufgeschlagen sei. Der Notarzt war sofort zur Stelle, aber der Mann muss auf der Stelle tot gewesen sein. Wenig später meldete sich auch der neue Lehrling Lukas, der mit auf der Baustelle war. Er schluchzte ins Telefon und sagte nur, dass es Gottfried „erwischt" hätte. Frau F. lief schreiend ins Büro ihres Chefs und der wiederum setzte sich sofort ins Auto und fuhr zur Baustelle. In Frau F.'s Kopf wirbelten die Gedanken wie in einem Kreisel: „Warum Gottfried, warum gerade er?" dachte sie immer wieder. „Das darf doch nicht wahr sein!" Sie erinnerte sich daran, dass ihr Gottfried erst vor kurzem stolz ein neues Foto von seinen Zwillingen gezeigt hatte. „Um Gottes Willen, wer sagt es seiner Frau?" dachte Frau F. plötzlich, „wer sagt es dieser sympathischen Frau, die für drei Jahre auf Karenzurlaub ging, um die erste wichtige Zeit bei ihren Kindern zu verbringen?". Beim Gedanken an diese vor wenigen Stunden noch glückliche Familie, wurde Frau F. übel, Schweißperlen bildeten sich auf ihrer Stirn und sie hatte das Gefühl, wie in einem Strudel in einen tiefen Abgrund zu versinken. Von einem Tag auf den anderen, von einer Stunde auf die andere war in dieser kleinen Firma alles anders geworden. Und es kann nie wieder so werden, wie es einmal war.
(TROPPER, D.)

Für die betroffenen Angehörigen sind plötzliche Unfalltode immer mit viel Schmerz und Leid verbunden. Das Nicht-Wahrhaben-Können des schrecklichen Ereignisses prägt lange die erste Zeit dieses für gewöhnlich immer schwierigen Trauerprozesses. All das Ungesagte und die noch offenen Lebensthemen spielen immer wieder eine große Rolle. Ohne auf Impulse und Anregungen für eine gute Begleitung einzugehen (vgl. 4.7), ist es in solchen Situationen immer wichtig, wenn ein soziales Netz vorhanden ist, in dem Menschen in Trauer ein wenig Geborgenheit und Schutz geboten wird.

Am Beispiel Arbeitsunfall (2)

Ein Zeitungsartikel reduzierte das Geschehene auf wenige Zeilen. Dort stand Folgendes zu lesen:
Vater von fünf Kindern starb im Steinbruch
Ein schrecklicher Arbeitsunfall ereignete sich am Freitag gegen fünf Uhr früh im Hartsteinwerk P. Dort verlor im Steinbruch Anton E. (41) aus bisher noch völlig ungeklärter Ursache die Kontrolle über seinen Ladewagen. Das Schwerfahrzeug kam rechts vom Schotterweg ab und stürzte 30 Meter in die Tiefe. Anton E. wurde aus dem Wagen geschleudert, prallte mit dem Kopf gegen einen Stein, erlitt einen Genickbruch und war auf der Stelle tot. Als die Ehefrau vom Unglück erfuhr, erlitt sie einen schweren Schock. Anton E. hinterlässt fünf Kinder im Alter von 18, 15, 14, neun und sieben Jahren.
Dieser plötzliche und unerwartete Tod eines Menschen trifft jede Familie wie ein Blitz aus heiterem Himmel. Die Frage nach dem „Warum?" wird immer wieder gestellt und kann nie – auch später nicht – beantwortet werden. Es bleibt immer ein Fragezeichen.
Die jüngste Tochter zeichnet nach dem Tod ihres Vaters die Mutter und die Geschwister: alle weinen große Tränen.

Abb. 20: Weinende Mutter mit den fünf Kindern (Zeichnung)

Familie E. ist eine sehr gläubige Familie und sucht in dieser schweren Zeit Trost im Glauben. In der *Todesanzeige* wird gebeten, von Blumenspenden Abstand zu nehmen und zugunsten der Anliegen der Pfarrkirche zu spenden.

Amen, amen, ich sage Euch:
Wenn das Weizenkorn nicht in die Erde fällt und stirbt,
bleibt es allein.
Wenn es aber stirbt, bringt es reiche Früchte.
Voll Trauer, aber ergeben in Gottes Willen, geben wir Nachricht, dass mein lieber Gatte, unser lieber Vater, Sohn, Bruder, Onkel, Schwager, Neffe und Cousin, Herr Anton E. durch ein tragisches Unglück im 43. Lebensjahr sein Leben vollendet hat.

In einem persönlichen Nachruf bedankt sich die Witwe, Frau E., und schreibt:
„Die Familie und die Angehörigen bedanken sich aufrichtig für die herzliche und ehrliche Anteilnahme, besonders für das Gebet und die Mitfeier der Eucharistie. So durfte sie die Kraft einer innigen Gemeinschaft erfahren.
Um das Andenken ihres lieben Verstorbenen zu bewahren, bitte ich Sie herzlich, einige seiner Lebensprinzipien weiterzutragen:
Den Glauben an Gott und die Auferstehung Christi, der ihn zu einem wertvollen Menschen reifen ließ.
Seine Liebe zur Familie, besonders sein inniges Verhältnis zu seinen Kindern.
Der Einsatz und die Verantwortung für seinen Beruf und die Gemeinschaft.
Die Bereitschaft zur Mitarbeit und Hilfe, wo immer er gebraucht wurde.
Die Achtung für ältere Menschen, denen er mit Heiterkeit und Fröhlichkeit begegnen konnte.
Die Freude und das bewusste Erleben der Natur und seiner Heimat.
Aber auch die Demut im Tragen seiner Schmerzen und Gebrechen.
Wenn wir uns in dieser Stunde der Verbundenheit vornehmen, in seinem Sinn zusammenzustehen, so wird das Weizenkorn, das er mit seinen guten Werken gesät hat, reiche Frucht tragen."
Fast sechs Jahre später ist der Schock überwunden, die schmerzhafte Erinnerung an den so früh verstorbenen Vater aber noch immer gegenwärtig. Ich lerne eine der Töchter im Rahmen eines Vortrages in einer Landwirtschaftlichen Haushaltungsschule kennen und sie bringt mir zum Thema „Tod und Sterben" eine Mappe mit. In dieser Mappe ist alles fein säuberlich gesammelt und abgeheftet: die Zeitungsartikel über den Unfalltod, die Todesanzeige, der persönliche Nachruf der Frau, ein sehr berührender Artikel in einer Pfarrzeitung über die Familie, aber auch das Evangelium, das in der Kirche während der Begräbnisfeierlichkeiten gelesen wurde und die Gebete, die von der Familie zusammengestellt wurden.
Evangelium Joh 11, 17 – 27
Ich bin die Auferstehung und das Leben
\+ Aus dem heiligen Evangelium nach Johannes.
In jener Zeit,
als Jesus in Betanien ankam,
fand er Lazarus schon vier Tage im Grab liegen.
Betanien war nahe bei Jerusalem,
etwa fünfzehn Stadien entfernt.
Viele Juden waren zu Marta und Maria gekommen,
um sie wegen ihres Bruders zu trösten.

Als Marta hörte, dass Jesus komme,
ging sie ihm entgegen,
Maria aber blieb im Haus.
Marta sagte zu Jesus:
Herr, wärst du hier gewesen,
dann wäre mein Bruder nicht gestorben.
Aber auch jetzt weiß ich:
Alles, worum du Gott bittest,
wird Gott dir geben.
Jesus sagte zu ihr: dein Bruder wird auferstehen.
Marta sagte zu ihm:
Ich weiß, dass er auferstehen wird
bei der Auferstehung am Letzten Tag.
Jesus erwiderte ihr:
Ich bin die Auferstehung und das Leben.
Wer an mich glaubt,
wird leben, auch wenn er stirbt,
und jeder, der lebt und an mich glaubt,
wird auf ewig nicht sterben.
Glaubst du das?
Marta antwortete ihm:
Ja, Herr, ich glaube, dass du der Messias bist,
der Sohn Gottes, der in die Welt kommen soll.

Außerdem findet sich in dieser Mappe auch der Nachruf für den wenige Monate nach dem Tod des Sohnes verstorbenen, alten Vater. Die Zeichnung der jüngsten Tochter ist ebenfalls aufgehoben, ebenso Beileidsschreiben und andere, sehr persönliche Zeichen sichtbarer Anteilnahme. Diese Mappe wurde nicht angelegt, um danach gleich wieder in einem Kasten oder Schrank verstaut zu werden. Diese Mappe ist schon durch viele Hände gegangen – durch jene der Witwe, der Kinder, aber auch von Freunden und Verwandten. Es ist ein Stück bleibende, gelebte Erinnerung für alle, die den Verstorbenen kannten. Darüber hinaus ist sie auch ein gelungener Beitrag zur Enttabuisierung des Lebens-Themas „Sterben, Tod und Trauer". (TROPPER, D.)

Zusammenfassend können wir feststellen, dass die Tatsache, ob es eine „leichte" oder „schwere" Trauer ist, von verschiedenen, sehr individuellen Faktoren abhängt: von der Person des Trauernden, den Umständen des Todes, der Person des Verstorbenen und den äußeren sozialen und kulturellen Rahmenbedingungen (vgl. 4.6).

Jeder Verlust, der eine Form von Trauerverhalten mit sich bringt, unterliegt der individuellen Gewichtung. Daher kommt es, dass sogenannte „kleine" Verluste, oft mehr schmerzen als die großen Lebensabschiede. Viele kleine, nicht verabschiedete Traueranlässe belasten den Menschen oft länger, hängen ihm nach und holen ihn im Laufe seines Lebens oftmals wieder ein. Jeder Mensch trägt in sich unendlich viele *„persönliche Trauer-Filter"*. Je nach „Größe" des Traueranlasses und

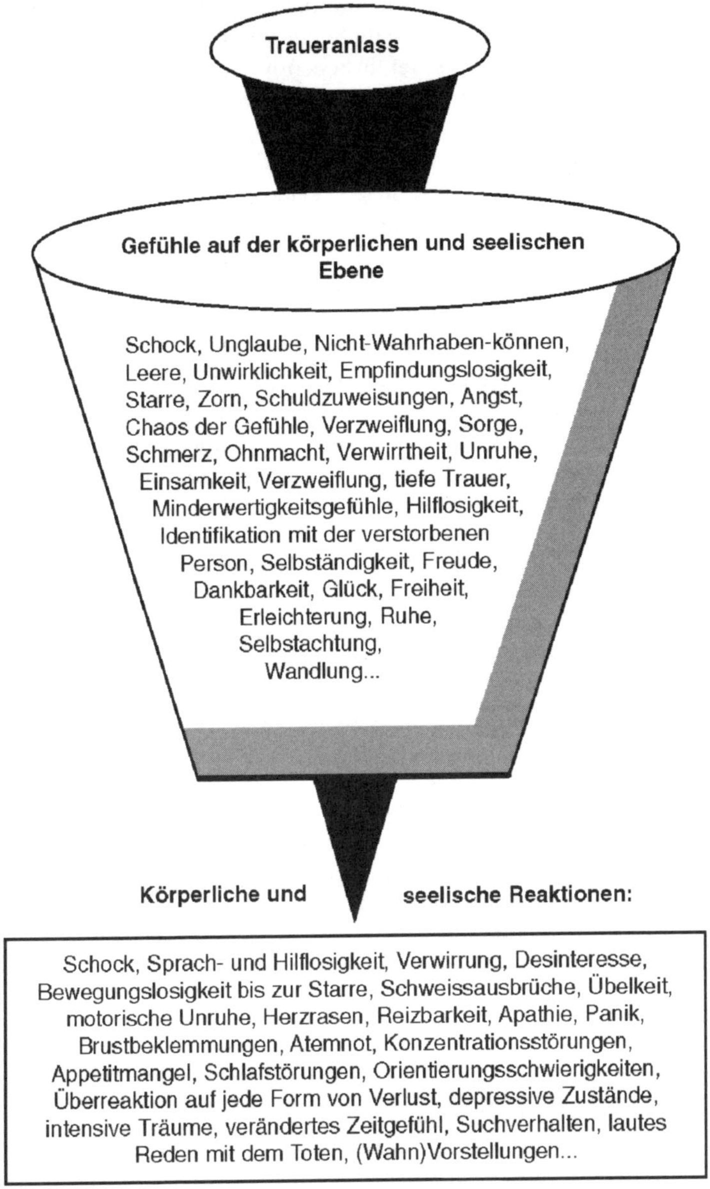

Abb. 21: Aspekte persönlicher Filtermechanismen in der Trauer

verschiedener, anderer Faktoren, brechen auf der körperlichen und seelischen Ebene bestimmte Gefühle auf, die im Trauerprozess eine wichtige Rolle spielen: Das Gefühlsrepertoire reicht vom Schock und Unglauben über Zorn und Ohnmacht, Verzweiflung und tiefe Trauer hin bis zu Erleichterung und Wandlungsfähigkeit. Entsprechend dem Filtermechanismus fallen auch die körperlichen und seelischen Reaktionen aus: Sprachlosigkeit, Reizbarkeit, Apathie oder Panik, Suchverhalten, Schlafstörungen bis hin zu Wahnvorstellungen.

Je nach Traueranlass und den Aspekten der persönlichen Filter kann es zu normaler Trauer oder zu pathologischer Trauer kommen. Normale Trauer sollte sich nach zwei bis fünf, maximal sechs Jahren „auflösen", d. h. alle schweren, körperlichen und seelischen Symptome sollten bis zu diesem Zeitpunkt abgeklungen sein. D. h. aber nicht, dass zu bestimmten Anlässen (z. B. Geburtstag eines Verstorbenen oder Weihnachten ohne den Partner) nicht immer wieder Traurigkeit und Tränen auftreten dürfen. Auflösung bedeutet in diesem Zusammenhang eher, dass die Schmerzausbrüche bis zur Erschöpfung dem Vorsatz oder gar Zustand gewichen sind, dass man es auch alleine schafft. Dies bewirkt ein wieder bewusstes Wahrnehmen von Lebensfreude, von Licht und Lust. Wut, Zorn, Hassgefühle und auch Schuldzuweisungen haben dann im neuen Lebensgefühl der Zuversicht keinen Platz mehr und werden durch eine neue Handlungsfreiheit ersetzt, die zwar den kritischen Blick zurück erlaubt, aber keine Emotionen mehr zum Ausbruch bringt.

Im Trauerprozess verlieren Menschen oft völlig ihr Selbstvertrauen und Selbstwertgefühl – ist man jedoch den Trauerweg erfolgreich bis zum Ende gegangen, so setzt nun ein positives Gefühl der Erleichterung ein und neue soziale Kontakte werden nicht nur geknüpft, sondern können auch genossen werden – ohne Ängste und Schuldgefühle. Damit sind auch die Einsamkeit und das Ausgeschlossensein vom pulsierenden „Leben draußen vor dem Fenster" endlich zu Ende und bleiben in der Erinnerung aufgehoben als notwendige Reaktionsweisen auf das Erlebte und Durchlittene.

„Normale Trauer"

- gut erkennbare Gründe,
- trägt charakteristische Züge,
- durchläuft mehrmals – je nach Anlassfall – den Trauerkreis und die Abwehrmechanismen,
- wird nach einem gewissen Zeitraum dauerhaft bewältigt.

Neben der sog. „Normalen Trauer" gibt es eine Reihe von Komplikationen, die man unter dem Begriff der „Pathologischen Trauer" zusammenfasst. Typisch für eine pathologische Trauer ist, dass der bohrende Schmerz, das Anklagen oder Idealisieren des Verstorbenen, das bewusste Tragen von Trauerkleidung oder das Nicht-Wahrhaben-Wollen niemals aufhört.
Es gibt bestimmte Lebenssituationen oder Lebensumstände, die eine „normale" Trauer nur schwer ermöglichen. Dies ist z. B. bei konfliktbeladenen Lebensgemeinschaften und/oder großer Abhängigkeit zur Partnerin/zum Partner der Fall. Aber auch der Verlust eines Kindes zählt zu den „Risikofaktoren" im Trauerprozess.

Komplikationen im Trauerprozess

Die aufgeschobene Trauer

Die Realität des Verlustes wird über Jahre hindurch geleugnet und es erfolgt keinerlei Veränderung der Lebensweise.

Die gehemmte Trauer

Diese Form der Trauer wird häufig bei Männern wahrgenommen: es kommt zu keinen sichtbaren Anzeichen der Trauer, denn Emotionen wie Wut, Zorn und Tränen werden völlig abgelehnt (Fließen der „inneren Tränen").

Die chronische Trauer

Die Trauer wird endlos fortgesetzt und der Verstorbene wird nur idealisiert. Die Trauer-Kleidung bleibt gleich und es wird ausschließlich Schwarz getragen.

Die aggressive Trauer

Aggressionen und Schuldgefühle brechen immer wieder aus, vor allem gegenüber anderen Personen. Diese ambivalenten Gefühlsschwankungen führen häufig in tiefe Depressionen.

Beispiele aus der Praxis der Trauerbegleitung sollen abschließend das Bild von pathologischen Trauerprozessen abrunden.

Aufgeschobene Trauer:

Frau M. ist 74 Jahre alt und bereits seit 40 Jahren Witwe. Sie lebt in einem kleinen Häuschen am Stadtrand, dass sie nach dem plötzlichen Tod ihres Mannes unter großen Schwierigkeiten geerbt und weitererhalten hat. Ihr verstorbener Gatte war mit 42 Jahren an einem Herzinfarkt in der Firma verstorben. Frau M. ist eine rüstige Witwe, die allerdings wenig Kontakt zu den Nachbarn pflegt. Bei ihnen gilt sie als „komische Alte" und eigenbrötlerisch. Frau M. hat im gemeinsamen Schlafzimmer seit dem Tod ihres Mannes nichts verändert; sie teilt sich das Bett noch immer mit ihrem nicht vorhandenen Ehemann, sie schlägt die Decke zurück und richtet die Kopfkissen, als würde er abends nach Hause kommen . . .
(TROPPER, D.)

Gehemmte Trauer

Herr S. ist 55 Jahre alt, er liegt nach einem Schlaganfall auf einer Spezial-Station des örtlichen Krankenhauses. Der bislang vitale, sportliche Mann war auf dem Tennisplatz zusammengebrochen. Seit einigen Wochen wird er aufgrund von Lähmungserscheinungen der linken Körperhälfte intensiv physiotherapeutisch betreut, auch die Krankenhauspsychologin besucht ihn regelmäßig. Im Zuge eines solchen Gesprächs geht sie auf seine „Verlustgeschichten" ein und Herr S. erzählt vom Tod seiner geliebten Mutter, als wäre es erst gestern gewesen. Er war knapp neun Jahre alt, als seine Mutter an den Folgen eines Autounfalls verstarb. Herr S. durfte nicht weinen: weder, als er den aufgebahrten Leichnam seiner Mutter sah, noch beim Begräbnis. Die Großmutter und sein Vater hatten es ihm strikt verboten. „Ein Junge hat nicht zu weinen" – hatte es geheißen. Herr S. durfte erst heute, 46 Jahre nach diesem schmerzlichen Ereignis, endlich Tränen über den Tod seiner Mutter vergießen . . .
(TROPPER, D.)

Chronische Trauer

Frau W. ist 77 Jahre alt, sie lebte bis vor zwei Jahren allein und sehr zurückgezogen in einer kleinen Wohnung. Als sie öfters vergaß, den Herd abzuschalten und begann, Altpapier und Zeitungen zu horten, wurde sie von der städtischen Sozialarbeiterin, vor allem auf Wunsch der Nachbarn, in ein Altenpflegeheim eingewiesen. Frau W. hat keine Verwandten mehr. Aber auch im Heim gelang es nicht, die Patientin aus ihrer inneren Emigration herauszuholen: sie trug jeden Tag – wie seit 57 Jahren – schwarze Kleidung. Damals war in den Wirren des 2. Weltkrieges 1943 ihr Verlobter Karl auf einem der unzähligen Schlachtfelder gefallen. Eine Feldpostkarte vom 7. Mai 1943 ist ihre letzte Erinnerung an seine Existenz. Schon zu Hause, später im Altersheim, hat sie eine Art Altar errichtet mit frischen Blumen, Kerzen, einem Kreuz und dem Foto des verstorbenen jungen Mannes. Frau W. hat sich nie wieder verliebt oder ist eine neue Beziehung eingegangen. Sie lebte immer nur für den längst Verstorbenen. Innerlich vereinsamt und ohne Möglichkeit, noch soziale Kontakte zu knüpfen, starb die betagte Frau mit 79 Jahren an einer Lungenentzündung . . .
(TROPPER, D.)

Aggressive Trauer

Frau F. hat am Morgen – wie in der letzten Zeit häufig – einen Streit mit ihrem Mann gehabt. Wieder ging es um den Hausneubau, der die Familie in hohe Schulden gestürzt hatte. Frau F. sah sich nicht mehr in der Lage, die nächste Kreditrate zurückzuzahlen. Aber auch diesmal ging es nicht nur um das Geld allein. Die Beziehung der beiden war schon lange brüchig geworden: Frau F. machte ihrem Mann Vorwürfe, dass er die Freizeit lieber am Sportplatz und im Gasthaus verbringe; Herr F. hingegen forderte von seiner Frau mehr Sparsamkeit ein. Unter dieser angespannten Situation litten vor allem die beiden Kinder im Alter von 6 und 10 Jahren. Nach diesem Morgen war Herr F. nie mehr nach Hause gekommen. Er raste auf dem Weg zur Arbeit mit seinem Auto mit Höchstgeschwindigkeit gegen ein Tunnelportal und war auf der Stelle tot. Ob es ein Selbstmord oder ein Fahrfehler war, konnte nicht geklärt werden. Frau F. fiel wenige Tage nach der Beerdigung in schwere Depressionen und musste in der Klinik behandelt werden. Fünf Jahre nach diesem tragischen Unfall erleben Kinder und Angehörige die Frau sehr aggressiv. Ihre Wutausbrüche richten sich vor allem gegen ihre Schwiegermutter, der sie die ganze Schuld an diesem Unfall anlasten will. Sie habe ihren Sohn nicht gut erzogen und sie hätte sich immer in die Beziehung der Eheleute eingemischt: „Es wäre besser, wenn *du* gestorben wärst!" klagte die Witwe des öfteren die Schwiegermutter an, die ob dieser Übergriffe hilflos und traurig ist.
(TROPPER, D.)

Wie wir bisher sehen konnten, hat Trauer viele Aspekte: physische, psychische – auf Persönlichkeit und Beziehungen bezogene und nicht zuletzt soziokulturelle, die mit der Familie, aber auch mit dem Beruf und der Religion zu tun haben. Abschließend möchten wir noch auf geschlechtsspezifische Unterschiede hinweisen, indem wir die trauernde Männer in den Mittelpunkt unserer Betrachtungen stellen

- Witwer sind nachweislich krankheitsanfälliger als Frauen in Trauersituationen.
- Bei trauernden Männern können zu einem späteren Zeitpunkt stärkere Formen von Depression auftreten.
- Witwer leiden mehr unter Einsamkeit und neigen zu Isolation und Entfremdung.
- Männer suchen seltener Ärzte auf, daher können die schweren Symptome der Trauer (bis hin zum Herzinfarkt) nicht behandelt werden.
- Witwer haben eine erhöhte Sterblichkeitsrate und sie neigen nach dem Tod ihrer oft langjährigen Lebenspartnerin häufiger dazu, sich umzubringen.
- Männer zeigen weniger Gefühlsregungen als Frauen und daher werden „innere Tränen" der Trauer geweint, die wiederum zu psychosomatischen Erkrankungen führen können.

4.3 Trauer im Spiegel kultur- und gesellschaftstypischer Ausprägungen

Jeder Mensch entwickelt im Laufe seines Lebens ein mehr oder weniger ausgeprägtes „Trauerbearbeitungs-Modell". Wie gut oder wie schwierig ein Trauerprozess „heilt", hängt – wie wir bereits viele Male aufgezeigt haben – von verschiedenen Faktoren ab. Dabei spielt das erlebte Trauerverhalten der Familienmitglieder eine große Rolle, aber auch das gesamtgesellschaftliche Verhalten, die Normen und Formen, in denen Trauer stattfinden darf und die Rituale, die den Menschen Halt und Hilfe geben. Im Folgenden möchten wir einen kleinen Einblick in die vielfältigen Toten- und Trauerrituale unserer eigenen aber auch anderer Kulturen geben, die aus der Geschichte bekannt sind.

Unsere ersten Vorfahren beispielsweise haben ihren Toten mit dem Faustkeil mühsam den Schädel vom Rumpf getrennt, um dann vermutlich das Gehirn zum Verzehr zu entnehmen, und sich so die „Seelensubstanz" des Toten im wahrsten Sinne des Wortes „einzuverleiben". Eine besonders ausgeprägte Form des Schädelkultes betrieben einige Stämme in Australien, indem sie die Schädel ihrer verstorbenen Angehörigen als Trinkgefäße verwendeten. Durch das Hinterhauptloch und die Augenhöhle zog man eine Lederschnur und so konnte man den „Toten" stets mit sich tragen. Das mag in unserem Kulturkreis barbarisch anmuten, war jedoch genau das Gegenteil davon, nämlich höchste Verehrung und Achtung gegenüber der Kraft der Toten.

Auch im klassischen Altertum kannte man die Verarbeitung von Schädeln zu Trinkgefäßen.

Immer schon gab es ausgeprägte Bräuche und Riten nach dem Tod eines Menschen. Bei den Naturvölkern kann und konnte man immer eine Fülle ritueller Handlungen beobachten, die steinzeitlich anmuten und uns völlig fremd sind. Hier einige interessante Beispiele, die aufzeigen, dass jede Form der Bestattung eng mit dem Glauben verknüpft ist. Wer an ein Weiterleben oder eine weite Reise in das Reich des Todes glaubt, der gibt auch seinen Toten Dinge mit, die schon im Leben von großer Bedeutung waren:

- Auf der malaiischen Halbinsel legten die Sakais dem Toten die besten Kleider an, gaben ihm ein Hackmesser und einen Dolch sowie einen Beutel mit Betel mit.
- Die Kayan wiederum kleideten den Toten in seine prachtvollsten Gewänder und legten unter beide Augenlider eine kostbare Perle, damit er den Fährmann auf der Reise in das Reich der Toten bezahlen könne.

- In Nordborneo spannten die Dusun vor der Regenzeit einen Regenschirm über das Grab, damit der Geist des Toten auf seiner letzten Reise trocken bleibe.
- Ein Stamm Neuguineas trocknete seine Toten am Feuer. Diese Prozedur fand in der Hütte des Verstorbenen statt und der Leichnam wurde in möglichst lebensnaher Stellung auf ein Bambusgerüst gebunden. Die Haut verfärbte sich allmählich schwärzlich und trocknete wie Pergament. Von den Angehörigen wurde der Leichnam sorgfältig behandelt: man hielt die Fliegen fern, steckte Essen in seinen Mund und rieb die Brandblasen auf der Haut mit einem Stück Rinde ab. Nach etwa zehn Wochen war die Leiche zu einer starren, lederartigen Mumie eingetrocknet, die nur noch die Hälfte ihres ursprünglichen Gewichtes wog. Danach schleppten die Eingeboren mit großer Mühe den Leichnam auf einen Berggipfel – über Lianenleitern kletterten sie den Berg hinauf. Dort befand sich unter einem Felsen eine Bank, auf der die Toten wie auf einer Gartenbank nebeneinander saßen und ins weite Land hinaus schauten.

Diese Rituale entstanden auf dem Hintergrund, dass die Menschen dieser Kulturen und Epochen an den „lebenden" Leichnam glaubten, dem sein Grab zur Wohnung wurde. Nicht nur Wegzehrung und Licht in Form von Öllampen gab man dem Toten mit, auch Geräte und Dienerschaft, Tiere und Kostbarkeiten – wie in den prunkvollen Königsgräbern und Pyramiden Ägyptens. Damals wurde alles Lebendige konserviert: Menschen, Tiere und sogar Pflanzen fanden ihren Platz als Grabbeigaben. Kulturen, die daran glaubten, dass der Leichnam weiterleben würde, haben die biologische Tatsache des Todes nicht begriffen bzw. nicht akzeptiert.
Der Glaube an ein Weiterleben nach dem Tod, eine Art magische Wirkung des Toten auf die Lebenden, hat in verschiedenen Kulturen immer wieder zu ausgeprägter „Totenfurcht" geführt. Aus der mittleren Steinzeit kennt man das Skelett eines Mannes, der in Hockstellung begraben war, jedoch offenbar auf eine Weise verschnürt und in einen Fellsack eingenäht wurde. Ähnliches entdeckte man auch bei peruanischen Mumien, bei einigen Eskimostämmen und anderen Naturvölkern. Wahrscheinlich wollten sie ihre Toten mit diesen Methoden daran hindern, zurückzukehren. So kam es, dass Leichname gefesselt und im Sarg festgebunden wurden oder man durchbohrte den Leichnam mit einem Pfahl, amputierte gar ein Bein bzw. durchschnitt die Sehnen.
In der Vorstellung der Voodoosi gibt es heute noch keine strenge Trennung zwischen Leben und Tod, Himmel und Erde. Wenn ein Mensch beispielsweise bei einem Verkehrsunfall ums Leben kommt, dann muss ein Voodoo-Priester eine Zeremonie abhalten, um die Seele des Verunglückten „einzusammeln" und ihr den Weg nach „Kutome" zu weisen, in das Reich der Toten. Andernfalls würde das Opfer

keine Ruhe finden, sondern nachts herumschreien und spuken und an der Unglücksstelle könnte es immer wieder zu Unfällen kommen.

Eine andere Besonderheit stellte die *Teilbestattung* dar. Im frühen Mittelalter, bald nach der Völkerwanderung, wurde die Teilbestattung des Leichnams praktiziert, was den religiösen und praktischen Erfordernissen der damaligen Zeit entsprach. Die Teilung in Herz, Eingeweide, Körper und gar Gerippe ersparte den Angehörigen die kostspielige, langwierige und schwierige Überführung des Toten, wenn er in einem fremden Land gefallen oder gestorben war. Mit Hilfe der Teilbestattung konnte man den Leichnam an Ort und Stelle, die Eingeweide in der Burg seiner Väter und das Herz im nahen Kloster beisetzen. Ursprünglich war dieses Verfahren sogar von der Kirche sanktioniert, da es zur „Gewinnung" von Reliquien diente. Papst Bonifaz VIII. hatte zwar 1299 erstmals die Teilbestattung verboten, aber die Teilbestattung ließ sich nicht verdrängen und hat sich in einigen Herrscherhäusern – wie etwa bei den Habsburgern – lange Zeit erhalten.

Wir wissen nicht, ob die Menschen in anderen Epochen und anderen Kulturen besser mit ihrer Trauer umzugehen verstanden. Tatsache aber ist, dass man heute sehr rasch mit Beruhigungsmitteln zur Hand ist und Trauer keine sichtbaren Zeichen wie Tränen oder lautes Klagen mit sich bringen darf. In früherer Zeit nahm die Totenklage jedoch einen festen Platz im Rahmen des rituellen Vorganges der Leichenbestattung ein (vgl. 2.1). Bei den Naturvölkern, die ihre Affekte vollkommen ungezügelt ausleben und ausdrücken dürfen, gibt es auch heute noch extreme Formen der Totenklage. Tagelang müssen die Verwandten eines Stammes in Neuguiinea über und über mit Schmutz beschmiert, neben der Leiche hocken und jammern. Sie müssen sich im ersten Schmerz zu Boden werfen, Erde essen, sich das Haar raufen und sich mit scharfkantigen Steinen möglichst tiefe Schrammen zufügen. Man kann bei diesem Stamm alte Frauen treffen, deren Körper über und über mit Narben bedeckt ist – den Zeugnissen zahlreicher Trauerbezeugungen.

Die *Totenklage* hat eine lange Tradition, auch wenn sie aus unseren Breiten schon völlig verschwunden ist und nur in einigen Mittelmeerländern in kleineren Formen noch existiert. Unter der Totenklage verstand man das zeremonielle Klagen und Weinen von professionellen „Klageweibern" oder Klagegemeinschaften auf dem Weg zum Friedhof, am Grab, am 3., 9., 30. und 40. Tag nach dem Tod und an Totengedenktagen. Diese Form der Totenklage war sowohl improvisiert, als auch nach rituellen Überlieferungen entsprechend „gestaltet“: als Preisklage (Loblied auf den Verstorbenen und die Größe des Verlustes), als Weckruf (Einladung an den Toten, wiederzukehren) und als Biographie (Schilderung der letzten Lebenstage und des Sterbens sowie der Lebenssituation der Familie vor und nach dem Tod).

Bis ins Altertum reicht auch die Sitte zurück, Trauer durch die Farbe der Kleidung auszudrücken. Griechen und Römer trugen ihre gewohnte Alltagskleidung in dunklen Farben oder Schwarz. Andere *Trauerfarben* waren Gelb im alten Ägypten, Hellgrau oder Weiß in Indien, China und Japan, Rot und Violett im Vorderen Orient. In unseren Breiten setzten sich im 17. und 18. Jahrhundert Schwarz und Weiß als die bestimmenden Trauerfarben durch. Im 19. Jahrhundert wurde dann Weiß zur Farbe der Braut und Schwarz verblieb der Trauer. Zur schwarzen „Volltrauer“ kam in den Phasen der „Halb“- und „Vierteltrauer“ erneut das Weiß. Schleier – das „Verhüllen der Trauer“ – und Trauerflor haben sich trotz längst eingetretener Lockerung von Kleiderordnungen als traditionelle Bestandteile der Trauer bis in unsere Gegenwart weitgehend erhalten.

Rituale geben den Menschen auch heute noch Halt in stürmischen Lebenszeiten. Der klare und einfache Ablauf bestimmter Handlungen, wie z. B. die Aufbahrung, das Gebet in der Kirche, die Beerdigung, bieten einen sicheren Rahmen, in dem sich der trauernde Mensch bewegen kann. Jedes Ritual hat einen *bewusst gestalteten Anfang* und ein ebenso *bewusst gestaltetes Ende.* Dazwischen bleibt noch genügend Platz für eine ganz persönliche Ausformung. So herrscht einerseits eine gewisse Ordnung, andererseits ist genügend Platz für individuelle Ausprägungen vorhanden. Das schafft jenen Rahmen, der eine Auseinandersetzung mit dem Unvermeidbaren und mit der neuen Situation möglich macht. So wie jedem Abschied ein Neubeginn innewohnt, bedeutet jeder Verlust auch eine Neuorientierung. Einer der wichtigsten Aspekte im Rahmen ritueller Handlungen ist wohl die Rolle der Gemeinschaft: Trauernde werden nicht allein gelassen und die kollektive Dimension durch gemeinsames Handeln und Verhalten erzeugt Solidarität, vermittelt das Getragenwerden in einem Ganzen und Größeren. Daher kommt den Ritualen in einer Zeit der Isolation und Kontaktarmut auch immer größere soziale Bedeutung zu.

Trotz aller gesellschaftlicher, kultureller und zeitlicher Unterschiede, die Wünsche und Bedürfnisse, die Trauernde verspüren, sind die gleichen geblieben:

Wünsche und Bitten eines Trauernden an seine Angehörigen und die Umwelt

- Lass mir Zeit und erdrücke mich nicht mit ständiger Anwesenheit und Anrufen.
- Nimm meinen Zorn und meine Wut nicht persönlich.
- Zeige Verständnis und Geduld.
- Hilf mir bei meinen alltäglichen Arbeiten und nimm mir so manche Last ab.
- Halte mein Jammern und Klagen aus.
- Lass mich nicht allein, wenn ich dich brauche.
- Bleibe bei mir, auch wenn ich oft nur dasitze und schweige.
- Hilf mir durch den Schleier meiner Trauer die Umwelt wahrzunehmen.
- Schreib mir einen Brief oder nur eine kleine Karte, damit ich spüre, dass ich nicht vergessen bin.
- Höre mir zu, wenn ich über die Vergangenheit erzähle, auch wenn du die Geschichte schon so oft gehört hast.
- Sei ein aufmerksamer Zuhörer und vermittle mir Ruhe und Geborgenheit.
- Überrede mich nicht zu Dingen, die ich nicht will und versuche nicht, die Probleme für mich zu lösen.
- Lass mich weinen und nimm mich einfach nur in den Arm.
- Verschone mich mit allen Ratschlägen, sie „erschlagen" mich.
- Lass mich sein, wie ich bin.

(Diese Bitten wurden von TeilnehmerInnen einer Hospizausbildung im Herbst 1999 unter Leitung von M. SPECHT-TOMANN und D. TROPPER formuliert)

4.4 Das Kind im Erwachsenen – Erwachsene trauern um ein Kind

„Da saßen sie beide, erwachsen und doch Kinder, im tiefsten Herzen Kinder."
(ANDERSEN, H. Ch.: Die Schneekönigin)

Wir haben einen großen Teil dieses Buches ganz bewusst der „Kindertrauer" gewidmet, denn jeder trauernde Mensch ist aufgehoben in den Entwicklungsstufen seines Lebens und dort spiegelt sich auch seine ganz individuelle Trauergeschichte seit Kindheitstagen. Das verletzte, kleine Kind im Erwachsenen war schon von Anfang an mit Trauer,

Abschiednehmen und Loslassen konfrontiert. Nur ungern unternehmen Menschen einen Rückblick in die Trauer ihrer Kindheit und doch kommt sie bei jedem neuen Traueranlass immer wieder hoch. Markante Verluste, die sich im Laufe unseres Lebens ereignet haben, holen uns immer wieder ein, treten mehr oder weniger stark in Erscheinung besonders dann, wenn wir neuerlich einen Verlust erlitten haben. In jedem neuen Trauerfall sind alle unsere vorangegangenen Trauerereignisse gewissermaßen „aufgehoben", treten mehr oder wenig stark in Erscheinung.
Wie sehr Trauer ein lebensbegleitendes Gefühl ist, kann im Entwicklungsmodell von E. Erikson besonders deutlich nachvollzogen werden (vgl. 2.2). Wir sind zwischen den Polen Geburt und Tod in ein Lebenspanorama eingespannt und haben in jedem Lebensalter, auf jeder Entwicklungsstufe wichtige Lebens-Aufgaben zu erledigen. Dies ist ein lebenslanger Prozess der menschlichen Entwicklung und unsere Identität entsteht als Stufenfolge einander sich aufbauender Krisenbewältigungen. Dabei wird die gesamte Lebensspanne berücksichtigt.
Nehmen wir uns die Biographie einer im Jahr 2000 Sechzigjährigen zur Hand und vollziehen Schritt für Schritt der bereits zurückliegenden Lebensstufen und -stadien. Erikson geht davon aus, dass sich die Aufgaben mit dem Alter ändern. Wie gut einzelne Abschnitte absolviert wurden, hängt wiederum davon ab, wie gut frühere Aufgaben in einem früheren Lebensabschnitt gelöst werden konnten.

Christine L., geb. 1940

Stadium: Frühkindliches Alter
Aufgabe: Vertrauen lernen
Bei Misslingen der Aufgabe: Misstrauen („Ich bin nicht liebenswert")

Christine kommt in einer schwierigen Situation zur Welt: es ist Kriegszeit. Der Vater ist als Soldat eingezogen und fällt in Polen. Die junge Mutter hatte bis 1938 im Haushalt einer jüdischen Familie als Hausmädchen gearbeitet; die Familie floh nach Amerika und Christines Mutter fand keine Anstellung mehr. Sie wohnte bei ihren Eltern in einer winzigen 2-Zimmer-Wohnung und sie lebten ausschließlich von den zugeteilten Rationen, die man mit Essensmarken erhielt. Den frühen Tod des Bräutigams kann die junge Mutter nicht verkraften, sie fällt in tiefe Depressionen und kümmert sich kaum noch um das Baby. Christines Großmutter zieht das kleine Mädchen unter großen Entbehrungen auf. Sie erfährt wenig Zuneigung und Geborgenheit.

Stadium: Kindheit
Aufgabe: Regeln befolgen lernen, Selbstkontrolle. Bei Misslingen der Aufgabe: Schuldgefühle, Selbstvorwürfe, Scham

Christines Kindheit ist eine sehr traurige, geprägt von Bombenangriffen, unendlich langen Tagen im Luftschutzkeller, Hunger und Leid. Die Großmutter bemüht sich sehr, der Enkeltochter ein wenig Freude in diesen freudlosen Zeiten zu vermitteln. Sie näht ihr aus alten Kleiderstoffen Schürzen mit Rüschen und eine Stoff-Puppe, die mit Stroh gefüllt ist. Christine erinnert sich noch heute an die geliebte Puppe, die bei einem der letzten Fliegeralarme verloren ging. Später als junge Frau und selbst Mutter einer Tochter hat sie immer wieder viele, verschiedene Puppen gekauft: 20 besaß ihre Tochter. Die Nachkriegszeit war geprägt von harter Arbeit. Ihre kranke Mutter, der alte, gebrechliche Großvater und die Großmutter mussten mithelfen, den Schutt der ausgebombten Häuser wegzuräumen. Ihr Spielplatz waren damals die Schutthalden und Ziegelberge. Christine war ein unterernährtes Mädchen, das schrecklich unter Hunger litt. Heute in ihrer Wohnung gibt es einen hohen Schrank, in dem alle möglichen Lebensmittel – ausreichend für viele Jahre – fein säuberlich aufgestapelt sind. Mit 80 Jahren im Altersheim wird sie in ihrem letzten Lebensabschnitt Lebensmittel horten und in ihrem Nachtkästchen ein großes Depot verschimmelter, alter Speisen anlegen. Sie wird auch Taschentücher und Servietten in einer großen, schwarzen Tasche sammeln und immer wieder laut nach ihrem Vater und der Mutter rufen.

Stadium: Adoleszenz
Aufgabe: Die eigene Identität finden, Abnabelung von den Eltern. Bei Misslingen der Aufgabe: Unsicherheit, unklares Rollenerleben und -verhalten („Ich bin nur jemand, wenn ich geliebt werde")

Mit 15 Jahren – Christine besucht die Klosterschule und möchte gerne eine kaufmännische Lehre absolvieren – stirbt die Großmutter, die mit unendlich viel Fleiß und Sparsamkeit sich selbst und ihrer Enkeltochter einen bescheidenen Lebensstandard möglich machte. Christines Mutter war bereits kurz nach Kriegsende in einer psychiatrischen Klinik verstorben, der Großvater stürzte beim mühsamen Trümmereinsammeln schwer und wurde anschließend auch noch von einem Fuhrwerk überfahren. Er verstarb an seinen schweren Kopfverletzungen. Der Schock über den Tod des „letzten Menschen" in ihrem Leben löst bei Christine eine schwere Krise aus. Sie wird magersüchtig und verweigert wochenlang die Nahrungsaufnahme. Die Klosterschwestern nehmen das Waisenkind im Kloster auf und ermöglichen ihr den Schulabschluss und den Beginn der Lehre. Liebe und Zuwendung erfährt sie hinter den Klostermauern allerdings keine. Sie darf bis zum Abschluss der Lehre im Kloster wohnen und da sich für Christine keine andere Perspektive eröffnet, bleibt sie bis 18 dort und unterwirft sich den strengen Ordensregeln mit Frühgottesdienst jeden Tag und mit einem absoluten Ausgehverbot. Sie muss nebenher fleißig im Klostergarten oder in der Küche mitarbeiten. Aufgrund ihrer familiären Situation kann es zu keinem Abnabelungsprozess kommen. Eine Zeit lang will die junge Frau selbst Klosterschwester werden, dann kommt es jedoch zum Bruch, als sich die eben erst ausgelernte, 18- jährige Christine in einen LKW-Fahrer verliebt und bereits beim ersten Zusammensein schwanger wird.

Stadium: Frühes Erwachsenenalter
Aufgabe: Intimität lernen, Verantwortung für Gefühle, Misserfolge und Erfolge übernehmen. Bei Misslingen der Aufgabe: Isolation, Abhängigkeit

Christine zieht vom Kloster in ein Zimmer, dass sie und ihr Freund, ein 24-jähriger Kraftfahrer, der weite Touren mit dem LKW jenes Unternehmens unternimmt, bei dem sie als Lehrling eingestellt wurde und nun als Mitarbeiterin in der Buchhaltung beschäftigt wird. Da sich die junge Frau völlig überfordert fühlt, entschließt sie sich zur Abtreibung des Kindes. Bereits im 4. Monat schwanger kommt es zu einem riskanten Eingriff. Sie wird nach dem Abortus als Notfall in die Klinik eingeliefert, dort können die Blutungen jedoch gestillt werden. Zeit ihres Lebens spricht die Frau nicht über das ungeborene Kind, ihre ungeweinten Tränen und die aufgeschobene Trauer lassen sie gut sechs Jahrzehnte später im Altersheim jedoch nicht mehr zur Ruhe kommen. Dort wird sie eine große Baby-Puppe im Schloss halten, die sie unentwegt hin und her wiegt.
Die Beziehung zu ihrem Mann ist nicht glücklich. Christine wird häufig von ihm geschlagen, wenn er nach wochenlangen Fahrten endlich nach Hause kommt. Sie klammert sich jedoch an ihren Freund und wird vier Jahre später abermals schwanger. Obwohl sich die Beiden kaum noch etwas zu sagen haben, heiraten sie und ziehen in eine größere Wohnung. Christine bringt eine Tochter zur Welt, die auf den Namen Caroline getauft wird. Ein halbes Jahr später zieht der Vater aus der gemeinsamen

Wohnung aus, das Ehepaar lässt sich scheiden und Christine muss ihre Tochter in eine Pflegefamilie geben. Sie leidet sehr unter der Trennung, da sie sich an das Kind klammert, denn Caroline ist für sie der einzige Mensch, der ihrem Leben noch Sinn gibt. Christine muss hart arbeiten und sehr sparsam sein, um das – für sie – hohe Pflegegeld zahlen zu können. Mit drei Jahren holt sie Caroline zurück und gibt sie in den Kindergarten. Es beginnen schwierige Zeiten für Mutter und Kind, denn Caroline wird aus ihrer „heilen" Welt plötzlich herausgerissen und für sie ist ihre leibliche Mutter wie eine fremde Person. Später wird die junge Frau große Beziehungsprobleme haben. Sie wird immer auf der Suche nach einer „Vaterfigur" sein. Christine bleibt allein und widmet sich nur noch ihrer Arbeit und der Erziehung ihrer Tochter. Der Vater kümmert sich nicht um seine Tochter; er überweist nur monatlich das Unterhaltsgeld.

Stadium Lebensmitte
Aufgabe: Neue Aktivitäten entwickeln, wenn die alten Rollen überholt sind und nicht mehr stimmen. Bei Misslingen der Aufgabe: Stagnation, Festhalten an alten Rollen

Mit 55 Jahren geht Christine in die Frühpension, nach mehreren Erkrankungen und einem Bandscheibenvorfall. Ihre mittlerweile 33-jährige Tochter arbeitet als Journalistin und hat kaum noch Kontakt zur Mutter. Manchmal kommt eine Postkarte mit einem exotischen Motiv. Die Mutter leidet sehr darunter, dass ihre Tochter mit 20 Jahren einfach von zu Hause ausgezogen ist. Damals hinterließ sie ihrer Mutter nicht einmal einen Abschiedsbrief oder wenigstens einen Zettel. Monate später kam ein Anruf, dass sie sich im Ausland aufhalte und für ein Magazin schreibe. Manchmal kam zu Weihnachten ein Anruf von ihrer Tochter, aber auch diese telefonischen Kontakte wurden immer seltener. Caroline starb 36-jährig unter dramatischen Umständen: bei Fotoaufnahmen in einem afrikanischen Bürgerkriegsland, als eine Bombe vor dem Auto explodierte. Mit ihr starb auch ihr langjähriger Freund, ein 52-jähriger Fotograf. Christine L. brach nach Erhalt der Todesbotschaft zusammen und wurde monatelang in einer psychiatrischen Klinik behandelt. Ihre starken Depressionen sollten sie jedoch bis an ihr Lebensende begleiten. Nach ihrer Entlassung fand sie zu Hause lange Zeit keine Ruhe: sie suchte nach den alten Fotos, ging nächtelang in ihrer kleinen Wohnung auf und ab, konnte keinen Kontakt zu den Nachbarn knüpfen und zog sich immer mehr zurück. Sie begann ihr Äußeres zu vernachlässigen und sprach immer häufiger dem Alkohol zu. Sie nahm weder Anteil am Alltagsgeschehen, noch beschäftigte sie sich mit irgendwelchen Aktivitäten. Christine wurde zunehmend verschlossener. Die Nachbarn bezeichneten sie als eine „böse, alte Hexe". An ihre alte Rolle als Buchhalterin klammerte sie sich verzweifelt. Jedes halbe Jahr, wenn von der Hausverwaltung Abrechnungen aufgestellt wurden, erhob sie Einspruch und behauptete, dass die Posten etwa für die Müllabfuhr oder die Hausreinigung nicht stimmen würden. Die Nachbarn am Hausflur beschuldigte sie, Schmutz auf ihren Fußabstreifer vor die Eingangstüre zu geben und die spielenden Kinder wurden von ihr beschimpft und aufgefordert, keinen Lärm mehr zu machen, da sie ansonsten die Polizei holen werde.

Stadium Alter

Aufgabe: Das Leben resümieren, innere Stärke und Integrität finden. Bei Misslingen der Aufgabe: Verzweiflung, Aggression, Wut („Ich will lieber tot sein")

Werfen wir einen Blick 20 Jahre nach vorne, gewissermaßen in die „Zukunft des Alters". Christine L. wird als Patientin in einem Altenpflegeheim 80 Jahre alt werden und sie wird an Demenz vom Typ Alzheimer leiden. Sie wird das Personal beschuldigen, ihr ihre geliebte Tochter Caroline weggenommen zu haben; sie wird Lebensmittel horten, ebenso WC-Papier, Taschentücher, Servietten etc. Christine wird nächtelang nach ihrem abgetriebenen Baby schreien, sie wird sich so verhalten, als würde sie ein Kind gebären. Mit dem Krückstock wird sie zornig nach dem Pfleger schlagen, später wird sie das Essen wieder in den Teller zurückspucken. Sie wird aggressiv und verzweifelt sein. Zwei Jahre vor ihrem Tod wird sie stundenlang in immer wiederkehrende Bewegungen verfallen: sie wird dabei ihre Hände auf ihren Bauch pressen, schreien und sich wild von einer Seite auf die andere werfen. Ihr Sprachschatz wird sich reduzieren auf einige wenige, kaum verständliche Laute. Ein halbes Jahr vor ihrem Tod wird sie – wie ein Embryo – bewegungslos im Bett kauern und nicht mehr sprechen oder essen. Christine L. wird einsam sterben und es wird kein leichter Tod sein. Auf ihrem letzten Weg zum Urnenfriedhof wird nur eine Handvoll Menschen dabei sein: das Pflegepersonal aus dem Altersheim, der Priester und ein Ministrant.
(TROPPER, D.)

Wenn wir die wichtigste Problemstellungen kurz zusammenfassen, so steht während der Kindheit die Wertschätzung anderer und das Selbstwertgefühl im Mittelpunkt, in der Jugendzeit ist es die persönliche Identität, beim jungen Erwachsenen die Intimität, im mittleren Alter die Familie und im hohen Alter das Vermächtnis, das man hinterlässt. Alle Phasen sind miteinander verbunden, gehen ineinander über und bauen sich auf. Jede Krise fängt schon in dem vorangegangenen Lebensabschnitt an und spielt noch in den nächsten hinein. Die Lösung der Problemfelder hängt nicht nur von der richtigen Entwicklung, sondern auch von der richtigen Zeit ab.

Solange Menschen noch Denken und Handeln können, ist es durchaus möglich, so genannte „übersprungene Schritte" aus der Vergangenheit nachzuholen. Dies kann jedoch nur dann geschehen, wenn man auch bereit ist, zurückzuschauen auf sein bisheriges Leben mit all den Höhen und Tiefen. Dieses Innehalten mitten im Leben als eine Form der persönlichen *Biographiearbeit* bedarf des „richtigen" Zeitpunktes. Möglichkeiten dafür bieten sich beispielsweise bei „positiven Anlässen" wie dem 40. oder 50. Geburtstag. Sich mit einem Blatt Papier für eine Stunde zurückziehen und Lebensbilanz zu ziehen und dabei ein „Gewinn- und Verlustkonto" anzulegen, das kann sehr heilsam sein.

Wie bereits immer wieder erwähnt, geht es nicht ausschließlich um die großen Verluste, die markanten Lebensereignisse, die uns niederwerfen und klein und nichtig erscheinen lassen, sondern vor allem um alle kleinen Abschiede und Verluste, die nicht wirklich abgeschlossen sind.

Im Zuge einer solchen Rückschau bis in die Kindheit und Jugend kann man sich viele Fragen stellen und diese auch ehrlich beantworten, z. B.:

- Welche Erinnerungen sind mit meinem ersten Zuhause verknüpft?
- Wann war die glücklichste Zeit in meinem Leben?
- Wie war die Schulzeit, wie die Jugend mit meinen Geschwistern?
- Meine erste Liebe: Wer war die Frau/der Mann? Sie ist zu Ende gegangen, weil . . .
- Welche Menschen haben mein bisheriges Leben geprägt? Was haben sie mir gebracht? Was haben sie mir genommen?
- Wie hat meine Ehe/Partnerschaft begonnen? Was ist heute daraus geworden?
- Bin ich glücklich mit meinen Kindern?
- Wie gefällt mir mein Beruf? Was möchte ich verbessern oder verändern?
- Welche Entwicklungen musste ich durchlaufen, vielleicht unter Schmerzen, mit viel Anstrengung und Auseinandersetzung?
- Welche Wendepunkte gab es in meinem Leben?

- Was habe ich bisher alles erlebt und erlitten?
- Nach welchen Werten habe ich mein bisheriges Leben ausgerichtet?
- Was wünsche ich mir für mich? Was fehlt mir besonders?
- Habe ich ein Lebensmotto, das immer Gültigkeit hat für mich?

Nicht aussparen sollte man auch die heiklen Fragen nach der Bewältigung von Lebensübergängen und/oder Lebenskrisen. Wie reagierte ich auf:

- Krisen in meinem Leben.
- Schwere Krankheiten.
- Verlust der Arbeit.
- Tod von Menschen, die mir in irgendeiner Weise nahe standen.

Lebensübergänge ereignen sich immer dann, wenn wir uns von einer Entwicklungsstufe zur nachfolgenden vorarbeiten. Ein Kind, das vom Kindergarten in die Schule kommt, empfindet neben einer großen Erwartungsfreude auch Trauer. Ein Erwachsener, der in eine andere Stadt ziehen muss, weil er einen neuen Arbeitsplatz übernimmt, empfindet ebenso Trauer wie die alte Frau, die 50 Jahre in ihrer Wohnung gelebt hat und diese nun zugunsten eines Platzes in einer modernen Altenpflegeeinrichtung aufgeben muss. Lebensübergänge bewegen sich ähnlich wie die Trauer in einem Kreislauf und entwickeln Symptome, die ebenfalls eine Form von Trauerverhalten auslösen. Während Trauer und Trauerprozesse manchmal auch nie aufhören können, sind Lebensübergänge irgendwann abgeschlossen, auch wenn sie der Betreffende nicht optimal bewältigt hat.

Merkmale von Lebensübergängen

Unbehagen

Eine tiefe Unzufriedenheit und Unsicherheit breiten sich aus. Die Frage nach dem „War das jetzt alles" bleibt im Raum stehen. Alles, was geschieht, ist „fragwürdig", also einer Frage würdig. Da das bisher Vertraute und Gewohnte nicht mehr trägt und das Neue noch nicht so vertraut ist, kommt es zu großen Orientierungsschwierigkeiten, oft auch zu Angstzuständen.

Suchen

Da das Chaos oft nicht mehr auszuhalten ist und die Angst bewältigt werden muss, erkennen Menschen, dass die Neu-Orientierung nur aus ihnen selbst kommen kann. Sie stellen sich dann die Frage: „Was kann ich jetzt tun?" und entwickeln erste konkrete Ideen.

Inkubationsphase
Jeder Lebensübergang ist auch von Resignation, oft Verzweiflung geprägt. („Ich fühle mich wie der letzte Mensch!") Ärger, Depression und Frust, aber auch Selbstzweifel plagen den Menschen, Probleme gären in seinem Inneren auf dem Weg zur Neuorientierung.

Neue Idee
Erst am Ende zeichnen sich Freude und Lebenslust wieder ab, entsteht Klarheit darüber, welches Ziel man erreichen wollte oder auch nur, welche Sehnsucht in jedem von uns stecken kann. Dann steht der Zukunftsorientierung nichts mehr im Wege.
Im *Lebenspanorama* geht es immer um eine vergegenwärtigende Rückschau, um den Versuch, das eigene Leben als Gesamtes und Zusammenhängendes zu begreifen, es geht darum, sich bestimmte Stationen des Lebensweges noch einmal anzueignen, um wirklich loslassen zu können. Dabei geht es um drei Fragen:
- *Wer bin ich?* Diese Frage nach der eigenen Identität begleitet uns ein Leben lang.
- *Wer war ich?* Wir möchten verstehen, wer wir sind, indem wir verstehen, wer wir waren und nunmehr geworden sind.
- *Wer werde ich sein?* Wenn unser Rollenverhalten keine Gültigkeit mehr hat, wenn materielle Sicherheit kein haltender Wert mehr ist und wir auf uns selbst reduziert sind, dann drängt sich diese allerletzte Frage auf. Entscheidend für ihre Beantwortung wird sein, wie wir unser bisheriges Leben gelebt haben, wie wir mit Schuld und Versöhnung umgegangen sind und ob wir Trauerarbeit im Leben geleistet haben.

Das ewig trauernde Kind im Erwachsenen bahnt sich nur selten seinen Weg durch das verschlungene Unterbewusstsein an die Oberfläche. Wenn man Menschen nach ihrem ersten Trauerereignis befragt, mit ihnen vielleicht in Form einer kleinen Meditation „Erinnerungsarbeit" leistet, so ist der Anlass für ihre Trauer ebenso unterschiedlich wie das jeweilige Alter, in dem sich der Verlust ereignete. Dies zeigen auch die interessanten Aussagen, die wir zum Thema „Erstes Trauererlebnis" erhalten haben.

„Mein erstes bewusstes Trauererlebnis ereignete sich mit 12: damals starb meine Großmutter und ich bekam meine erste Regelblutung."
(Maria, 57 Jahre)
„Ich war 5 Jahre alt, als meine Mutter bei der Entbindung meiner Schwester starb. Ich habe meine Schwester lange gehasst, weil ich sie für den Tod der Mutter verant-

wortlich gemacht habe. Erst in den letzten Jahren verstehen wir uns gut und fahren auch gemeinsam auf Urlaub."
(Stefanie, 44 Jahre)

„Die Schläge meines Vaters mit dem Heugabelstiel, weil ich meine Arbeit nicht gemacht hatte, sind mir noch immer in Erinnerung und sind wohl mein erstes, stärkstes Trauererlebnis. Ich war damals 8 oder 9 Jahre alt. Heute bin ich 50 und empfinde keine Vatergefühle. Mein 77-jähriger Vater ist schwer krank, aber ich kann mit ihm noch immer nicht darüber sprechen, ich kann ihn auch nicht pflegen, obwohl ich ja Hauskrankenschwester bin. Mit diesen Schlägen ist auch mein Urvertrauen gestorben. Nur Gott ist mein Vater!"
(Anonym)

„In meiner Familie sind so viele Menschen schon gestorben: Meine Großeltern und mein Vater leben nicht mehr, meine Tante ist erst vor einem Jahr an Lymphdrüsenkrebs gestorben. Das einschneidendste Trauererlebnis hatte ich vor zehn Jahren, als meine Tochter durch einen Fahrradunfall starb. Immer und immer überkommt es mich und ich muss weinen. Ich hätte ihr doch noch so viel zu sagen gehabt und ich konnte mich auch nicht mehr verabschieden von ihr. Es war schrecklich. Sie war gerade 16 Jahre alt geworden und wir hatten an diesem Morgen einen Streit. Eigentlich ist es um überhaupt nichts Wichtiges gegangen. Wie fühle ich mich schuldig!
(Regina, 51 Jahre)

„Alle meine vorangegangenen Trauererlebnisse sind überschattet von dem, was mir vor vier Jahren als junger Pfleger auf der Krankenstation passiert ist: Ein junger Patient, kaum älter als ich, lag schwerstverletzt nach einem Motorradunfall bei uns. Nach den Pflegemaßnahmen überprüfte ich, ob alles in Ordnung sei. Dabei bemerkte ich, dass die Klingel über dem Bett nicht funktionstüchtig war. Ich versprach dem jungen Mann, der nicht sprechen konnte, dass ich gleich nach dem Waschen von vier weiteren Patienten mit einer neuen Klingel kommen würde. Als ich nach einer halben Stunde ins Krankenzimmer kam, war er schon tot. Ich glaube, ich habe diesen Schock noch immer nicht überwunden!"
(Karl, 25 Jahre)

„Ich hatte gerade vor wenigen Tagen meinen 17. Geburtstag gefeiert, als mein bester Freund bei einem Arbeitsunfall starb. Er arbeitete bei der gleichen Baufirma wie ich und war mit Montagearbeiten beschäftigt, als er vom Dach stürzte. Es kommt mir wie heute vor: Ich sehe alles genau, höre sein Schreien und dann den dumpfen Aufprall. Zuerst war ich wie gelähmt, einfach hilflos. Ich konnte nicht hingehen, zu stark war der Schmerz und der Schock. Für mich war das Begräbnis schrecklich, ich konnte und wollte es nicht wahrhaben. Ich nahm drei Wochen Urlaub. Gleich in der ersten Woche fuhr ich ins Gebirge. Eigentlich wollte ich mich von einem Gipfel in die Tiefe fallen lassen, um auch tot zu sein. Aber ich habe es dann doch nicht getan. In dieser Zeit hat mir meine Zwillingsschwester sehr geholfen."
(Stefan, 38 Jahre)

(Die Aussagen stammen von TeilnehmerInnen eines Seminars zum Thema: „Trauer- eine Farbe des Lebens" unter Leitung von M. SPECHT-TOMANN und D. TROPPER)

Wir wollen nun unsere Leserinnen und Leser mit konkreten Trauererlebnissen konfrontieren, die Verständnis für individuelle Trauerreaktionen wecken sollen. Es handelt sich dabei um sehr „nahe" Traueranlässe, beide Male geht es um den wohl schmerzhaftesten Verlust im Leben jedes Erwachsenen: der Tod des eigenen Kindes. Wie ein roter Faden zieht sich durch unser Buch die Erkenntnis, dass jedes Trauererleben ein sehr subjektives ist und jede Trauergeschichte einen anderen Verlauf zeichnet. Wenn wir von anderen, tragischen Verlusterlebnissen hören und lesen, so bleibt uns vielleicht der Trost, nicht allein zu sein in all unserem eigenen Schmerz, denn auch andere Menschen erleiden schlimme Verluste und Abschiede auf ewig.

Hedwigs Geschichte

Eine junge Frau schildert sechs Jahre nach dem Tod ihres vier Monate alten Säuglings ihre Trauerempfindungen und Reaktionen Sie fand das Baby tot im Gitterbett. Diagnose: Plötzlicher Kindestod.

Ich weiß es noch, als wäre es gestern geschehen. An diesem Morgen nahm ich ein ausgiebiges Frühstück zu mir und freute mich darüber, dass Stefan nicht schon wieder wach war. Er war erst um zwei Uhr in der Früh aufgewacht, ich stillte und wickelte ihn. Nachdem ich mir die zweite Tasse Kaffee eingeschenkt hatte, überkam mich eine innere Unruhe. Ich ging ins Kinderzimmer, um nach dem Baby zu sehen. Stefan lag ganz ruhig in seinem Gitterbett, er fühlte sich so kalt an. Ich glaube, ich habe zuerst gar nicht wahrgenommen, dass er nicht mehr lebt. Ich hob ihn heraus und hielt in fest umschlossen, drückte seinen Kopf an meinen Oberkörper. Instinktiv begann ich ihn zu wiegen. Meine Bewegungen wurden immer rascher und rascher und plötzlich begann ich zu schreien. Der Schmerz überkam mich mit solcher Heftigkeit, dass ich das Gefühl hatte, jemand würde mir mein Herz bei lebendigem Leib herausreißen. Das Baby ließ ich nicht mehr los. Nachdem mein Mann ganz verschreckt aus dem Badezimmer kam und mit Schrecken das Geschehene wahrnahm, saß ich im Schaukelstuhl, geschüttelt von Wein- und Schreikrämpfen und hielt mein Baby fest. Selbst der herbeigerufene Notarzt konnte mich weder beruhigen noch dazu bewegen, das tote Kind aus dem Arm zu geben. Was dann geschehen ist, weiß ich nicht mehr. Nur so viel: Ich bin in ein tiefes, schwarzes Loch gefallen. Ich kann mich an keine Minute meines Lebens in den ersten drei Tragen nach dem Tod von Stefan erinnern.
Monate später ertappte ich mich immer wieder dabei, die Babysachen durchzuschauen. Wenn ich beim Einkaufen oder auf der Straße Mütter mit Kinderwagen sah, überkam mich ein tiefer Zorn. Ja, ich glaube, es war sogar Hass und Wut. Ich machte mir auch immer wieder Vorwürfe, warum ich nicht schon früher ins Kinderzimmer gegangen war. Auch die Beziehung zu Peter, meinem Mann, war in dieser intensiven Trauerzeit sehr schlecht. Ich sah und erlebte nur mich in Trauer, seine Hilflosigkeit und seine Trauer konnte ich nicht wahrnehmen.
Mein Zustand besserte sich erst nach und nach – vor allem durch den regelmäßigen Besuch bei einer Psychologin. Ohne ihre Hilfe wäre ich nie darüber hinweggekommen.
Zwei Jahre nach Stefans Tod wurde ich wieder schwanger. Während der ganzen Schwangerschaft und vor allem im ersten Lebensjahr meiner kleinen Tochter be-

gleitete mich eine unbeschreibliche Angst. Ich wollte nicht auch noch dieses Kind verlieren. Julia ist gesund und ich bin sehr glücklich mit ihr und meinem Mann. Aber vergessen kann ich Stefan nie und auch nicht die schrecklichen Stunden nach seinem Tod. Manchmal träume ich noch davon."

(TROPPER, D.)

Diese Frau ist nach sechs Jahren in der Lage, über ihr Trauererlebnis zu sprechen. Ihr ist es gelungen, wieder ein neues Verhältnis zur Welt aufzubauen und sie hat auch ihre Schuldgefühle – soweit dies jemals möglich sein wird – abgebaut. Die Frage nach dem „Warum" und das Aushalten von Sinnlosigkeit in solchen lebensbeeinflussenden Ereignissen wird jedoch immer bleiben. Der Tod eines Kindes wird im Trauerprozess immer als Risikofaktor erlebt und die Überwindung dieser Trauer zählt zum Schwierigsten im Leben eines jeden Menschen, besonders jedoch bei Frauen. Kinder sind die Hoffnung der Menschheit. Sie sind unsere Boten an eine Zeit, an der wir selbst nicht mehr teilhaben können und sie tragen alle unsere Wünsche und Hoffnungen in sich. Das Kind wird so zum „Wunschträger", das erstgeborene Kind häufig auch zum „Königskind". Diese Fixierungen lassen ein Auflösen der Trauer in vielen Fällen überhaupt nicht zu. Dazu kommt, dass die Projektionsmöglichkeit wegfällt, denn einem verstorbenen Kind gegenüber können weder Emotionen wie Wut und Zorn, noch Aggressionen entgegengebracht werden. Diese Tatsache verschleppt häufig den Trauerprozess und führt beispielsweise dazu, dass alte Menschen wieder und wieder nach ihren verstorbenen Kindern suchen und fragen, sie rufen oder mit ihnen sprechen.
Früher war der Tod eines Kindes nichts Besonderes, in jeder Familie starben Kinder in jungen Jahren. Durch die Fortschritte der Medizin in unseren Breiten und die Tatsache, dass in den Familien heute weniger Kinder als früher leben, man sich mit diesen Kindern auch bewusster auseinandersetzt, haben sie heute einen weitaus höheren Stellenwert. Dennoch ereignet es sich immer wieder, dass Kinder tot geboren werden oder im jugendlichen Alter sterben. Besonders schlimm sind diese Verluste, wenn die Nabelschnur zwischen Kindern und Eltern noch nicht durchtrennt wurde, d. h. wenn es sich um ganz kleine Kinder handelt. Alle „unzeitgemäßen" Tode, die sich zu früh und nicht erst „nach langem Leben im hohen Alter" ereignen, hinterlassen tiefe Spuren der Trauer. Sie schmerzen mehr als alles andere und führen fast immer zu massiven Schwierigkeiten im Trauerprozess.
Das bewusste „Sich Verabschieden" ist gerade bei pränatalem Kindstod, beispielsweise bei Schwangerschaftsabbruch oder bei spontaner

Früh- bzw. Totgeburt, von wesentlicher Bedeutung für den weiteren Verlauf der Trauerarbeit. Bei nicht vollzogenem Trauerritual kann es zu einer Identitätsverschiebung auf künftige Kinder kommen. Häufig brechen auch Beziehungen auseinander, weil sich die Partner gegenseitig die Schuld für den Tod des Kindes geben und ausgesprochene oder nicht ausgesprochene Schuldgefühle sich belastend auswirken.
Das nachstehende Beispiel aus unserem familiären Umkreis macht deutlich, wie wichtig der „richtige Abschied" von einem totgeborenen Kind ist. Es soll Mut machen und beispielgebend dafür sein, dass auch einem nicht lebensfähigen kleinen Menschen jener Respekt und jenes Trauerverhalten entgegengebracht werden sollte, wie man es vielleicht für die Großmutter oder den Großvater tun würde. In unseren Breiten „verschwinden" Totgeburten häufig in den Krankenhäusern, was zu kritischen Trauerreaktionen bei den betroffenen Frauen führen kann. Weil das Abschiednehmen nicht ermöglicht wird, Mütter nicht einmal wissen, wohin denn die toten Körper ihrer Kinder gekommen sind, weil es kein Grab als sichtbaren Ort der Trauer und keine rituelle Abschiedsfeier gibt, können sie den Verlust oft nicht annehmen. Belastende Gefühle können nicht zum Fließen gebracht werden und Ängste begleiten diese Menschen dann ein Leben lang. Dieses Nicht-Losgelassen-Haben kann aber auch zu schweren Depressionen führen. Bei jedem neuerlichen Verlust bricht die Erinnerung an das tote, unbekannte Kind wieder auf und lässt Menschen nicht mehr zur Ruhe kommen.

Abb. 22a – 22c: Abschied von Nina

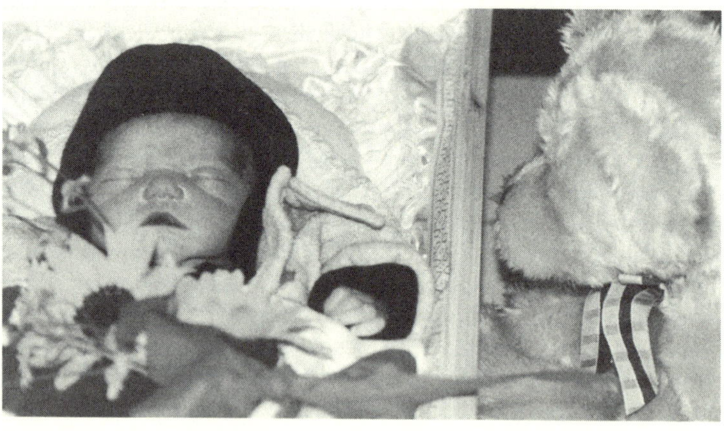

22a

Wir haben uns 32 Wochen lang auf Dich gefreut,
aber noch in Mami's Bauch ist Dein Herzchen einfach stehen geblieben...

Nina T.

20. September 1999

Wir heissen Dich herzlich willkommen – und gleichzeitig nehmen wir in grosser Trauer Abschied von Dir.
Du, die uns in der Tiefe unserer Herzen gut bekannt warst.

Du warst so wirklich für uns,
für die kurzen Momente; und doch für alle Ewigkeit.

Wir sehen Dich kalt und leblos, aber das bist nicht Du.

Du hast Deinen Körper zurückgelassen, er ist wie ein Kokon,
aus dem sich Deine Seele entfaltet hat, für den Flug in Gottes Garten.

Auch wenn wir getrennt sind,
bleibt unsere Liebe die lebende Verbindung zu Dir.

Traurig verabschieden wir uns alle von Dir:

Deine Familie:

Ursula und Florian T.
mit Daniel

Deine nächsten Verwandten:

Hanni und Hansruedi S.
Greti und Heinz T.
Dominik und Helene
Marie-Luise
Hansueli und Beatrice
Regula und Markus M.
mit Nadine und Dominik

Urgrosseltern
Verwandte, Freunde und Bekannte

Die Trauerfeier findet am Montag, 27. September 1999,
im engsten Familienkreis in der Kirche Meikirch statt.

Wir besammeln uns um 13[15] Uhr,
bei der Aufbahrungshalle neben dem Friedhof in Meikirch.

22b

Unsere Herzen
berühren Deine Seele,
auch wenn wir getrennt sind,
sind wir für immer zusammen.

Liebe Nina...

...wir denken immer fest an Dich,
machs gut, dort, wo Du jetzt bist...

Herzlichen Dank...

- ...allen, die in dieser schweren Zeit, beim Abschied unserer Tochter und Schwester Nina, mit herzlicher Zuneigung, tröstenden Worten und lieben Gedanken tragen helfen. Es tut uns so gut!!
- ...allen, die Ninas irdisches Gärtchen mit Blumen und anderen Sachen liebevoll geschmückt haben.
- ...an Dr. Jürg B. in Bern und an die Hebammen vom Lindenhofspital, die uns bei dieser schweren Geburt liebevoll beigestanden sind.
- ...unserem Freund und Pfarrer Andri K. für seine grosse Hilfe und für die einfühlsamen und persönlichen Abschiedsworte, die uns Zuversicht und Trost gegeben haben.
- ...an Gottfried N., der uns auf liebenswürdige Art beraten, unterstützt und geholfen hat.
- ...der Organistin für die musikalische Begleitung bei der Trauerfeier und der Sigristin für die Organisation in der Kirche.

♥-lich

Im Oktober 1999 — Ursula, Florian und Daniel T.

22c

Karins Geschichte

„Jede noch so prachtvolle Blüte trägt in ihrem Innersten den Keim der Vergänglichkeit."
Ein erst aufblühendes Leben, eine Rosenknospe war auch Karin W., die mit knapp 18 Jahren schwer erkrankte und wenige Wochen später starb. Im Jahresbericht der Schule stand folgendes zu lesen:
„Mitten in die unbeschwerte Ferienstimmung hinein traf uns die Nachricht, dass Karin von uns gegangen ist, wie ein Blitz aus heiterem Himmel. Mit einem Schlag wurden in uns allen die Erinnerungen an sieben gemeinsam verbrachte Schuljahre wach – gemeinsam ausgestandener Prüfungsangst, sieben Jahre gemeinsam erlebter Freuden. Der Gedanke, dass es dieses ‚gemeinsam' von nun an nicht mehr geben würde, war für uns unfassbar."

Tatsächlich war diese Karin ein besonderes Mädchen. Überall, wo etwas los war, wo jemand gebraucht wurde, wo zugepackt werden musste, war sie mit Optimismus und Tatkraft dabei. Sie half ihrer Mutter in der Gastwirtschaft, sorgte sich rührend um die älteren oder kränklichen Gäste, war bei der Erntearbeit dabei und nähte sich den Großteil ihrer Garderobe selbst. In der Schule zeichnete sie sich ebenfalls durch großen Fleiß aus, war ein Sprachentalent und nahm Ballett-Unterricht, wo sie ihre Musikalität unter Beweis stellen konnte. Hübsch, engagiert und selbstbewusst – so könnte man das Mädchen beschreiben, das nun schon mehr als 20 Jahre tot ist. Sie stand kurz vor der Matura und hatte unendlich viele Pläne.

Als ihre Mutter sie einmal fragte, warum sie denn so viel auf einmal machen wolle, meinte sie lachend: „Ich muss mit 20 Jahren so viel erlebt haben wie andere mit 50!" War diese Antwort die Todesahnung, die sie in sich trug oder war es nur ein dahingesagter Satz eines Teenagers? Im Nachhinein nimmt man immer so vieles wahr, sieht vieles in einem anderen Licht und neigt zum Deuten und Interpretieren. Tatsache aber ist, dass beispielsweise sterbende Kinder eine innere Reife erlangen, eine Abgeklärtheit und Weisheit an den Tag legen, wie sie viele alte Menschen nicht erreichen. Erwachsene haben dann meist große Schwierigkeiten, den Aussagen ihrer Kinder zu folgen; Pflegepersonal von krebskranken Kindern ist erschüttert, über die Klarheit und nüchterne Einstellung, die diese jungen Menschen zum Leben, zum Sterben und zum Abschied-Nehmen haben.

Karin war das einzige Kind des Ehepaares W. Die Mutter hatte wenig Zeit für das heranwachsende Kind, da sie in der Gastwirtschaft, in die sie einheiratete, alle Hände voll zu tun hatte. Mehr als zwei Jahrzehnte nach Karins Tod macht sich die Mutter diesbezüglich noch immer Vorwürfe. „Hätten wir doch mehr Zeit miteinander verbracht! Karin musste immer so viel arbeiten und fleißig sein ..." Die Frage nach dem „Warum" bleibt auch nach so langer Zeit noch immer unbeantwortet: „Sie war doch so nett und lieb zu allen Menschen ... Alle haben sie so gerne gemocht."

Die Mutter ist bis heute noch nicht über den Verlust hinweggekommen. Trost und Erleichterung findet sie in der Kirche; während sich ihr Mann völlig von der Kirche abgewandt hat. Die Erinnerungen schmerzen nach wie vor und lassen Tränen in den Augen der Frau aufsteigen. In der Rückbesinnung erlebt sie noch einmal alles: Karin beim Pflücken der Bohnen auf dem Acker; Karin beim Servieren der Speisen in der Gastwirtschaft und Karin, wie sie plötzlich im Schankraum zusammenbricht und

Abb. 23: Rose

Abb. 24a – 24d: Fotozyklus „Karin"

24a Karin mit ihrer Mutter

24b
Karin als kleines Mädchen

24c
Beim Maturaball

24d
Eine der letzten
Aufnahmen von Karin

ins Spital gebracht werden muss. Von dort wird sie nicht mehr nach Hause kommen.
Besonders auffallend ist bei dieser Mutter das im Trauerprozess so markante *Suchen*. Frau W. erweckt den Eindruck einer Suchenden: Sie kann keine fünf Minuten ohne Beschäftigung verbringen. Ihr flinken Augen und Hände suchen sich immer wieder eine neue Arbeit, eine neue Aufgabe. Sie eilt durch die Räume, ordnet fast wie nebenbei Dinge und hält eine geradezu pedantische Ordnung in allen ihren Kästen und Schränken. Diese tiefe Rastlosigkeit, die trauernde Menschen überfällt und erfasst, ist auch bei ihr – nach all diesen Jahren – spürbar. Trauernde Menschen sind manchmal wie Getriebene, vielleicht auf der Flucht vor dem Unausweichlichem: dem Akzeptieren eines unzeitgemäßen Todes, der so viele Fragen offen ließ.
(TROPPER, D.)

Ein junges Mädchen: das ist wie ein Stern:
Die ganze Erde dunkelt ihm entgegen
Und ist ihm aufgetan wie einem Regen,
und niemals trank sie einen seligern.

Ein junges Mädchen: das ist wie ein Schatz,
vergraben neben einer alten Linde;
da sollen Ringe sein und Goldgewinde,
doch keiner ist erwählt, dass er sie finde:
nur eine Sage geht und sagt den Platz.
(RILKE, R. M.)

Abb. 25: Friedliches Sterben einer alten Frau

Wie anders hingegen mutet es an, wenn eine alte Frau am Ende ihres Lebensbogens angekommen, in der ihr vertrauten Umgebung stirbt und in ihrem Schlafzimmer aufgebahrt wird. Hier hat sich ein natürlicher Kreislauf geschlossen, ist ein Leben in Ruhe und Gelassenheit zu Ende gegangen. Selbst wenn im Sterbeprozess Kampf und Trotz waren, die alte Frau liegt friedlich in ihrem Bett. Der Tod hat keinen Schrecken mehr und die Angehörigen können es annehmen, dass ihr Leben verloschen ist. Hier drängt sich der Vergleich mit einer schönen Rose auf: Zuerst ist sie eine zarte, später eine stolze Knospe, die sich der Sonne entgegenstreckt. Dann blüht sie in voller Pracht um die Mittagszeit auf, sie duftet und lockt viele Besucher an. Alle kommen und bleiben ein wenig. Allmählich fangen die Blütenblätter an zu Trocknen, sie fallen ab, verwelken und zurück bleibt lediglich der harte, innere Kern – die Hagebutte. Einmal geht alles zu Ende: spätestens im Herbst und Winter . . .

4.5 Trauer – eine kreative Kraft in Kunst und Literatur

Das Erleben von Trauer und Ausleben von Trauerprozessen hat seit jeher in der bildenden Kunst und in der Literatur ihren Niederschlag gefunden. Formen und Ausdrucksweisen sind so vielfältig, wie die historischen und kulturellen Hintergründe und Epochen, sind aber auch stark abhängig vom jeweiligen individuellen Trauererleben der Künstlerin oder des Künstlers.

Dieses Empfinden kann auf verschiedenste Weise zum Ausdruck gebracht werden, einmal durch Lyrik in Gedichten oder in Geschichten, aber auch durch Pinselstrich und Farbe. Manches bleibt düster in Schwarz-Weiß, bei anderem verbirgt sich hinter der bunten Fassade ein Schleier von Traurigkeit.

Wir haben in diesem Buch bewusst einige Gedichte von Rainer Maria Rilke zu den verschiedensten Bereichen wiedergegeben. Seine Gedichte sind über die Jahre innerer und äußerer Not hinaus ein Erlebnis geworden, manchmal liebeverschwendend, dann wieder von einer tiefen Schwermut und Traurigkeit getragen, wie der Dichter selbst: dem Alltag entrückt, geradezu hilflos den praktischen Dingen des Lebens gegenüber ausgeliefert. Um sein Werk ein wenig zu verstehen, wollen wir einen Blick auf die Lebensgeschichte des Dichters werfen.

Rainer Maria Rilke

Aus seinem Leben

Geboren wurde R. M. Rilke 1875 in Prag als einziger Sohn aus einer nicht sehr glücklichen Ehe. Sechs Tage vor Weihnachten wurde er auf den Namen René Karl Wilhelm Johann Josef Maria getauft. Der Versuch seines Vaters, eine militärische Laufbahn einzuschlagen, scheiterte an einem Halsleiden. Die Mutter war eine zwar nicht unbegabte, aber sehr schwierige und prätentiöse Frau, die als Tochter eines angesehen Kaufmannes in einem stattlichen Barockpalais an der Prager Herrengasse aufgewachsen war.

Die Eltern trennten sich 1886. Rilkes Mutter schwärmte bis zu ihrem Tod für den Adel und die große Welt und trug mit Vorliebe ein vornehmes Schwarz im Stile verwitweter Erzherzoginnen. Sie überlebte ihren Sohn um fast fünf Jahre und lebte meistens in Wien, um dem „Hof" nahe zu sein.

Traumatische Erfahrungen in der Militärunterschule, Sprachprobleme durch Rilkes Prager Herkunft sowie anfängliche geistige und künstlerische Isolation verursachten außergewöhnliche Anstrengungen und ein unstetes Wanderleben durch ganz Europa.

Seine Beziehung zu seiner Mutter war äußerst schlecht, auch wenn er in Gedichten seine Eltern – unter deren Trennung er als Jugendlicher lange litt – gerade in heroische Figuren „kleidete". An seine um Jahre ältere Freundin Lou Andreas-Salomé schreibt er 1904 in einem Brief aus Rom:

> „Meine Mutter kam nach Rom und ist noch hier. Ich sehe sie nur selten, aber – Du weißt es – jede Begegnung mit ihr ist eine Art Rückfall . . . Wenn ich diese verlorene, unwirkliche, mit nichts zusammenhängende Frau, die nicht alt werden kann, sehen muss, dann fühle ich, wie ich schon als Kind von ihr fortgestrebt habe, und fürchte tief in mir, dass ich nach Jahren und Jahren Laufens und Gehens, immer noch nicht fern genug von ihr bin, dass ich innerlich irgendwo noch Bewegungen habe, die die andere Hälfte ihrer verkümmerten Gebärden sind, Stücke von Erinnerungen, die sie zerschlagen in sich herumträgt; dann graut mir vor ihrer zerstreuten Frömmigkeit, vor ihrem eigensinnigen Glauben, vor allem diesen Verzerrten und Entstellten, daran sie sich gehängt hat, selber leer wie ein Kleid, gespenstisch und schrecklich. Und dass ich doch ihr Kind bin; dass in dieser zu nichts gehörenden verwaschenen Wand irgendeine kaum erkennbare Tapetentür mein Eingang in die Welt war . . ."

Rilkes Mutter- und Frauenbild

Der Künstler hat – wie am Problem seiner Herkunft – so auch am Bilde der Mutter ein Leben lang gedichtet. Die widersprüchliche Haltung des

Sohnes zu seiner Mutter ist überhaupt der Probefall für sein gebrochen-kompliziertes Verhältnis zu seinen Mitmenschen als Liebesobjekte schlechthin: ein ewiges Hin- und Hergerissensein zwischen Hingabe aus Innigkeit und Abwehr aus Einsamkeit.

Der Name Lou Andreas-Salomé steht für ein maßgebliches Stück Schicksalslinie, eine entscheidende Wegwende in Rilkes Biographie. Sie wurde die erste Geliebte des 21-jährigen und war gleichzeitig die so schmerzlich entbehrte Muttergestalt mit ihren 36 Jahren. Ihr verdankte er seinen Einstieg in den Künstlerkreis und seine Begegnung mit Leo Tolstoj auf einer der ausgedehnten Russlandreisen, die er in ihrer Begleitung macht.

In dem bunten und interessanten Leben der Künstlerkolonie Worpswede versucht Rilke dann, die Ungebundenheit einer lebenslangen Pilgerschaft zu überwinden, indem er Heimatrechte zu erwerben hofft, um der oft so schmerzlich empfundenen „Schicksalslosigkeit" seiner Seele zu entgehen. Dort trifft er auf zwei junge Frauen, die den rastlosen Künstler in ihren Bann ziehen: Paula Becker, die spätere Frau Otto Modersohns, die in ihrem Atelier an faszinierenden Plastiken arbeitet, und Clara Westhoff, die bei Rodin studiert hat. Er heiratet Clara, und durch die Geburt der gemeinsamen Tochter Ruth versucht Rilke, wenigstens für Momente in einem familiär-bürgerlichen Leben Fuß zu fassen. Ein Jahr lang und einen Sommer bemüht sich der unglückliche Dichter redlich, eine Existenz aufzubauen und seine kleine Familie durch den Fleiß seiner Feder zu ernähren. Dies misslingt jedoch und die Beziehung Clara und Rainer Maria Rilkes zerbricht; Die kleine Ruth kommt in die Obhut der Großeltern, der Dichter geht nach Paris und auch Clara setzt ihre Studien fort. Auch sie hat in der Folgezeit viele Jahre, meist von ihrem Gatten getrennt, auf Reisen abwechselnd in den europäischen Zentren des künstlerischen Lebens verbracht und starb 1954 im Alter von 76 Jahren in der Nähe von Bremen.

Während seiner erfolgreichen Pariser Zeit besucht Rilke häufig die Malerin Paula Modersohn-Becker, die sich wenige Wochen nach Rilkes Trauung mit Otto Modersohn verheiratet hatte. Ein heimliches, auf beiden Seiten vielleicht nicht ganz bewusst gewordenes Drama muss sich zwischen den beiden Künstlern, der Malerin und dem Dichter abgespielt haben. Tief betroffen über ihren frühen Tod – sie stirbt 31-jährig bei der Geburt ihres ersten Kindes – schreibt Rilke in einem Brief an eine Freundin: „Sie ist die einzige Tote, die mich beschwert." Fast ein Jahr nach dieser persönlichen Katastrophe entsteht ein wunderbares, lyrisches Requiem für die Freundin:

Ich habe Tote, und ich ließ sie hin
und war erstaunt, sie so getrost zu sehn,
so rasch zuhaus im Totsein, so gerecht,
so anders als ihr Ruf. Nur du, du kehrst
zurück; du streifst mich, du gehst um, du willst
an etwas stoßen, daß es klingt von dir
und dich verrät . . .

Dieser Tod im Kindbett war für Rilke sinnlos und ohne die geringste Notwendigkeit.

Da riß ein Zufall dich, dein letzter Zufall
riß dich zurück aus deinem fernsten Fortschritt
in eine Welt zurück, so Säfte wollen.

Der „uneigentliche" Tod, der vorzeitig gekommen ist, trägt auch die Botschaft über den eigenen Tod in sich:

Da trugst du dich ab und grubst aus deines Herzens
nachtwarmem Erdreich die noch grünen Samen,
daraus dein Tod aufkeimen sollte: deiner,
dein eigner Tod zu deinem eignen Leben.
Und aßest sie, die Körner deines Todes,
wie alle andern, aßest seine Körner,
und hattest Nachgeschmack in dir von Süße,
die du nicht meintest, hattest süße Lippen,
du: die schon innen in den Sinnen süß war.

Bis zu seinem Tode kurz vor Ende des Jahres 1926 lebt Rainer Maria Rilke dauernd in der Spannung zwischen den zwei kontrastierenden Neigungen, die ihn fast „aufzufressen" scheinen: einerseits der tiefen, inneren Sehnsucht nach Sesshaftigkeit unter Menschen und in naturnahen Verhältnissen, andererseits aber dem gebieterischen Bedürfnis nach Einsamkeit, strikter Unabhängigkeit, ja sogar Wurzellosigkeit. In seinem Testament fanden sich präzise Angaben über den Ort, an dem er bestattet sein wollte:

„. . . ich zöge es vor, auf dem hochgelegenen Kirchhof neben der alten Kirche zu Rarogne zur Erde gebracht zu sein. Seine Einfriedung gehört zu den ersten Plätzen, von denen aus ich Wind und Licht dieser Landschaft empfangen habe."

In den ersten Januartagen des Jahres 1927 wurde er dort zu Grabe getragen. Für den Lyriker war die Rose zeitlebens als altes abendländisches Symbol der Mystik ein Grund des Entzückens gewesen. Die Grabinschrift, die er sich selbst für sich ausgedacht hatte, lautet daher:

Rose, oh reiner Widerspruch, Lust
Niemandes Schlaf zu sein unter soviel
Lidern

Abb. 26: Efeuranken als Symbol für Abschied und Vergänglichkeit

Eduard Munch

In unserem Buch „Wir nehmen jetzt Abschied – Kinder und Jugendliche begegnen Sterben und Tod" haben wir uns u. a. mit Eduard Munch beschäftigt, der seine traurigen Sterbeerlebnisse mit nahen Angehörigen besonders eindrucksvoll immer wieder bearbeitet hat: das Sterben seiner beiden Eltern und dreier Geschwister, wobei ihn der Tod von Schwester Sophie lange Zeit in seinem künstlerischen Schaffen beschäftigt. Wie durch den Schleier der Trauer und Einsamkeit gesehen, entstehen immer wieder neue Bilder, die das alte Thema des Abschiednehmens und Loslassens in sich tragen und ein gelungenes Beispiel für immerwährende Trauerarbeit durch Beschäftigung mit dem Verlust darstellen.

Die Toten in seinem Leben scheinen Munch begleitet zu haben. Er schreibt darüber:

„Wenn ich im Mondlicht spazieren gehe – zwischen alten, moosbewachsenen Bildwerken, von denen ich jetzt jedes einzelne kenne – erschrecke ich vor meinem eigenen Schatten. Wenn ich die Lampe angemacht habe, sehe ich plötzlich meinen enormen Schatten über die halbe Wand bis zur Decke hinauf – und im großen Spiegel über dem Ofen sehe ich mich selbst – mein eigenes Gespenstergesicht – und ich lebe mit den Toten – meiner Mutter, meiner Schwester, meinem Großvater, meinem Vater – am meisten mit ihm: alle Erinnerungen, die kleinsten Dinge, steigen auf . . ."

Auch Egon Schiele hat in seinen Werken dem Thema Sterben, Tod und Trauer breiten Raum gewidmet.

Egon Schiele

Kurzbiographie

Im Juni des Jahres 1890 kommt Schiele als drittes Kind eines Oberoffizials der K. u. K. Staatsbahn in einer niederösterreichischen Kleinstadt zur Welt. Tod und Trauer begleiten den Lebensweg des Künstlers. Er ist noch nicht 15 Jahre alt, als sein Vater an progressiver Paralyse stirbt. Seiner frühen Malerei schlägt eine Welle des Hasses und des Unverständnisses entgegen. Dafür muss der junge Künstler auch ins Gefängnis. Das Eingesperrt-Sein löst ebenfalls Reaktionsweisen wie jene von Trauer aus. Obwohl sich die Anschuldigung gegen Schiele, er habe minderjährige Mädchen verführt, als haltlos herausstellt, muss er mehr als drei Wochen im Arrest bleiben. Ein schwerer Schock für den sensiblen Künstler und seine Seele kann sich davon nicht mehr erholen. Eine sehr produktive Schaffensperiode geht so abrupt zu Ende.

Schiele und seine Bilder

Aus seinen Gemälden spricht die Qual des Einsamen, die Not des von seinen Erlebnissen Bedrängten, der Schmerz und die Verzweiflung eines Leidenden, aber auch die Trauer des Hoffnungslosen. Der Herbst wurde ihm zum Symbol für Vergänglichkeit von Menschen und Dingen. Nicht nur die belebte, auch die unbelebte Natur wird beseelt. Ausdrucksstarke Bilder, wie das „Sitzende kranke Mädchen" machen deutlich, dass Schiele nur wenige Stilmittel verwenden muss: durch die aneinander gepressten Hände und Knie und vor allem durch den Blick aus den dunklen Augen in einem gelblich verfärbtem Gesicht wird das Krank-Sein zum sichtbaren Ausdruck.

Abb. 27: Schiele: Trauernde Frau (Öl auf Holz, 1912)

Mit den eingefallenen Wangen, der überschmalen Nase, den großen, dunklen und tränenschweren Augen und der Blässe im Antlitz ist dieser Frau die Trauer geradezu ins Gesicht geschrieben. Das Bleiche ihres Gesichtes wird noch gesteigert durch den Gegensatz zum Rot des Mundes und zum Schwarz der Augen, aber auch ihres Kopftuches und der dunklen Kleidung. Dahinter taucht der Kopf eines Mannes auf und eine rote, fast schon verwelkte Rose. Schiele hat vermutlich damit zum Ausdruck gebracht, die Frau habe diesen Mann im Kopf – ihn, den vom Wahn befallenen Künstler und er ist die Ursache ihrer Trauer. Als Modell für diesen trauernden Frauenkopf fungiert seine Lebensgefährtin Wally Neuzil.
Seine künstlerische Eigenständigkeit hat Schiele bereits 1910 – mit 20 Jahren – erreicht, nicht aber die öffentliche Anerkennung. Erst im Jahre 1914 kann sich Schiele erstmals auch außerhalb der österreichisch-ungarischen Monarchie und Deutschlands an Ausstellungen beteiligen.

Das Schicksal Schieles im Spiegel der Zeitgeschichte
Der zaghafte Erfolg Schieles wird jäh durch die Wirren des 1. Weltkrieges unterbrochen. Schiele wird zum Militärdienst eingezogen. Zuvor heiratet er Edith Harms, die Tochter eines Schlossermeisters. Das Schieles Atelier gegenüberliegende Haus gehörte ihrem Vater Johann Harms, der hier mit seiner Frau und seinen zwei Töchtern Adele und Edith wohnte.
1917 kann Schiele wieder nach Wien zurückkehren. Gemeinsam mit Albert Paris von Gütersloh wird er beauftragt, die „Kriegsausstellung 1917" im Prater zu organisieren. Ein Jahr später, am 6. Februar 1918, stirbt sein besonderer Freund und Förderer Gustav Klimt. Tags darauf hat ihn Schiele in der Totenkammer des Allgemeinen Krankenhauses (wo er rasiert worden war) dreimal gezeichnet.
Schieles künstlerischem Erfolg, der sich beschränkt einstellen sollte, standen Schattenseiten gegenüber: Seine Frau, im sechsten Monat schwanger, erkrankt an der Spanischen Grippe und stirbt im Oktober 1918. Am Abend zuvor hatte er sie noch zweimal gezeichnet – es sollten seine letzten Arbeiten sein. Drei Tage später, am 28. Oktober 1918 stirbt auch er, nicht einmal 28-jährig, an der Spanischen Grippe.

Käthe Kollwitz

Mehr als zwei Jahrzehnte älter ist eine Künstlerin, die wie keine zuvor ihre Trauer und das namenlose Elend einer ganzen Gesellschaft in

dunklen Farben zu Papier brachte: Käthe Kollwitz. Schon als junge Frau war sie durch die Tätigkeit ihres Gatten – Karl Kollwitz war praktischer Arzt in Berlin-Prenzlauer Berg – mit dem Schrecken und dem Leid der armen Menschen, mit ihren Krankheiten und ihrer Hoffnungslosigkeit konfrontiert. Ihr künstlerisches Schaffen ist von tiefem menschlichen Mitgefühl und sozialem Engagement für das Proletariat geprägt. Wie kein anderer Künstler hat sie ihre sehr persönlichen Trauerreaktionen in ihren anklagenden Zeichnungen und Lithographien gegen Krieg und Ausbeutung zum Ausdruck gebracht: Ihr Sohn Peter fiel im ersten Weltkrieg, ihr Enkel sollte auf den Schlachtfeldern des 2. Weltkrieges ums Leben kommen. Erst in ihrem späten Werk kann sie die Trauer um den 1914 gefallenen Sohn aufarbeiten und sie entwirft ein Mahnmal, das sie 1932 vollendet, 13 Jahre vor ihrem stillen Tod 1945 in der Nähe von Dresden, kurz vor der Kapitulation der Deutschen Wehrmacht.
Im Eintreten für die Entrechteten war unter den zeitgenössischen Bildhauern der damaligen Zeit für Käthe Kollwitz wohl Ernst Barlach der nächste geistige Verwandte. Beide kannten sich aus gemeinsamer Mitgliedschaft in der Berliner Secession und in der Preußischen Akademie und haben sich im Stillen sehr verehrt. Barlach huldigte ihr 1927 in seinem Güstrower Ehrenmal: Im schwebenden Engel, dessen Gesichtszüge an jene von Kollwitz erinnern, sah er den Schmerz und die Friedenssehnsucht aller Mütter verkörpert, die ihre Söhne im Krieg verloren haben.

Ernst Barlach

Kurzbiographie

Ernst Heinrich Barlach wurde 1870 als ältester von vier Söhnen geboren, der Vater war Landarzt in Schleswig-Holstein. Seine drei Brüder wandern alle aus: Das jüngere Zwillingspaar Nikolaus und Joseph geht um 1900 nach Amerika, Hans verlässt noch vor der Jahrhundertwende seine Heimat, um in Russland als Heizungsingenieur zu arbeiten. Barlach kann die Unter- und Mittelklasse der Königlichen Akademie der bildenden Künste in Dresden absolvieren. Erste Studienaufenthalte in Paris folgen. In seiner reichen Schaffensperiode als Maler, Bildhauer und Literat wird er zwar immer wieder auf Reisen sein, doch bereits seit 1896 lebt der Künstler in Deutschland nur mit seiner Mutter zusammen – bis zu ihrem Tod 1920. Barlach vereinsamt und stirbt

1938; seine letzte plastische Arbeit – der Entwurf eines Taufbeckens für die Johanniskirche in Hamm/Westfalen – bleibt unvollendet.

Barlach und seine Familie

Das Selbstbildnis von 1928 zeigt einen zutiefst aufgewühlten, unglücklichen Menschen, dessen harte Gesichtszüge wie ein Spiegelbild sein Lebensschicksal ausdrücken. Nicht nur die Figuren Barlachs, ob es sich um die Plastik „Das Grauen" handelt, oder um die düsteren Lithographien aus „Der tote Tag" drücken die innere Spannung, die Verzweiflung und Hoffnungslosigkeit eines Getriebenen aus. Er selbst hatte es nie geschafft, eine eigene Familie zu gründen. 1906 kommt sein Sohn Nikolaus in Berlin zur Welt, die Mutter, eine Näherin namens Rosa Schwab, heiratet Barlach aus Angst vor der Übernahme von Verantwortung nie. In einem Rechtsstreit erkämpft er das Sorgerecht für sein Kind. Das Gefühl, gegen die Frau nicht gerecht gehandelt zu haben und dem Sohn die Mutter genommen zu haben, lässt ihn bis zu seinem Tode nicht mehr los. Barlach lebt über sein 50. Lebensjahr hinaus nur mit seiner Mutter zusammen. Einsamkeit und miserabelste wirtschaftliche Verhältnisse bedrücken ihn während seiner Schaffensperiode. Meist bewohnt er nur zwei Zimmer, die „dunkel und lang wie Särge" waren.

Nicht nur das eigene Leben empfindet Barlach als bedrückende Last. Auch das Leben seiner Brüder sieht er in düsterem Licht. Von „Heil und Unheil" herumgejagt, zerbrechen Niko und Joseph an der Fremde. Hans scheitert in Russland. Er sieht in ihrem „Vorwärtsstürmen", dem raschen Wechsel von Ort zu Ort, eine Art Flucht.

Barlach und seine Arbeit

Gezeichnet hat der Künstler seit seiner Jugend bis ins Todesjahr 1938, also ein halbes Jahrhundert lang. Barlachs Figuren – ob einzelne, einsame Wanderer oder in kleinen Gruppen – sind erschreckte, verzweifelte Menschen, die den Naturgewalten ausgeliefert sind oder vor der Unvermeidlichkeit des Schicksals zurückschrecken. Neben den zu Tode erschreckten, vor einer imaginären äußeren Macht zurückweichenden Gestalten stehen Verzweifelte, Flüchtlinge, Trauernde im Mittelpunkt seiner sozialen Wahrnehmung. Sie erwecken Mitleid, die bettelnden Frauen, der Mann in Ketten, die stürzende Frau.

Barlach hat seine Augen vor dem grausamen Realismus seiner Zeit nicht verschlossen. In einem Brief an Arthur Moeller van den Bruck schreibt er 1922, dass er lange Zeit nichts anderes hat arbeiten können als die gemarterte Menschheit, brennende Hexen, Kindergräber, Gott als Bettelmann oder inmitten des Chaos. Von allem „Belanglosen und Unwahren" wendet er sich mit Ekel ab.

Abb. 28: Barlach: Kindertod (Holzschnitt, 1919)

Auf Reliefs in Bronze und Holz verewigt er Verlassene, Verlorene in seelischer Verzweiflung. Auch Wartende – die lastende Ungewissheit hat sie gepackt und aneinander gedrängt; Bedrückung lässt sie zu einer Schicksalsgemeinschaft werden – in diesen expressiven Werken scheint sich auch das Seelenleben Barlachs deutlich zu spiegeln. Figuren werden in düstere Landschaften gestellt, die apokalyptischen Charakter haben; in solchen Gegenden ist auch der Künstler nach dem Tod seiner Mutter und der Entzweiung mit nahen Freunden gefangen.
Barlachs Mahnmale für die Opfer des 1. Weltkrieges waren in ihrer stummen Anklage das erste, das nach der nationalsozialistischen Machtübernahme von seiner Kunst aus dem Weg geräumt wurde. 1934, ein Jahr nach Hitlers Machtantritt, wurde das Magdeburger Mal aus dem Dom entfernt. Die Maßregeln, die das Regime 1937 traf, um mitsamt der übrigen „entarteten Kunst" alle seine Werke aus der Öffentlichkeit zu verbannen (dies galt auch für Käthe Kollwitz, die nach ihrem Engagement für die unterdrückten, ausgebeuteten Menschen

und dem Appell zum „Aufbau einer einheitlichen Arbeiterfront" gemeinsam mit Arnold Zweig, Albert Einstein, Heinrich Mann und anderen gezwungen wird, aus der Preußischen Akademie der Künste auszutreten), lähmten seine Arbeitskraft und Gesundheit vollends und setzten seinem Leben im folgenden Jahr ein frühes Ende.

Käthe Kollwitz schreibt im Oktober 1938 zum Tod Barlachs in ihr Tagebuch:

Barlach stirbt am 24. Oktober im Krankenhaus in Rostock. Am darauffolgenden Donnerstag ist eine Trauerfeier in Güstrow. Ich fahre hin. Dort trifft es sich, dass ich vor den anderen in seinem Haus und auch in seinem Atelier bin. Ich gehe durch eine Seitentür herein und habe seinen Arbeitstisch mit den zusammengeräumten Werkzeugen, dahinter eine Wand mit Arbeiten von ihm vor mir. Wie ich mich zur Seite wende, dem eigentlichen Atelierraum zu, sehe ich Barlach im offenen Sarg liegen. Der Sarg steht in der Mitte des Raumes. Er ist feierlich und kostbar aufgebahrt. Ein schwarzer Teppich und weiße Atlasdecken. Barlach ist ganz klein. Er liegt mit ganz zur Seite gesenktem Kopf, als ob er sich verbergen wolle. Die weggestreckten und nebeneinander liegenden Hände ganz klein und ganz mager. Ringsherum an den Wänden seine schweigenden Gestalten. Hinter dem Sarg Tannen aufgebaut. Über dem Sarg die Maske des Güstrower Domengels. Um den Sarg läuft ein kleiner Hund herum und schnuppert zu ihm auf . . .
. . . Am Tage darauf war ich wieder in meinem Atelier. Ich hatte die kleine Gruppe der zusammengedrängten Frauen, die ihre Kinder schützen, vom Gießer zurückbekommen. Zum ersten Mal mit einem Bronzeguß ganz zufrieden. Wie es immer ist, wenn man jemand begraben hat, um den man trauert, um den man aber nicht schmerzlich weint, war ein gesteigertes Lebensgefühl in mir: „Morgen können wir nicht mehr,/Darum laßt uns heute leben." Alles war geweitet und gehoben.
November 1938: Es ist mir manchmal, als ob der tote Barlach mir seinen Segen hinterlassen hat. Ich kann gut arbeiten. Es ist eine konstante Erregung, die mich überkommen hat.

Sterben, Tod und die damit verknüpfte Trauer, aber auch Anklagen und Beweinen des Unauslöschlichen ziehen sich wie ein roter Faden durch die *Musikgeschichte*. Besonders ausdrucksstark werden diese Elemente im Requiem transportiert, das seine Wurzeln bereits im 15. Jahrhundert hat. Viele Komponisten vergangener und heutiger Tage bedienen sich der vertonten Totenmesse als einer Form von Trauerarbeit (vgl. Mozarts unvollendetes Requiem, Dvorák, Brahms, Strawinsky u. v. m.).

Wolfgang Amadeus Mozart

Das Lebens-Schicksal von Mozart ist gerade im Zusammenhang mit den kreativen Spuren der Trauerarbeit besonders erwähnenswert. Sein kurzes Dasein – von 1756 bis 1791 – war von Höhepunkten und Tiefschlägen geprägt. Als Musterknabe eines ehrgeizigen Vaters, der über

seinen Sohn all seine ehrgeizigen, persönlichen Träume verwirklichen wollte, erlebte der junge Mozart nur beschwerliche Reisen von Paris nach Den Haag, über Österreich nach Italien. Überall musste das Kind seine Kompositionen zum Besten geben und wurde in Adelskreisen „umhergereicht." Aus der Enge des strengreglementierten Salzburger Dienstes unter dem Erzbischof von Colloredo-Waldsee versuchte er immer wieder durch Reisen zu entfliehen. Schließlich, mit Spott und Hohn entlassen, wird Mozart zu einem Umherirrenden, einem Suchenden seiner Zeit.
Mozart, „immer unterwegs" in den Metropolen der Musik, wo er seine Künste zum Besten gibt, verdient jedoch nie genug, um sich und seine Familie zu erhalten und erhält auch nirgendwo eine gute Anstellung. Seine Mutter stirbt in Paris während einer seiner Konzerttourneen. Die Trauer um den frühen Tod der Mutter und das schwierige Verhältnis zu seinem Vater prägen sein musikalisches Schaffen. Als bekannter und gefeierter Komponist muss er auch Rückschläge einstecken und Intrigen einer vielleicht heute sehr dekadent anmutenden Gesellschaft ertragen. Schließlich verarmt der Künstler und seine finanzielle Situation verschlechtert sich aufgrund seiner kränkelnden Frau Konstanze und deren großzügiger Haushaltsführung so sehr, dass er sich sogar gezwungen sieht, Bettelbriefe zu schreiben und die Tanzmusik für öffentliche Maskenbälle zu komponieren.
Mozarts letzte Lebensjahre waren von Bitterkeit geprägt und vor allem von der Erkenntnis, letztendlich doch am Leben gescheitert zu sein. In einem Brief an seinen Vater schreibt er vier Jahre vor seinem Tod im Alter von 31 Jahren:

> „Da der Tod (um genau zu sein) der wahre Endzweck unseres Lebens ist, habe ich es mir in den letzten Jahren angelegen sein lassen, diesen wahren, diesen besten Freund des Menschen so gut kennenzulernen, daß der Gedanke an ihn für mich nicht nur keinen Schrecken enthält, sondern mir großen Trost und Frieden des Geistes bringt.
> Ich danke meinem Gott, daß er mir das Glück und die Gelegenheit geschenkt hat, den Tod als den Schlüssel zu unserem wahren Glück zu erkennen.
> Ich gehe nie zu Bett, ohne darüber nachzudenken, daß ich vielleicht, so jung wie ich bin, am nächsten Tage nicht mehr leben werde. Und doch wird niemand, der mich kennt, sagen können, ich sei im Umgang mürrisch oder traurig. Für dieses Glück danke ich jeden Tag meinem Schöpfer und von ganzem Herzen wünsche ich dieses Glück all meinen Mitmenschen."

Verarmt und einsam stirbt er über der Arbeit zum Requiem, das Franz Graf Walsegg-Stuppach anonym bestellt hatte. Die genaue Todesursache ist strittig und hat zu vielen Spekulationen geführt, sogar zu Gift-

oder Selbstmordhypothese. Das Grab von Mozart auf dem Sankt Marxer Friedhof in Wien lässt sich heute nicht mehr genau feststellen.
Mozarts großer Ruhm setzt allerdings erst nach seinem Tode ein und steigert sich in der Romantik zur Auffassung vom „Meister des apollinischen Ebenmaßes", dessen Kunst Schumann Heiterkeit, Ruhe und Grazie zuschrieb. Tatsächlich aber war es ein trauriges Leben, das von Entbehrungen und Liebesentzug (auch von Seiten des Publikums) gekennzeichnet war. Aus einem überaus begabten Kind wurde ein Wunderknabe und damit ein „öffentliches Objekt", das zu Gehorchen, den Adelskreisen und dem Königtum zu dienen hatte. Als begabter und junger Mensch probte Wolfgang Amadeus die dreifache Auflehnung: gegen den strengen Vater, gegen die Sitten und Klischees seiner Gönner und gegen die „verstaubte" Gesellschaft im Ganzen, deren Dekadenz streckenweise unüberbietbar war. Er ist tragisch daran gescheitert und hat sein kurzes Leben in einer Art „Fluchtverhalten" verbracht, auf der Suche nach Liebe, Geborgenheit und Anerkennung, den wichtigsten Säulen menschlichen Lebens.
Kosmische Trauer, aber auch Trost, Ruhe und Erhabenheit drückt sich in den Kompositionen von *Ludwig van Beethoven* aus, der 1770 geboren wurde und 1827 in Wien starb. Sein großes musikalisches Talent wurde bereits in frühen Jahren in der Mannheimer Schule entdeckt. Als Mitglied der Hofkapelle in Bonn hätte er auf Einladung des Kurfürsten als Schüler Mozarts nach Wien kommen können, doch die plötzliche, schwere Erkrankung der Mutter durchkreuzte diese Pläne und Beethoven musste seine Tätigkeit unterbrechen.
Um 1810, als er am Höhepunkt seines Ruhms stand, griff ein Gehörleiden, das sich bereits Jahre zuvor bemerkbar gemacht hatte und 1919 zur völligen Taubheit führte, schmerzlich in sein Leben ein. Beethoven zog sich immer mehr aus der Öffentlichkeit zurück und musste auch das Konzertieren aufgeben. Tiefe Trauer und Schwermut überfielen den gefeierten Komponisten. Ausdruck dieses Leidens und des schweren Weges in die innere Isolation ist das als Abschiedsbrief an seine Brüder 1802 geschriebene „Heiligenstädter Testament". In den letzten Lebensjahren konnte man sich mit dem großen Musiker nur noch schriftlich verständigen. Er starb schließlich an einem Leber- und Darmleiden. Franz Grillparzer schrieb seine Grabrede, Tausende Menschen nahmen an seiner Beisetzung auf dem Währinger Friedhof in Wien teil. Franz Schubert war einer der 38 Fackelträger eines pompösen Begräbnisses. Im Jahre 1888 wurden seine Gebeine auf den Wiener Zentralfriedhof überführt.

Bei wohl keinem anderen freischaffenden Komponisten und Dirigenten wie bei *Tschaikowsky* drückt sich in der Musik so deutlich aus, wie verletzbar, zu Tode betrübt, wie sensibel die Natur eines Menschen sein kann. Pjotr (Peter) Iljitsch Tschaikowsky war eine von starken Stimmungsschwankungen geprägte Persönlichkeit. In seinem umfangreichen Werk, das von Opern- und Orchesterwerken, Kammer- und Klaviermusik bis hin zu fulminanten Vokalwerken – darunter 100 Lieder und Romanzen sowie ein Vespergottesdienst – reicht, schwingt immer Trauer und Angst, Hoffnungslosigkeit und auch ein Stück unerfülltes Leben mit. Der 1840 Geborene wurde nur 53 Jahre alt und die Stationen seines Lebensweges sind von dauerhaften Krisen und Zusammenbrüchen gekennzeichnet, aber auch von großen künstlerischen Erfolgen weltweit.
Zur schwersten Lebenskrise führte 1877 seine völlig überstürzte Heirat mit Antonina Miljukowa, von der er sich allerdings sofort wieder trennte. Auch in den späteren Jahren überschatteten schwere depressive Verstimmungen, Einsamkeit und innerer Rückzug seine gesellschaftlichen Ehrungen und Erfolge als Komponist. Über Leben und Tod Tschaikowskys scheint ein dunkler Schleier des Schweigens zu liegen: während man immer angenommen hatte, er sei an der Cholera gestorben, behaupten Forscher jüngster Tage, der unglückliche Mann habe Selbstmord begangen, nachdem seine Liaison mit einem jungen Aristokraten publik zu werden drohte. Tschaikowsky hat dieses, sein letztes Geheimnis wohl für immer mit in das Grab genommen.
Aber auch die *Lyrik* diente immer wieder als Vorlage für Trauermusik und Trauergesänge: So hat Gustav Mahler die Kindertotengedichte von Friedrich Rückert vertont, die wiederum den Schmerz über den Tod von zwei Kindern des Literaten ausdrücken. Der Komponist selbst war Zeit seines Lebens und schon von frühester Jugend an mit dem Abschiednehmen durch den Tod konfrontiert: Er verlor eine Schwester und einen Bruder, später starb seine kleine Tochter.

Kindertotenlieder
Du bist ein Schatten am Tage
Und in der Nacht ein Licht;
Du lebst in meiner Klage
Und stirbst im Herzen nicht.

Wo ich mein Zelt aufschlage,
Da wohnst du bei mir dicht;
Du bist mein Schatten am Tage
Und in der Nacht mein Licht.

Wo ich auch nach dir frage,
Find ich von dir Bericht,
Du lebst in meiner Klage
Und stirbst im Herzen nicht.

Du bist ein Schatten am Tage
Und in der Nacht ein Licht;
Du lebst in meiner Klage
Und stirbst im Herzen nicht.
(RÜCKERT, F.)

Manchmal werden aber auch aus jenen Menschen, die „traurige" Lieder und Trauer-Arien singen, tragische Figuren – nicht aufgrund der Musik oder der Texte, sondern ihrer eigenen Lebensführung wegen oder durch persönliche Schicksalsschläge. Eine der ganz großen tragischen Figuren unserer Zeit war die Operndiva *Maria Callas*. Zwar gehörte sie zu den größten Stars der Geschichte der Oper, aber im Grunde ihres Herzens war sie eine tragische Figur, deren persönliches Leben unerfüllt blieb. 1923 als Kind griechischer Eltern in New York geboren, kehrte sie später mit ihrer Mutter nach Griechenland zurück, um dort eine Gesangsausbildung zu absolvieren. 1947 gab sie ihr internationales Debüt in der Arena von Verona und lernte dort den reichen Industriellen Meneghini kennen, der 28 Jahre älter war und ihr beim Aufbau ihrer Karriere hilfreich zur Seite stand.
Auf einer Party in Venedig lernte die gefeierte Opern-Diva 1957 den griechischen Reeder Aristoteles Onassis kennen. Zwei Jahre später, nach einer Kreuzfahrt auf seiner Yacht Christina, wurden die beiden ein Liebespaar und die Ehe der Callas ging in Brüche. In den folgenden Jahren reduzierte sie ihre Bühnenauftritte drastisch, trat nur in wenigen Konzerten auf und pflegte einen überaus aufwendigen Lebensstil mit Onassis. Fünf Jahre hielt diese Beziehung und als es 1964 bereits zu kriseln begann, gelang es Franco Zeffirelli, die Callas zur Rückkehr auf die Bühne zu bewegen. Glanzvolle Auftritte folgten, dazwischen aber auch immer wieder Zusammenbrüche der zartbesaiteten Frau.
Als 1968 Onassis Jacqueline Kennedy heiratet, bricht für Maria Callas eine Welt zusammen und sie zieht sich immer mehr aus der Öffentlichkeit zurück. Verbittert kämpfte sie gegen ihre immer schwerer werdenden Depressionen an – die aus tiefer Trauer und Schuldgefühlen heraus entstanden sind, ihrem 1. Ehemann Unrecht angetan zu haben. Der völlige Liebesentzug Onassis', für den sie ihr Leben aufgegeben

hatte, konnte von ihr nicht mehr verkraftet werden und verstärkte ihr Leiden. Sie verlor schließlich ihren Lebensmut und starb 1977 einsam in Paris.

Das Schicksal von David *Helfgott*, einem Pianisten unserer Zeit, bewegt spätestens seit einem Oscar-gekrönten Kinofilm die Welt: Es ist der harte Weg eines australischen Wunderkindes, der zum klinischen Problemfall wird und dem es dennoch gelingt, mit und durch die Musik – im speziellen Rachmaninows drittes Klavierkonzert – wieder den Weg in die Gesellschaft zurück zu finden und ein sensationelles Comeback zu feiern. 1947 im australischen Melbourne geboren, gewinnt der junge Helfgott zahlreiche regionale und nationale Bewerbe. Mit jedem neuen Preis wächst der Stolz des dominanten Vaters, aber auch die Eifersucht auf die Begabung des Sohnes. Durch Verbote und Schläge wird das jugendliche Genie gefügig gemacht, die Härte bewirkt eine Verarmung seines Gefühlslebens.

Abb. 29: Steiniger Trauerweg

In der Londoner Royal Albert Hall erleidet Helfgott 1970 nach einem vielbeachteten Auftritt einen schweren Nervenzusammenbruch und ist gezwungen, nach Australien zurückzukehren, wo er die nächsten zehn Jahre ohne Aussicht auf Besserung seines Zustandes in Krankenhäusern und Anstalten verbringen muss. Als erwachsener Mann lernt er die Astrologin Gillian kennen, die ihm neuen Lebensmut gibt. Mit der Heirat der beiden und dem Tod des Vaters findet der sensible Mensch Helfgott in kleinen Schritten wieder zum eigenen Selbstwertgefühl.
Heute ist er wieder auf Konzerttourneen in ganz Europa und Übersee unterwegs und sein Publikum bringt seinem manchmal seltsam anmutenden Verhalten mehr Verständnis entgegen. Ob er seine Trauerberge über eine verlorene, schwierige Jugend und eine schlimme Vater-Beziehung jemals wird aufarbeiten können, bleibt allerdings unbeantwortet.

4.6 Dem trauernden Menschen begegnen: Voraussetzungen einer Trauerbegleitung

„Wahre Nächstenliebe ist mehr als die Fähigkeit zum Mitleid, sie ist die Fähigkeit zur Zuwendung."
(MARTIN LUTHER KING)

Trauerbegleitung ist keine Aufgabe für Spezialisten! Sie gehört vielmehr zu jeder echten Beziehung. In dem Moment, indem ich mich auf einen Menschen einlasse – und zwar auf ganz unterschiedlichen Ebenen und ganz unterschiedlich tief –, kann ich für mich die Entscheidung treffen, ob ich nur zu einem „Freund in der Freude" werden möchte, oder auch zu einem „Freund in der Trauer".
Wir meinen, dass bei einer echten, ernsthaften Beziehung zwischen Menschen, der „Freund in der Trauer" einen wichtigen Platz einnehmen sollte. Dies gilt für die kleinen Sorgen und Nöte des Alltags ebenso, wie für die existenziellen Erfahrungen von Leid, Krankheit und Tod. Nur so bleiben wir ehrlicherweise Teil einer Gemeinschaft, eines sozialen Netzes, das zu gegebener Zeit auch uns selbst tragen und stützen kann.
Beziehungspflege sollte in guten Zeiten geschehen, damit sie in schlechten, dramatischen Zeiten, in Zeiten der Trauer hält und be-

stehen kann. Weil Trauer keine Krankheit ist, sondern eine normale Reaktion auf einen Verlust, muss Trauerbegleitung nicht gleich an Experten delegiert werden. Trauer ist nichts Exotisches, das uns fremd ist.

Wir alle haben unzählige Male Trauer verspürt, haben vieles und viele hinter uns lassen müssen. Wir alle sind Experten in Sachen Trauer! Wir alle können unseren Mitmenschen, Freunden und Partnern Trauerbegleitung anbieten!

Doch viele Menschen fühlen sich unsicher, wenn sie mit Trauernden zusammenkommen. Die Begegnung mit einem trauernden Menschen und ganz besonders die Begleitung in der Zeit der Trauer stellt eine echte zwischenmenschliche Herausforderung dar:

- Man wird mit einer Reihe von Gefühlen und Reaktionen konfrontiert, die man so oder in einer ähnlichen Weise bei sich selbst oder im näheren Umfeld schon kennengelernt hat. Dieses Kennen ist zwar einerseits hilfreich, kann aber andererseits Angst und Unsicherheit auslösen.
- Gefühle sind „ansteckend" – auch davor haben viele Menschen Angst. So kann die Trauer anderer an die eigenen Trauerseen rühren, die eigene Trauergeschichte wiederbeleben. Das macht Angst.
- Auch die Sorge, nichts falsch zu machen, kann eine echte Begegnung mit einem Trauernden behindern. Dabei wissen wir aus vielen Berichten Trauernder, dass die Mauer des Schweigens, des Wegsehens und Nicht-Reagierens viel schlimmer ist als ein Wort oder eine Geste, die vielleicht nicht hundert Prozent „passen".

Was kann helfen, sich der zwischenmenschlichen Aufgabe zu stellen, trauernden Menschen beizustehen?

Das Verhalten einem trauernden Menschen gegenüber wird davon abhängen, zu welchem Zeitpunkt man mit ihm Kontakt hat. Wenn man unmittelbar bei der Überbringung einer Todesnachricht anwesend ist, muss man sich darauf einstellen, einem Menschen in Schock zu begegnen. Was ist zu tun? An erster Stelle steht das Herstellen eines Kontaktes, einer *Beziehung*. Körperkontakt – je nach Vertrautheit vom Handhalten bis zur Umarmung – und Blickkontakt können einen Beziehungsrahmen schaffen. Das *Erfassen der Situation* ist für die weiteren Schritte notwendig und kann durch gezielte Fragen erfolgen. Weiter ist an die *Linderung der akuten Symptome* zu denken, z. B. dem Trauernden,

Gefühle, die bei Trauernden auftreten können:

Angst	Befreiung
Schock	Sehnsucht
Hilflosigkeit	Gleichgültigkeit
	Erleichterung
Abgestumpftheit	Selbstmitleid
Betäubung	Freude
Wut	
Sehnsucht	Einsamkeit
Kummer	Haß
Schuldgefühle	Minderwertigkeit
Verzweiflung	Liebe
	Leere
Aggression	Dankbarkeit
Lachen	
Zorn	Schmerz

Körperliche Empfindungen, die bei Trauernden auftreten können:

Müdigkeit	Zugeschnürte Kehle
Leeregefühl im Magen	Appetitmangel
Zittern	Überempfindlichkeit
Herzklopfen	Muskelschwäche
Herzrasen	Schwächeattacken
Beklemmung im Brustbereich	Überaktivität
Kurzatmigkeit	Verändertes Zeitempfinden

Gedanken und Phantasien, die bei Trauernden auftreten können:

Verstorbener wird gesucht, gerufen, gesehen, gerochen	Gedanken kreisen ausschließlich um den Verstorbenen
Laute Selbstgespräche	Wahnvorstellungen
Fehlende Zukunftsperspektiven	Lautes Sprechen mit dem Verstorbenen
Konfuse Gedanken	wirre Träume
Verwirrtheit	Suchen und Rufen
Soziales Desinteresse	Leben in einer Phantasiewelt mit dem Verstorbenen

(SPECHT-TOMANN, M., TROPPER, D.: Zeit des Abschieds. Patmos, Düsseldorf 1998, S 176)

der unter Schock steht, eine wärmende Decke um die Schulter zu legen, eine Sitzgelegenheit oder ein Glas Wasser anzubieten. Dann sollten *Leute* verständigt bzw. in das Geschehen einbezogen werden, die dem Trauernden stützend und helfend zur Seite stehen können. Schließlich sollte ein möglicher *Ansatz für eine Lösung* der Situation überdacht werden, etwa wer bei welchen notwendigen Aktivitäten helfen kann und wer welchen Teil einer Trauerbegleitung übernehmen kann.

Beziehung herstellen – **E**rfassen der Situation – **L**inderung der akuten Symptome – **L**eute verständigen – **A**nsatz einer Lösung!

Dieses einfache Modell (vgl. Sonneck, G.) aus der Krisenintervention hat schon vielen Menschen bei der Bewältigung ihrer großen und kleinen Probleme geholfen!
Das Wissen darum, wie ein Trauerprozess verläuft, welche Gefühle und Reaktionsweisen auftreten können und welche Gedanken nach einem Verlust immer wiederkehren, kann dem Begleiter eine gewisse Sicherheit geben.
Heftig vorgetragene Anschuldigungen, gleichgültiges Verhalten, erstarrte Gesichtszüge, Klagen über heftige Träume, Appetitstörungen oder Anzeichen eines völlig veränderten Zeitempfindens beim Trauernden verlieren ein Bisschen von ihrem Schrecken, wenn der Begleiter diese Symptome einordnen kann. Die Beschreibung des Trauerprozesses mit seinen Phasen, typischen Gefühlen, Reaktionsweisen und Äußerungen sowie konkrete Impulse für eine entsprechende Begleitung haben wir an anderer Stelle ausführlich beschrieben (vgl. SPECHT-TOMANN, M., TROPPER, D.: Zeit des Abschieds, Patmos, Düsseldorf 1998). Hier sei nur eine Zusammenfassung häufig genannter Gefühle, körperlicher Empfindungen und typischer Gedanken wiedergegeben.

Hilfreich kann es auch sein, sich den Trauerprozess als einen langen Weg vorzustellen, dessen Stationen vom *Nicht-Wahrhaben-Können*, über einen *Ausbruch der Emotionen* in das tiefe Tal der Tränen und *Depression* führt, um dann schließlich an jenen Punkt zu gelangen, wo wieder Licht und Zuversicht erstrahlen und der Trauernde seine veränderte Situation *annehmen* kann. Diese oder ähnliche Bilder fördern im Begleiter die Fähigkeit, kreative Quellen der Trauerarbeit zuzulassen oder zu entdecken. Zudem gelingt es Begleitern mit Hilfe solcher Bilder eher, den Trauerprozess als einen dynamischen Vorgang zu begreifen, bei dem Gefühle und Reaktionen ständig im Fluss sind. Das Ziel jeder Trauerarbeit ist der Aufbau eines neuen Gefühls zu sich selbst, zum Verstorbenen und zur Welt. Dieses Ziel im Auge zu behalten und dennoch tolerant und gelassen, voller Zuversicht auf erste Anzeichen dieser Wandlung zu warten, ist die hohe Kunst einfühlsamer Trauerbegleitung.

Oft hat man nicht viel Zeit, zu überlegen, *was* man in der Begegnung mit einem Trauernden *wie* sagen soll. Drei einfache Fragenbereiche können helfen, die Situation etwas zu strukturieren und echte Hilfe anzubieten:

- Wem gilt die Trauer?
- Wer trauert?
- Welcher Situation gilt die Trauer?

Konkret können die Fragen etwa wie folgt lauten:

Wem gilt die Trauer
„Wer war der *Verstorbene*?"
„Wie alt war der Verstorbene und in welcher Lebenssituation stand er?"
„Wie nahe stand der Trauernde dem Verstorbenen? (Verwandtschaft, Freundschaft, Bekanntschaft, Nachbarschaft . . .)?"
„Wie war die Beziehung (Beziehungsqualität, Beziehungsgeschichte, Rollen . . .)?"
„Woran starb der Mensch, um den getrauert wird (Art des Todes, Dauer des Leidens . . .)?"
„Wie waren die Begleitumstände des Todes (wann geschah es, wo trat der Tod ein, wer war dabei . . .)?"
„Wie lange konnte sich der Trauernde auf den Verlust vorbereiten?"

Wer trauert
„Wer ist der *Trauernde*?"
„In welcher Lebenssituation trifft ihn der Verlust?"
„Wie reagiert er auf andere Ausnahmesituationen (Rückzug, emotionale Ausbrüche, Wut, Zorn, beherrschtes Verhalten, Bedürfnis nach Kontakt . . .)?"
„Welche Persönlichkeitsmerkmale sind für ihn typisch (Verschlossenheit, Offenheit . . .)?"
„Welche Trauergeschichte hat er bisher erlebt?"

„Wie schaut das soziale Umfeld aus. Gibt es ein soziales Netz, das trägt und dem der Trauernde sich zugehörig fühlt (funktionierende Nachbarschaftshilfe, familiärer Rückhalt, Interessengemeinschaften ...)?"

Welcher Situation gilt die Trauer
„Welche *Verlustsituation* erlebt der Trauernde (Arbeitsplatz, Lebensaufgaben, Heimat, Gesundheit ...)?"
„Konnte der Trauernde sich auf diesen Verlust vorbereiten und einstellen oder traf es ihn wie ein Blitz aus heiterem Himmel?"
„Hat die Verlustsituation mit einem verletzenden menschlichen Verhalten zu tun oder ist es 'höhere' Gewalt?"
„Wie schaut die Verlustgeschichte der vergangenen Jahre aus?"
„Trifft die Verlustsituation nur den Trauernden allein oder auch andere Menschen in ähnlicher Weise (Kündigungen, Vertreibung, Naturkatastrophen ...)?"
„Steht der Trauernde in der Situation allein da oder gibt es Unterstützung?"

Welche persönlichen Voraussetzungen sind für eine gute Trauerbegleitung wichtig?
Eine der besten Voraussetzungen ein verständnisvoller Begleiter zu sein, liegt in der ehrlichen *Bereitschaft, sich seine eigene Trauergeschichte anzuschauen*. Folgende Fragen können den Weg in die eigene Trauervergangenheit öffnen:
- „Welche Verluste haben mein Leben begleitet und wie habe ich darauf reagiert?"
- „Wie lange haben meine Trauerprozesse gedauert? Bin ich zur Zeit in Trauer? Wenn ja: Worüber trauere ich, was macht mich traurig?"
- „Habe ich während einer Trauerzeit Dinge erlebt, die mich zusätzlich verletzt haben (bestimmte Worte, Handlungen, Ereignisse ...)?"
- „Was hat mir in Zeiten der Trauer besonders geholfen (Menschen, religiöser Beistand, Natur, Musik, Bücher, Rückzug, Malen, Schreiben ...)?"

Solche und ähnliche Fragen helfen, für sich selbst im weiten Land der Trauer und Trauerbewältigung eine Standortbestimmung vorzunehmen.
Damit fällt es dem Begleiter aber auch leichter, die richtige Nähe bzw. die nötige Distanz zum Trauernden herzustellen. Begleiter sollten sich

berühren lassen – doch nicht mitreißen in den Strudel an negativen Gefühlen, die jedem Trauerprozess eigen sind!
Begleiter müssen den Stürmen der Trauer standhalten können und dürfen sich nicht vorzeitig entwurzeln lassen. Ein Bild mag helfen, den „richtigen Abstand" zum Trauernden zu veranschaulichen. Jeder von uns hat schon junge Bäume gesehen, die neu in die Erde gepflanzt wurden. Um den Bäumen einen Halt zu geben, setzen die Gärtner Stützen ein. Diese Baumstützen müssen in einem ganz bestimmten Abstand zum jungen Baum stehen. Ist der Abstand zu gering, so wird der Baum in seiner Entwicklung eingeschränkt oder aber die Stütze selbst verliert ihre Funktion und wird „entwurzelt". Ist der Abstand zu groß, befindet sich der Baum außerhalb der stützenden Reichweite und spürt nur hin und wieder ein Zupfen und Ziehen, das aber keinen wirklichen Halt gibt.

Abb. 30: „Stütze sein"

Wenn Begleiter spüren, dass ihnen die Geschichte des Trauernden zu nahe geht, wenn diese Geschichte zu sehr an eigene – vielleicht noch nicht bewältigte – Trauerberge rührt, sollten andere Menschen miteinbezogen werden. Es ist immer zu bedenken, dass nur ein starker und belastbarer Begleiter eine echte Stütze für den Trauernden sein

kann. Besonders wenn man selbst in Trauer ist, sollte man eine langfristige Trauerbegleitung nicht übernehmen. Damit meinen wir nicht, dass man in diesem Fall Trauernden ausweichen soll, man sollte sich nur überlegen, ob man stark genug ist, sich mit dem Trauernden auf eine lange Reise in ein dunkles Land zu begeben. Es kann in solchen Fällen oft sinnvoller sein, kleine eng begrenzte Aufgaben zu übernehmen oder kleine, liebevolle Gesten der Anteilnahme zu setzen, als sich für eine lange Trauerbegleitung bereit zu halten.
Was ist noch wichtig? Es gibt einige Grundhaltungen und Regeln, deren Beachtung viel zum Gelingen eines guten Gesprächs und einer guten Begleitung beitragen können. Wir haben sie im Folgenden kurz zusammengefasst.

- *Haltung gegenüber sich selbst* und dem *Gesprächspartner:* Annahme der eigene Person sowie Wertschätzung, Respekt und Akzeptanz dem anderen gegenüber.
- *Kontaktaufnahme:* Eine einladende Geste oder ein freundlicher Satz helfen, die nötige Atmosphäre zu schaffen und signalisieren die Aufnahmebereitschaft; Abklärung, ob der Gesprächspartner bereit zu einem Gespräch ist.
- *Blickkontakt:* Offener, ehrlicher Augenkontakt macht dem Gesprächspartner deutlich, dass er ganz wahr- und angenommen wird. Der Blickkontakt ist neben der Sprache eines der wesentlichsten Elemente eines guten Gesprächs.
- *Empathie:* Die Kunst, sich in den Gesprächspartner einfühlen zu können und die Sachlage aus *seiner* Sicht zu sehen und zu verstehen. Dazu gehört eine gute Wahrnehmung, hohe Sensibilität, eine einfühlsame Stimmlage und eine annehmende Körperhaltung.
- *Authentisches Verhalten/Kongruenz:* Übereinstimmung zwischen verbalen (Wort) und nonverbalen (Gestik/Mimik) Elementen, Echt-Sein!
- *Nähe/Distanz:* Das Nähe/Distanz-Verhältnis lässt sich nicht so einfach und klar fest schreiben, es variiert nicht nur von Person zu Person, sondern verändert sich auch während eines Gespräches. Es ist wichtig, die jeweils nötige Grenze zu ziehen zwischen sich und dem Gesprächspartner!
- *Zeit und Raum:* Jedes gute Gespräch braucht seine Zeit. Abklären des „Zeitbudget"! Auch gute räumliche Voraussetzungen, eine entspannte Atmosphäre fördern das Gesprächsklima.

- *Aktives Zuhören:* Das „aktive Zuhören" bedeutet, den sachlichen Inhalt einer Aussagen zu wiederholen und die wahrgenommenen Gefühle in Worte zu kleiden.
- *Platz für Fragen:* Auf beiden Seiten sollte die Möglichkeit bestehen, Fragen zu stellen! Dies dient dem Erfassen möglichst aller Aspekte einer Situation oder eines Themas.
- *Akzeptanz anderer Meinungen:* Es gilt, auch jene Meinungen anzunehmen, die nicht in das eigenen Meinungsspektrum passen und sie als wichtigen Teil des Gesprächspartners zu akzeptieren.
- *Positiver Umgang mit negativen Reaktionen:* Einwände, andere Sichtweisen und Ablehnung als Chance und Herausforderung betrachten lernen, etwas Neues zu sehen, etwas Anderem auf die Spur zu kommen. Auch „negative" Gefühle – etwa Zorn, Wut, Ärger, Hass, Enttäuschung – sollen in einem guten Gespräch Platz haben.
- *Schweigen lernen und geduldig sein:* Schweigen und Stille nicht als Versagen oder als peinliche Gesprächssituation begreifen, sondern als Möglichkeit des Innehaltens oder der Neuorientierung.

(vgl. SPECHT-TOMANN, M., TROPPER, D.: Hilfreiche Gespräche und heilsame Berührungen im Pflegealltag, Springer 2000)

Ein guter Trauerbegleiter sollte seine eigene Geschichte zurückhalten und nur dann einbringen, wenn der Trauernde danach fragt. Wichtig ist es auch, keine persönlichen Wertungen vorzunehmen – das bedeutet *nicht,* dass man mit allem einverstanden ist, was der trauernde Mensch sagt und erzählt! Doch in dieser Lebenssituation geht es nicht um einen geistigen Diskurs, um eine Diskussion und um „Recht haben".

In dieser Situation der Trauer soll der Trauernde das Gefühl haben, so angenommen zu werden, wie er ist. Es ist für ihn wichtig, unsanktioniert, unbestraft über seine Gefühle und Erinnerungen sprechen zu können. Es ist nicht die Zeit der „objektiven Wahrheitsfindung". Als Trauerbegleiter müssen Menschen bereit sein:

Zuzuhören – Nicht zu werten – Sich zurück zu nehmen

Was braucht ein trauernder Mensch?

Im Abschnitt über die Begleitung trauernder Kinder haben wir bereits auf die Bedeutung der „drei Z's" hingewiesen (vgl. 3.6): Zuwendung,

Zeit und Zuversicht. Diese drei Elemente sind auch die Basis für eine hilfreiche Begleitung trauernder Erwachsener.

- Im Mittelpunkt jeder Trauerbegleitung muss die *Zuwendung* stehen. Trauernde sehnen sich nach Nähe, Akzeptanz und Geborgenheit. Ganz besonders wichtig ist es, dass Begleiter bereit sind, den Trauernden in seinem „So-Sein" anzunehmen und das auszuhalten, was bei der Wanderung durch das Tal der Tränen geschehen wird.
- Bei jeder Trauerbegleitung spielt die *Zeit* eine wichtige Rolle. Der Begleiter sollte sich über sein Zeitbudget im Klaren sein. Er sollte für die Begleitung *Zeit haben*, sich die entsprechende Zeit *nehmen*, dem Trauernden die *Zeit schenken* und ihm *Zeit lassen*, seinen Trauerweg in seinem Tempo zu gehen.
- Mit der nötigen *Zuversicht* auf die heilenden Kräfte der Trauer kann eine Trauerbegleitung zu einer echten zwischenmenschlichen Begegnung werden!

Worauf ist bei einer Trauerbegleitung besonders zu achten?

Jede Trauerbegleitung ist eine sehr persönliche und auch individuell sehr unterschiedlich gestaltete Beziehungsaufgabe. Dennoch möchten wir an dieser Stelle einige Regeln anführen, die für den Begleiter hilfreich sein können.

- Schaffen Sie einen äußeren Rahmen, der Sicherheit und Geborgenheit vermitteln kann. Ein hilfreiches Gespräch braucht Zeit und Raum.
- Überprüfen Sie ihre eigene Haltung gegenüber der Trauer. Wichtig ist es, die Trauer als normale, lebensnotwendige Antwort des Menschen auf Verlustsituationen zu verstehen.
- Akzeptieren Sie den Trauernden in allen seine Gefühlsregungen und versuchen Sie, sich ihm solidarisch verbunden zu fühlen.
- Sehen Sie sich als tröstender und nicht ver-tröstender Begleiter.
- Unterstützen Sie den Trauernden, seine ganz persönlichen Trauerrituale zu finden.

Wann ist an professionelle Hilfe zu denken?

Wichtig ist es, über jene Trauersituationen Bescheid zu wissen, die einer *professionellen Hilfe oder therapeutischer Begleitung* bedürfen. Sollte einer oder mehrere der angeführten Punkte für eine konkrete Trauersituation zutreffen, ist an eine zusätzliche Unterstützung durch Fachkräfte – Ärzte, Psychologen, Therapeuten, Sozialarbeiter, Seelsorger – zu denken. Allerdings sollte es uns nicht von der mitmenschlichen Pflicht entbinden, den Trauernden zusätzlich zu stützen und für ihn da zu sein.

An *professionelle Hilfe* ist dann zu denken, wenn eine oder mehrere der folgenden Situationen vorliegen:

- Plötzlicher, völlig unerwarteter Tod.
- Dramatischer Tod unter schwer belastenden Begleitumständen (Mord, Suizid, Gewalteinwirkung).
- Tatsächliches oder vermeintliches Mitverschulden.
- Mehrere Verlusterlebnisse innerhalb kurzer Zeit.
- Seelischer und/oder körperlicher Ausnahmezustand des Trauernden (schwere Krankheit, seelische Auffälligkeiten, Suizidgefährdung).
- Schwere soziale Belastungen.
- Negative Trauergeschichte (Probleme bei früheren Trauerprozessen).
- Fehlen eines tragfähigen sozialen Netzes.

Welche Möglichkeiten gibt es, Trauernde auf ihrem Weg zu unterstützen?
Konkrete Unterstützung der Trauerarbeit könnte durch folgende Hilfestellungen möglich sein:

- Unterstützung des Trauernden, seine körperlichen und seelischen Veränderungen im Verlauf des Trauergeschehens wahrzunehmen und als Ausdruck der Trauer verstehen zu lernen (Annahme der Trauer).
- Hilfestellung, das Gedanken- und Gefühlschaos zu ordnen und herauszufinden, welche „alten“ Traueranteile sich in den neuen Verlust mischen (Bearbeiten der Trauergeschichte).
- Behutsame Hinweise, um welchen Verlust es sich im Hier und Jetzt handelt.
- Hilfestellungen zwischen *Vergangenheit* („Als Kind habe ich meine . . . verloren“) – *Gegenwart* („Wen/Was habe ich heute verloren?“) – *Zukunft* („Ich habe Angst auch noch den/das . . . zu verlieren“) zu unterscheiden.
- Hinweise auf kreative Ausdrucksmöglichkeiten der Trauer (Malen, Schreiben, Musizieren, Töpfern . . .).
- Unterstützung der Erinnerungsarbeit (Erzählen der Beziehungsgeschichte, gute und schlechte Stunden der Beziehung, Gefühlspanorama, in dem alle Gefühle Platz haben . . .).
- Mut machen, alle Gefühle, Gedanken und Erinnerungen auszudrücken unter dem Motto: „Alles darf sein“!

- Annehmen der Tränen und Hinweis auf die heilende Kraft aller Tränen.
- Das „Stehvermögen" des Trauernden fördern (Spaziergänge, sportliche Aktivitäten, Körperwahrnehmung, „Erdung").
- Die Neuorientierung des Trauernden fördern und unterstützen, ohne ihn dazu zu drängen.

Abb. 31: Der Trauerbegleiter als Weggefährte

4.7 Trauer – eine positive Kraft: Möglichkeiten der Trauerbegleitung

Abschied
Wie hab ich das gefühlt was Abschied heißt.
Wie weiß ich's noch: ein dunkles unverwundnes
Grausames Etwas, das ein Schönverbundnes
Noch einmal zeigt und hinhält und zerreißt.
(RILKE, R. M.)

Jeder Verlust ist anders. Jeder Mensch reagiert auf Verlusterfahrungen anders. Das ist eine Binsenweisheit. Und doch ist es gerade diese einfache Feststellung, die es so schwierig macht, konkrete Hilfestellungen aufzuzeigen, die für „jeden Fall" passen. Im Folgenden wollen wir anhand von vier Fallbeispielen versuchen, Einblick in sehr persönliche Trauerschicksale zu geben. Gleichzeitig werden wir jene Punkte herausarbeiten, die auch auf andere Situationen übertragbar sind.

Ullas Geschichte

Ulla ist Anfang Dreißig. Ihre Jugend hat sie gemeinsam mit ihren zwei älteren Schwestern in einer Kleinstadt verbracht. Sie wuchs in einem sehr behüteten Elternhaus auf, das stark vom Beruf des Vaters geprägt war. Der Vater war Arzt und hatte seine Praxis im gleichen Haus, in dem die Familie auch wohnte. Täglich erlebten die Kinder, wie die Patienten ein- und ausgingen. Der eine brachte eine Flasche Wein als Dankeschön für den Herrn Doktor mit, die andere hatte ein paar Eier dabei, die sie „für die lieben Kinder" mitbrachte. Es war noch die Zeit des guten alten Hausarztes, der mehr als nur Arzt war und rund um die Uhr für seine Patienten ein Ohr offen hatte. Das Familienleben richtete sich nach den Ordinationszeiten des Vaters. Wenn er einmal Zeit hatte, dann saß die ganze Familie um den großen runden Wohnzimmertisch und machte es sich gemütlich. Sie musizierten gemeinsam. Das war das Hobby des Vaters, das er mit allen seinen Töchtern teilte. In den Ferien machten sie oft gemeinsame Wanderungen und schmiedeten Pläne für die Zukunft.

Ulla absolvierte ihre Schulzeit ohne Probleme. Nach erfolgreichem Medizinstudium ging sie ins Ausland, um einige praktische Erfahrungen zu sammeln. Sie wurde eine gute und bei Patienten und Kollegen gleichermaßen beliebte Ärztin. Ihr Leben verlief wie im Bilderbuch und alle waren stolz auf sie – ganz besonders ihr Vater.

An einem schönen Herbsttag erhält Ulla einen Anruf von ihrer Schwester. Der Vater sei erkrankt. Ulla fährt nach Hause. Auf der Fahrt zurück in ihre Heimatstadt geht ihr viel durch den Kopf. Sie sieht die Berge an sich vorbeiziehen, denkt an die vielen Wanderungen mit ihrem Vater. Sie sieht das Gelb der Buchen wie leuchtende Flammen! Ulla döst ein und sieht sich als kleines Mädchen an der Hand des Vaters. „Du bleibst immer bei mir!", sagte das kleine Mädchen am Grab der Großmutter, „ja, Papi?!!". Sie spürt noch heute den Druck der großen festen Hand, sie sieht das warme Glänzen seiner Augen. Ulla wacht auf, wischt sich den Schweiß von der Stirn. Sie ist ärgerlich über sich, dass sie mit einem Mal Angst hat, der Vater könnte sterben. Sicherlich hat Katrin wieder einmal alles übertrieben – sie war ja die Schauspielerin der Familie! Doch ganz in ihrem Inneren weiß Ulla, dass Katrin nicht übertrieben hat. Sie spürt, dass der Vater dabei war, sich vom Leben zu verabschieden . . .

Zu Hause findet sie einen sehr erschöpften Vater vor. Müde blickt er sie an. „Schön, dass du da bist, Kleines!" Ulla steigen die Tränen hoch. Doch dann siegt ihre ärztliche Routine. Sie geht innerlich auf Distanz, sie schiebt die bedrohlichen Bilder eines sterbenden Vaters zu Seite. Sie ist ganz Ärztin.

Der Vater will nicht ins Spital. Ulla organisiert die Betreuung durch einen jungen Kollegen und eine Krankenschwester. Völlig unerwartet erholt sich der Vater in den nächsten Tagen rasch und äußert den Wunsch, mit Ulla an den kleinen Teich zu gehen, an dem sie als Kinder so oft Boot gefahren sind. „Aber es ist schon sehr kalt draußen, Papi!", ihre Stimme wird leiser – dann greift sie doch zum dicken Mantel, zum Schal und zum Stock.

Bei dem Rundgang um den Teich erzählt der alte Vater seiner Tochter Geschichten aus der Zeit, als sie alle gemeinsam um den Teich tollten. Dann erzählt er aus seiner eigenen Kindheit, von der Großmutter, die so schön singen konnte: „Sie sang wie ein Elfe, so zart und hell!" Mit großer Anteilnahme lauscht sie den Erzählungen ihres Vaters. Ulla spürt eine große Traurigkeit in sich aufsteigen. Diese Traurigkeit schnürt ihr die Kehle zu und sie meint, kaum noch Luft zu bekommen. „Ich werde sie bald wiedersehen, meine Mutter – deine Oma!" Ulla spürt, wie ihr Tränen über die Wangen rollen.

Zu Hause ruft sie eine Schulfreundin an. Sie verabreden sich im alten Café gegenüber der Schule. Wie oft sind sie als Schülerinnen da gesessen!

Brigitte hat Zeit. Sie hört der Freundin zu. Sie sieht die Spuren, die die Tränen im Gesicht ihrer Freundin zurückgelassen haben. Brigitte legt Ulla die Hand auf die Schulter und nimmt ihre Hand zwischen ihre Hände. „Heul' nur, ich kann dich gut verstehen!" Ulla kann weinen.

Nach diesem Gespräch mit der Freundin geht es ihr besser. Am Abend muss sie zurück fahren zu ihrer Arbeit. Sie kann nicht länger Urlaub nehmen, die Station ist dünn besetzt und für eine längere Zeit lässt sich so rasch keine Vertretung finden.

Ruhig und gefasst geht sie in das Zimmer ihres Vaters. Sie setzt sich an sein Bett, nimmt seine Hand und bleibt still sitzen. Der alte Mann schaut auf, lächelt sie an und nickt still mit dem Kopf. Er drückt ihre Hand, lächelt: „Mach's gut, Kleines. Es ist alles gut so. Danke, dass du da warst."

Wochen vergehen. Ulla telefoniert oft mit ihren Schwestern. Der Vater sei müde, sein Zustand jedoch stabil und der junge Kollege denkt, er könne Weihnachten sicherlich noch mit der Familie feiern.

An einem kalten Novembertag in der Nacht läutet das Telefon. Ulla ist schlagartig hellwach und weiß: Der Vater! Er ist gestorben! Sie greift zum Telefon. „Katrin?" „Ja. Papa ist tot."

Ulla fühlt sich mit einem Schlag so allein und einsam, wie noch nie in ihrem Leben. Sie legt auf. Steht auf, geht auf und ab. Setzt sich hin, will Norbert, ihren Kollegen und Freund, anrufen. Seltsam, die Nummer will und will ihr nicht einfallen. Sie weiß nicht, was sie tun soll. Endlich findet sie das Notizbuch und die Nummer von Norbert. Sie ruft an.

Norbert kommt sofort. Er nimmt Ulla in den Arm. Er spürt, wie sie zu zittern beginnt und führt sie behutsam zum Sofa. Er drückt sie in die weichen Kissen und holt eine Decke. Dann setzt er sich zu ihr, streichelt ihre Hände. Schweigend verbringen sie etliche Minuten. Dann kocht Norbert einen Tee und setzt sich zu Ulla. Erst langsam, dann immer klarer und deutlicher beginnt Ulla zu erzählen. Sie erzählt von dem großen, dunkelhaarigen Mann, den sie so sehr geliebt hat. Sie erzählt die Geschichte ihres Vaters.

Die Begräbnisfeierlichkeiten finden in einem kleinen Friedhof statt. Ulla hat alles ihren Schwestern überlassen. Nur für den Blumenschmuck wollte sie sorgen.

Sie geht mit Brigitte in eine Gärtnerei. Es ist schwer im Winter etwas zu finden, das dem Vater gefallen hätte . . . und das ihr gefällt. Jasmin, Mohn oder Sonnenblumen wollte sie ihrem Vater mit ins Grab geben – aber es ist November. Brigitte ist geduldig. Sie versteht ihre Freundin nur zu gut. Schließlich macht sie den Vorschlag, doch Tannenreisig zu nehmen und viele verschiedenfarbige Rosen. Ulla ist über diesen Vorschlag glücklich. Ja, das war die rettende Idee! Wie gut, dass es Brigitte gibt!

Wie in Trance erlebt Ulla das Begräbnis. Beim anschließenden Essen trifft sich die ganze Verwandtschaft und das ist in gewissem Sinn auch schön. Ulla fühlt sich

wieder geborgen im Schoß der großen Familie. Und was die Tanten alles über den Vater wissen. Da werden Geschichten ausgepackt, da wird gelacht, geweint und jeder kann so sein, wie ihm zu Mute ist.
Am Abend findet Ulla keinen Schlaf. Unruhig wälzt sie sich von einer Seite zur anderen. Sie ist allein in der alten Wohnung, in der Wohnung ihrer Kindertage, in der bis vor kurzem ihr alter Vater betreut wurde. Sie knipst das Licht an und versucht zu lesen. Nein, sie braucht einen Menschen, mit dem sie reden kann. Katrin und Marion sind bei ihren Familien, die will sie nicht stören. Sie greift zum Telefon und ruft wieder Brigitte an.
Obwohl es spät in der Nacht ist, nimmt sich Brigitte Zeit, sie hört Ulla zu. Schließlich macht sie ihr den Vorschlag, zu ihr zu kommen. Sie nimmt gleich ihr Waschzeug mit und bleibt in dieser ersten schlimmen Nacht nach dem Begräbnis bei Ulla. Sie lässt sie nicht allein in der Wohnung, in der noch vor einigen Tagen der alte Vater von Ulla lebte und in der eine ganze Kindheit lebendig wird, wenn der Schleier der Nacht sich gesenkt hat . . .
Wieder zurückgekehrt zu ihrer Arbeit, fällt es Ulla zunächst leicht, sich den Patienten zu widmen. Die Weihnachtszeit rückt näher. Briefe von zu Hause bringen Einladungen für das Fest. Nein, Ulla will nicht zu Katrin und auch nicht zu Marion. Sie will nichts von Weihnachten wissen. Sie lässt sich am Weihnachtsabend auf dem Dienstplan eintragen und verbringt auf der Station ihr Weihnachtsfest.
Die Kollegen zeigen sich verständnisvoll. Sie wollen wissen, wie sie bei sich zu Hause Weihnachten feierte und wie das Weihnachten ihrer Kindheit war. Ulla ist dankbar, dass sie ihre Erinnerungen auspacken darf!Die Schwestern bringen ihr kleine Geschenke und üppig gefüllte Keksteller. Viele kleine Gesten geben Ulla das Gefühl, an diesem Abend nicht alleine gelassen zu werden – auch wenn sie sich sehr allein fühlt. Sie erlebt zum ersten Mal in ihrem Leben ein Weihnachten ohne ihren Vater – und das tut unheimlich weh!
In der nun folgenden Zeit stürzt sich Ulla in die Arbeit. Sie arbeitet und arbeitet und merkt kaum, wie wenig sie zu sich nimmt, wie unregelmäßig sie ihren Kühlschrank füllt. An einem Wochenende spricht sie Norbert darauf an.
Er beschließt, mit Ulla einkaufen zu gehen. Und er macht ihr den Vorschlag, die nächste Zeit gemeinsam zu Abend zu essen. Manchmal kochen sie gemeinsam, manchmal gehen sie zusammen aus. Und Ulla ist froh, dass sie an nichts denken muss, was mit Essen zusammen hängt.
Sie kann eigentlich nichts essen, sie will auch nicht. Jeder Bissen scheint ihr im Halse stecken zu bleiben. Doch Norbert ist geduldig, er drängt nicht, er lästert nicht, er ist nur einfach da und setzt sich mit ihr gemeinsam an einen schön gedeckten Tisch. Allmählich entdeckt Ulla wieder Freude am Essen.
Der Schnee schmilzt und die Wiesen überziehen sich mit dem ersten zarten Grün. Ulla hat Sehnsucht nach der Heimat. Sie fährt nach Hause.
In ihrer Begleitung ist Norbert. Gemeinsam besuchen sie das Grab des Vaters und setzen gelbe Primeln. Sie fahren zu dem kleinen Teich und Ulla erzählt von ihrer Kindheit. Sie zeigt Norbert die Plätze, wo sie mit ihren Schwestern Verstecken gespielt und wo sie mit ihrem Vater die ersten Angelversuche gemacht hat.
Der Tod des Vaters bedeutet für Ulla auch den Verlust ihrer Kindheit. Jetzt lebt das alles nur noch in ihrer Erinnerung weiter.
Ulla ist dankbar, dass sie Norbert immer wieder die gleichen Geschichten erzählen kann, die doch immer wieder ein bisschen anders sind . . .!
(SPECHT-TOMANN, M.)

Welche Impulse sind von dieser Geschichte auch auf andere Situationen zu übertragen?

- Bereits in der Zeit der vorbereitenden Trauer Da-Sein, Zuhören, Ausweinen-Lassen. Aushalten aller Reaktionen wie z. B.: Angst, Verzweiflung, Ungewissheit, Ratlosigkeit.
- Körperkontakt, „wortlose" Gespräche (jemanden in den Arm nehmen, die Hände halten, streicheln . . .).
- Auf körperliche Begleiterscheinungen des Schocks nach einem Verlust reagieren (Wärme, Ruhe, Flüssigkeit . . .).
- Zuhören.
- Hilfestellungen bei öffentlichen Regelungen (z. B. rund um das Begräbnis, Behördengänge . . .).
- Mut machen, Entscheidungen zu treffen, die notwendig sind; Hilfestellungen, Ordnung in die chaotischen Gedanken zu bringen (klare einfache Fragen: z. B. wer . . ., was . . ., wie . . ., wann . . .).
- Durch kleine Gesten/Geschenke/Aufmerksamkeiten seine Anteilnahme ausdrücken speziell bei besonderen Anlässen (z. B. Weihnachten, Geburtstag, Geburtstag des/der Verstorbenen, Todestag . . .).
- Interesse am Leben des Trauernden, auch an seiner Vergangenheit („Wie war denn das damals . . .?") zeigen.
- Beachten von Auffälligkeiten im alltäglichen Lebensrhythmus (Essen, Schlafen, Lebensgewohnheiten . . .) und darauf reagieren.
- Aufsuchen sog. Erinnerungsstätten.
- Geduldiges Zuhören immer gleicher Geschichten.

Luise G.

Die Siedlung liegt in einem dicht bewohnten Gebiet am Rande des Industriegebietes. Die Häuser sind nicht sehr hoch, drei Stockwerke und kein Lift. Graue Fronten, verwaschene Türen, kleine Vorgärten. Es ist schwer, Unterschiede zwischen den einzelnen Häusern zu erkennen. Die einzelnen Mietparteien kennen sich meist nur vom Sehen. Die Jungen haben nicht viel Zeit, gehen früh zur Arbeit und kommen spät nach Hause. Die Alten versorgen ihre Wohnung, gehen um den Häuserblock, sitzen vor dem Fernseher, streicheln die Katze. Jeder geht seiner Wege. Kontakte bestehen kaum. Es gibt auch wenig Familien mit kleinen Kindern. Die meisten Menschen, die hier wohnen, blicken auf eine lange arbeitsreiche Zeit zurück. Damals, als die Häuser neu waren, waren sie stolz, hier einzuziehen. Heute sind diese Wohnungen nicht mehr gefragt.
Anton G. und seine Frau Luise sind so ein Ehepaar, die froh und glücklich waren, eine dieser Wohnungen in den neu erbauten grauen Wohnblöcken zu bekommen. Es war zwar nicht viel Platz und als die Kinder kamen, war es schon recht eng. Doch

die Kinder sind groß geworden, haben ihre eigene Wohnungen und Anton, der älteste Sohn hat sogar ein Haus gebaut. Die Kinder kommen selten. Sie sind ja auch weiter weg gezogen. Nur Marianne lebt noch in der Stadt, „am anderen Ende" wie sie sagt.
Anton und Luise sind gemeinsam durchs Leben gegangen und gemeinsam alt geworden. Von den Menschen, die etwa zur gleichen Zeit in die Siedlung kamen, sind schon viele gestorben. Hin und wieder treffen sie sich mit den Nachbarn vom 2. Stock zum Kartenspielen. Doch seit die Frau einen Oberschenkelhalsbruch erlitten hatte, geht das nicht mehr so gut. Sie ist kränklich geworden und hat kein Interesse an gemeinsamen Abenden. Die neuen Parteien kennen Anton und Luise nicht. Nur vom Sehen. Nur vom Grüßen. Manchmal bedauert Luise, dass sie nicht mehr Mut hat, die junge Frau aus der gegenüberliegenden Wohnung anzusprechen. Sie sieht so nett aus . . .
Eines Tages wird Anton krank. Er bekommt schlecht Luft und die üblichen Salben und Tropfen wollen diesmal nicht wirken. Luise ruft Marianne, ihre Tochter, an. Marianne veranlasst, dass ihr Vater ins Spital kommt. „Das Herz", meint der Arzt. Anton muss in der Klinik bleiben. Luise ist ratlos. Soll sie jetzt allein in die Wohnung gehen? Marianne hat keine Zeit für die Mutter, sie bringt sie nur rasch nach Hause und verspricht, am nächsten Tag wiederzukommen. Sie will ihr dann auch helfen, einen kleinen Koffer für die Klinik zu packen, denn Anton hat ja gar nichts mitnehmen können!
Doch am nächsten Tag ist Anton tot. Herzversagen.
„Da war leider nichts mehr zu machen, Frau G. Aber ihr Mann hat nicht leiden müssen, er ist ganz friedlich eingeschlafen . . ." Der Arzt drückt Luise die Hand.
Sie kann das alles nicht glauben. Sie muss sich verhört haben! „Bitte . . ., was haben sie gesagt . . .", stammelt Luise. Doch der Arzt ist schon weg.
Eine Schwester nimmt sich der alten Frau an. Sie führt sie ins Schwesternzimmer, bietet ihr einen Stuhl an und sorgt dafür, dass eine Schwesternschülerin in ihrer Nähe bleibt.
Luise zittert am ganzen Körper. Weinen kann sie nicht. Da ist so ein Kloß im Hals, der schnürt ihr die Kehle zu. „Gleich werde ich ersticken", denkt Luise. Mühsam versucht sie, ein paar Schluck zu trinken. Der Mund bleibt seltsam trocken, die Zunge scheint zu groß. Luise bekommt Angst. Zum Glück ist da die junge Schwester.
„Ich muss jetzt zu Anton, zu meinem Mann." Luise versucht aufzustehen.
Doch die Schwesternschülerin nimmt ihren Arm: „Frau G., ihr Mann ist heute Nacht gestorben. Wir werden jetzt ihre Tochter anrufen, damit Sie nicht alleine sind."
Die kommenden Tage vergehen wie in Trance. Alles, was rund um das Begräbnis geschieht, läuft an Luise vorbei.
Die Kinder sind gekommen und haben alles organisiert.
Es ist auch besser so, denkt Luise, sie weiß doch nicht, was alles zu tun ist. Hilflos fühlt sie sich, so klein und ohnmächtig. Jeden Morgen wacht sie auf, will die Hand nach Anton ausstrecken – und jedes Mal jagt ihr die Leere, in die ihre Hand greift, einen fürchterlichen Schrecken ein. Ein Schmerz durchzuckt ihren Körper. „Nein, das kann doch nicht sein! Anton kann nicht tot sein!" schreit es in ihr. Doch das leere Bett und die unheimliche Stille in der Wohnung sagen etwas anderes: „Anton ist tot."
Die Traueranzeige erscheint in der Zeitung.
Marianne hat sie aufgesetzt und ihr gezeigt. Luise war zufrieden mit den wenigen schlichten Zeilen. Nur ein Kreuz sollte noch dazukommen. Sie waren ja nicht sonderlich gläubig, doch jetzt . . .

Das Begräbnis zieht wie ein Film an Luise vorbei. Es geht ihr alles zu schnell. Anton war doch eben erst ins Krankenhaus gekommen! Und jetzt steht sie schon an seinem Grab, gehalten von ihrem älteren Sohn Anton, der den selben Namen trägt, wie ihr verstorbener Mann – und das ist irgendwie tröstlich. Marianne hat Blumensträuße gerichtet, sie will keine Erde ins Grab werfen. Auch damit ist Luise einverstanden. Es ist ihr im Grunde alles recht. Sie ist noch viel zu sehr mit dem tiefen Schmerz beschäftigt, der wie ein wildes Tier in ihr tobt.
Nach dem Begräbnis reisen die Kinder bald ab, niemand hat wirklich Zeit, sich um die alte Mutter zu kümmern. In ein paar Wochen wollen sie alle einmal zusammen kommen, um die Erbschaftsangelegenheiten zu regeln. „Wenn du was brauchst, Mutti, ruf uns an!" , „Du wirst sehen, das wird schon wieder werden, die Zeit heilt doch alle Wunden . . ." , mehr sagen sie nicht, die Kinder. Marianne kommt manchmal vorbei. Nicht oft.
Die Tage kriechen dahin. Die alte Frau kann nicht wirklich begreifen, was geschehen ist. Sie fällt mehr und mehr in eine Erstarrung, die auch körperlich zu sehen ist. Mit hochgezogenen Schultern, starrem Gesichtsausdruck und seltsam mechanischen Bewegungen geht sie rastlos in ihrer Wohnung hin und her. Eines Tages läutet es an der Tür. Als Luise die Tür öffnet, steht die junge Frau von der Wohnung gegenüber vor ihr.
Mit etwas verlegenem Lächeln reicht sie Luise einen kleinen Blumenstrauß. „Es tut mir so leid, ich habe erst in der Zeitung gelesen, dass ihr Mann gestorben ist . . ., vielleicht wollen Sie zu mir auf einen Kaffee kommen?"
Luise spürt plötzlich, dass ihre Wangen ganz nass werden. Tränen strömen über ihr Gesicht. Zum ersten Mal nach all den Tagen des Schreckens kann sie weinen! Die junge Nachbarin steht etwas betreten vor ihr, sie weiß nicht so recht, wie sie sich verhalten soll. Doch Luise holt ein Taschentuch aus ihrem Jackenärmel, wischt sich das Gesicht ab, öffnet die Tür und bittet die junge Frau in die Wohnung.
Das ist der Beginn einer Trauerbegleitung für Luise und der Beginn einer Beziehung zwischen zwei Frauen so unterschiedlichen Alters!
Martina M., die junge Nachbarin, hat eine wunderbare Fähigkeit: sie kann sehr gut zuhören und sie kann mit einer „einfühlsamen Neugierde" Fragen stellen.
Luise taut dank der liebevollen Zuwendung der jungen Nachbarin langsam aus ihrer Erstarrung auf. Sie erzählt Martina von Anton und ihrem gemeinsamen Leben. Vor Martina öffnete sich ein wahres Bilderbuch aus einer versunkenen Welt. Sie hörte von der schweren Aufbauzeit nach dem Krieg, von Arbeitslosigkeit, Hunger und bescheidenem Wohlstand.
Gemeinsam suchen sie ein Foto von Anton heraus, das Luise aufstellen will. Martina bringt bei ihrem nächsten Besuch eine Kerze mit. Die stellen sie vor Antons Bild.
Doch immer wieder fällt Luise in einen Zustand der Erstarrung zurück. Ungläubig schaut sie dann auf den Erinnerungstisch, auf dem Antons Foto und die Kerze stehen. Es kann ihr doch niemand helfen. Das Einschlafen bereitet ihr auch immer wieder Schwierigkeiten. Sie hat neuerdings Angst vor der Dunkelheit. Lässt sie aber ein Licht brennen, meint sie immer, Antons Schritte in der Küche zu hören. Es ist schrecklich!
Luise erzählt Martina von ihren schlechten Nächten und den komischen Geräuschen, die sie in der Küche hört.
Martina hört aufmerksam zu. Bei ihrem nächsten Besuch bringt sie Luise ein kleines Schutzengelbild mit.

Das Bild zeigt einen schönen, leuchtenden Engel und darunter steht ein altes Schutzengelgebet:

Engel Gottes, du mein Hort,
durch den mich seine Liebe schützt,
ob Tag oder Nacht, sei mir zur Seite,
leuchte und schütze, lenke und leite.

Da erinnert sich Luise an die Gebete ihrer Kindheit. Wie tröstend war ein Gebet vor dem Einschlafen! Vielleicht kann so ein Gebet auch jetzt helfen? Kann ihr vielleicht der Schutzengel helfen, ihr und ihrem toten Anton? An diesem Abend sucht sie nach den Worten eines Gebetes, das ihre Mutter ihr immer vor dem Einschlafen sagte . . . (SPECHT-TOMANN, M.)

Welche Impulse sind von dieser Geschichte auch auf andere Situationen zu übertragen?

- Klare Auskunft über den Zeitpunkt des Todes und über die Umstände des Todes.
- Trauernde im ersten Schock nicht allein lassen, auf Symptome reagieren, Angehörige verständigen.
- Hilfestellung bzw. Übernahme organisatorischer Dinge (Behördengänge, Begräbnisgestaltung . . .).
- Bei wichtigen Fragen den Trauernden einbeziehen und die Möglichkeit des Mitgestaltens geben. Auch wenn die Aktivität des Betroffenen stark eingeschränkt ist, sollte zumindest das Angebot gemacht werden.
- „Es ist nie zu spät" als Motto für Menschen aus der Umwelt des Trauernden. Auch wenn man erst später etwas vom Tod erfährt, sollte man auf Trauernde zu gehen.
- Geste der Anteilnahme; Symbol des Lebens (Blumen); Einladung zum Kaffee als Versuch, den Trauernden nicht auszugrenzen, sondern ihn an der Gemeinschaft teilhaben zu lassen.
- Zuhören und einfühlsame Fragen stellen, die den Trauernden helfen, seine Erinnerungsbilder zu ordnen.
- Anregung, eine Erinnerungsecke zu gestalten mit Fotos, Kerzen, Blumen . . .
- Aushalten, dass Trauernde Rückschritte machen. Geduldig wieder und wieder gemeinsam den Weg durch die Trauerberge gehen.
- Hören und „Stehen-Lassen" von Berichten über „Verrücktes" (Tagträume, Schritte hören . . .).
- Spirituelle Dimension einbeziehen; behutsames Herantasten, was im konkreten Fall helfen könnte.

Haralds Geschichte

Harald ist Ende Vierzig als er von der Krebserkrankung seiner jüngeren Schwester Veronika erfährt. Niemand kann glauben, dass diese lebenslustige Frau mit dem Tod kämpft. Sie selbst ist nach dem ersten Schock zu jeder Therapie entschlossen. Sie will nicht so einfach einwilligen in ihr Schicksal. Schon oft in ihrem Leben hat es Situationen gegeben, in denen sie es schwer hatte. Und sie hatte gelernt zu kämpfen! Warum sollte es ihr diesmal nicht gelingen, den Feind zu besiegen?
In den kommenden Jahren erlebt Veronika viele Höhen und Tiefen, glaubt sich schon gerettet und stürzt dann wieder in einen schrecklichen Abgrund.
Wenn Harald zurückdenkt, dann war das eine Zeit, in der alle – die Familie und der Freundeskreis von Veronika – ständig zwischen Hoffen und Bangen hin und her gerissen waren. Jeder hatte seinen ganz persönlichen Stil gefunden, mit Veronika und ihrer Krankheit umzugehen. Die einen verdrängten die Krankheit und reagierten bei jeder Verschlechterung erneut mit Schock und Verzweiflung. Andere versuchten, den Kontakt zu Veronika intensiver zu gestalten. Wieder andere überlegten sich, welche praktische Unterstützung für Veronika hilfreich wäre.
Harald nahm jede Gelegenheit wahr, mit seiner Schwester ins Gespräch zu kommen.
Das war nicht immer leicht, da sie viele hundert Kilometer von einander getrennt lebten. In diesen Gesprächen hatte alles Platz und einmal mehr erlebten Harald und Veronika, welch „guten Draht" sie zu einander hatten. Oft war Harald nach so einem Gespräch deprimiert. Er fühlte sich selbst so hilflos angesichts der Hilflosigkeit von Veronika. Auch Harald versuchte öfter, diese schreckliche Tatsache, den Tod vor Augen zu haben, zu verdrängen. Doch Veronika ließ ihm keine Chance, durch ihre Offenheit zwang sie Harald indirekt dazu, sich mit dem bevorstehenden Ende klar auseinanderzusetzen. Es gab viel zu besprechen – keine großen Dinge, keine tollen Vermächtnisse – nein, es ging darum, dass Veronika in den letzten Monaten ihres Lebens ihr ganzes Leben gemeinsam mit ihrem Bruder Revue passieren lassen konnte.
Auch für Harald war das wichtig, es war ein Stück Vorwegnahme der großen Trauer, die er vor sich sah – dann, wenn Veronika ihren Weg auf Erden zu Ende gegangen war.
Schließlich kam für Veronika das klärende Gespräch mit dem behandelnden Arzt am Uniklinikum: Es sei nichts mehr zu machen, das sei die Wahrheit. Sie alle stünden mit dem Rücken zur Wand, er könne nur noch palliative Maßnahmen anbieten und ihren Wunsch unterstützen, die letzte Zeit unter optimaler medizinischer Versorgung zu Hause zu verbringen.
Jetzt, nachdem Veronika gestorben war, erinnert sich Harald, wie sich damals ein lähmendes Gefühl in ihm breit machte. Doch immerhin konnte er Veronika noch Briefe schreiben, konnte sie besuchen, ihr kleine Geschenke mitbringen, sie zum Lächeln bringen. Jetzt ist auch das nicht mehr möglich.
Die letzten Wochen pflegte Marietta, die älteste der drei Geschwister, ihre jüngere Schwester. Veronika war nicht allein. Freundinnen kamen und nahmen Abschied, Harald brachte die Eltern aus der Kleinstadt an das Sterbebett ihrer jüngsten Tochter. Abschiednehmen und wissen es gibt kein Morgen – das war fast unerträglich! Veronika hatte alles mit einer stillen Gelassenheit hingenommen. Sie hatte aufgehört zu kämpfen, sie hatte den Tod angenommen.
Harald erfährt per Telefon, dass Veronikas Leben zu Ende gegangen war.
Er will von Marietta alles genau wissen. Und Marietta ist froh, ihrem Bruder von den letzen Stunden erzählen zu können.

„Ja, Veronika ist friedlich eingeschlafen. Jetzt, einen halben Tag nach ihrem Ende, liegt sie noch immer auf dem Sofa, so als schlafe sie. Sie hat ihren weißen Lieblings-Pullover an und eine helle Hose. Ihr Haar fällt leicht über die Schulter. Sie lächelt." Harald spürt, wie ihm die Tränen hochsteigen, er räuspert sich, es schnürt ihm die Kehle zu. Marietta erzählt, dass sie die ganze Nacht neben dem Bett ihrer Schwester gesessen ist. Die Ärztin sei dagewesen und habe ihr diese letzten Stunden zugesagt, bevor die Bestattung käme. Veronikas Lebenspartner und eine alte Freundin, Thea, kamen vorbei. Gemeinsam hielten sie Totenwache. Sie legten eine Lieblingsmusik von Veronika auf, Thea kochte eine Suppe, Jörg saß still am Boden vor dem toten Körper der Frau, die er liebt und mit der er vor drei Monaten noch am Gardasee war.

Harald erinnert sich an die letzten Reisen seiner schon sehr müden und von der Krankheit gezeichneten Schwester: die Toskana, Paris, Budapest, Österreich. Die Karten, die sie schrieb, hatten eine eigene heitere Leichtigkeit und gleichzeitige Tiefe. Harald weiß noch genau, wie er bei jeder Karte von einer Welle von Angst überschwemmt wurde: „Ist das die letzte Karte?" Doch es kamen wieder und wieder Karten, die letzte von einem schönen Spätherbsttag am Gardasee: „Wie warm und mild das Licht scheint . . .", schrieb Veronika.

Harald wischt sich über die Augen und kehrt von seinem Gedankenausflug zurück zu dem Gespräch mit seiner Schwester Marietta.

Sie besprechen, was zu tun ist. Und wer welche Aufgaben übernimmt.

Die nächsten Stunden werden Harald unerträglich lang. So vielen Menschen teilt er per Telefon mit, dass Veronika ihren Weg auf dieser Welt beendet hat. Am Abend sitzt Harald mit seiner Familie um den großen Küchentisch.

Haralds Frau Lisbeth hat ein Foto von Veronika aufgestellt.

Die Kinder sind stumm. Veronika war ihre Lieblingstante. Immer wenn sie kam, war es lustig. Sie hatte Zeit, gute Ideen und brachte viel Schwung und Fröhlichkeit mit – und tolle Andenken von ihren Reisen durch die Welt.

Allmählich löst sich das Schweigen und die Familie spricht von Veronika, „Kannst du dich noch erinnern . . .", „Weißt du noch . . ."

Harald ist froh, dass sich die Starre des Schocks löst, und er spürt Dankbarkeit, dass Veronika ohne Schmerzen friedlich sterben konnte, so wie sie es ihm oft als letzten Wunsch genannt hatte.

Er schließt die Augen. Der Druck, die Angst und die Ungewissheit fallen langsam von ihm ab. Harald spürt, wie sich ein tiefes Wundsein in ihm ausbreitet. Es nimmt von allen Teilen seines Körpers Besitz. Er fühlt sich tonnenschwer, glaubt, nie mehr von seinem Stuhl aufstehen zu können. Wie gelähmt fühlt er sich, bleierne Füße ziehen ihn hinab. Er stützt seinen Kopf in die Hände.

Lisbeth steht auf und bringt für jedes Familienmitglied ein Teelicht. Sie stellen die Lichter in das große Treppenhausfenster und zünden sie an, das war in Lisbeths Familie seit Generationen bei Todesfällen so Brauch.

Es wird eine traurige Nacht. Die Kinder können kaum schlafen, und Harald findet keine Ruhe. Er geht auf und ab, auf und ab. Gedanken schießen durch seinen Kopf. „Veronika ist tot, Veronika ist tot . . .", hämmert es in ihm. Doch dieser Gedanke ist zu groß, zu verrückt, als dass er in seinen Kopf passen kann. Veronika, seine „kleine" Schwester, das Nesthäkchen. Diese lustige Frau, dieses Mädchen, diese wilde Kämpferin . . . Es fallen ihm tausend Szenen aus der Kindheit und den gemeinsamen Jugendtagen ein. Harald meint schreien zu müssen. Laut und wild – doch

kein Laut kommt aus seiner Kehle. Er fühlt sich zugeschnürt, greift mechanisch nach einem Glas, trinkt ein paar Schluck Wasser.
Die kommenden Wochen ziehen rasch vorbei.
Das Begräbnis wird zu einem großen Familientreffen.
Viele Menschen haben sich seit Jahren nicht mehr gesehen, zu weit sind die Entfernungen der einzelnen Wohnorte. Die Trauergesellschaft ist bunt zusammengewürfelt. Ein Sprachendurcheinander füllt das kleine Café, in dem die Eltern von Veronika nach der Totenmesse den engsten Familien- und Freundeskreis zu einem Zusammensein bitten.
Und trotz aller Betroffenheit ist es für alle ein schönes Ereignis, sich nach all den Jahren wiederzusehen und Erinnerungen und Geschichten von Veronika auszutauschen.
Anja, Haralds jüngste Tochter, meint: „Tante Veronika schaut uns bestimmt zu und lacht mit uns!"
Als der Alltag wieder einkehrt, spürt Harald, wie sehr ihn die letzten Wochen, ja, die letzten Jahre, mitgenommen haben. Er fühlt sich allein. Er zieht sich immer häufiger in die vier Wände seines Arbeitszimmers zurück.
Lisbeth weiß nicht so recht, ob sie ihn herausholen soll oder ihn mit seiner Trauer ein wenig allein lassen muss. Manchmal machen sie Spaziergänge, und Harald erzählt von Veronika. Das tut ihm gut.
Er kommt von einer Erinnerung zur anderen, springt in Gedanken einmal ganz zurück in die Kindheit und dann wieder nach vor in die Zeit des Studium, die Zeit ihres ersten Spanienaufenthaltes ... Er erzählt von gemeinsamen Abenteuern, von Freundschaften, Lieben, Enttäuschungen ...
Seine Frau versucht, ihm ruhig und aufmerksam zuzuhören.
In den kommenden Monaten ist Harald sehr gereizt und ungeduldig. Seine Kinder erleben ihn sprunghaft und launisch. Mit seiner Arbeit kommt Harald nicht wie geplant weiter und er fühlt sich hoffnungslos überfordert.
Lisbeth spürt, dass sie außer Da-Sein nicht viel für Harald machen kann. Mit den Kindern spricht sie oft über alles, was in den letzten Monaten geschehen ist und wie unterschiedlich Menschen mit so schweren Verlusten umgehen.
Veronikas Tod wird nicht ausgeklammert – auch wenn es immer wieder aufs Neue schmerzhaft ist, die Endgültigkeit zu akzeptieren.
Der erste Jahrestag von Veronikas Sterbetag rückt näher. Da melden sich bei Harald zwei Freunde aus der Kinderzeit. Sie fragen an, ob sie für eine Woche zu Besuch kommen können.
Harald ist überrascht, aber freut sich über diesen unerwarteten Besuch sehr. Er versucht, rasch einen Urlaub zu beantragen. Die drei Freunde beschließen, für eine Woche in die Berge zu fahren, auf eine Hütte.
Harald merkt, wie gut es ihm tut, mit Menschen zu reden, die Veronika auch als Kind gekannt haben.
Peter bringt einen Karton mit alten Fotos mit und Matthias sorgt für das leibliche Wohl.
Diese Woche wird nicht nur eine Woche der gemeinsamen Aktivitäten, sie wird auch zu einer Woche der Erinnerung an das eigene Leben, an Veronika und an die Geschichten, die alle miteinander verbunden haben. Harald kann viel loswerden von seinen belastenden Gefühlen. Er fühlt sich getragen von einer Freundschaft, die weit in die Zeit seiner Kindheit zurückführt, in jene Zeit, in der drei kleine Jungen den Auftrag hatten, gut auf ein kleines Mädchen aufzupassen, ein Mädchen, das Veronika hieß ...
(SPECHT-TOMANN, M.)

Welche Impulse sind von dieser Geschichte auch auf andere Situationen zu übertragen?

- Sich der vorbereitenden Trauer stellen, nicht vor dem Sterbenden aber auch nicht vor sich selbst davon laufen.
- Genaue Information einholen über das, was rund um den Tod geschah. So ist es möglich, sich ein „letztes Bild“ zu machen.
- Organisatorische Aufgaben unter den Familienangehörigen aufteilen.
- Auf alte Familientraditionen zurückgreifen, z. B.: Kerzen in einem ganz bestimmten Ritual anzünden, Fotos aufstellen, einen Erinnerungstisch gestalten . . .
- Begräbnis zu einem Familienfest werden lassen, „Totenmahl“, gemeinsames Zusammensitzen . . .
- Erinnerungen und Geschichten über die Verstorbenen austauschen.
- Auf sich achten und Hilfe in Anspruch nehmen.
- In Bewegung kommen: spazierengehen, laufen . . .; den Boden unter den Füßen bewusst spüren; über körperliche Bewegung gedankliche Erstarrung lösen.
- Zuhören/Da-Sein/Geduld.
- Familienangehörigen (Kindern) auffallendes, nicht-verständliches Verhalten eines Trauernden erklären.
- Jahrestage nicht vergessen.

Danielas Geschichte

„Wir haben wirklich alles Menschenmögliche getan. Es tut uns schrecklich leid. Wir konnten Maja nicht mehr helfen.“
„Nicht mehr helfen, nicht mehr helfen“, dröhnt und hämmert es in Danielas Kopf. Die junge Frau lehnte sich an die weiße Wand. Vor ihr liegt die Tür hinter der ihre kleine Tochter war. Daniela will aufspringen, die Tür aufreißen, ihr Kind an sich nehmen. Sie will Maja etwas von ihrer Lebenskraft geben, Maja muss leben! Sie ist doch ihr ein und alles! Daniela will den Arzt beiseite schieben und zu ihrem Kind laufen – doch die Füße versagen.
Stunden danach versucht sie, sich an alles zu erinnern, was rund um den tragische Tod ihrer kleinen, erst vier Jahre alten Tochter Maja geschehen war. Doch in ihrem Kopf will kein Bild entstehen. Nur Bruchstücke von Situationen, einzelne Bildfetzen tauchen auf, um gleich wieder in einem schwarzen Meer zu versinken. Wie von ganz Ferne hört sie die erschreckten Schreie am Badeteich . . . Sie hört sich selbst nach ihrem Kind schreien . . . das Dröhnen des Hubschraubers . . . das Knallen der Türen . . . Daniela wischt sich über die Augen.
Ihre Freundin Agnes versucht wieder und wieder mit Daniela über das Vorgefallene zu reden. Sie hofft, Daniela durch diese Gespräche aus ihrer Erstarrung zu holen. Sie hofft, Daniela würde endlich weinen können. Doch lange Zeit bleiben diese Versuche vergebens.

Auch in den folgenden Tagen ändert sich nichts. Daniela isst nichts. Daniela schläft kaum. Daniela sitzt den ganzen Tag am Fenster oder im Zimmer ihrer kleinen toten Tochter. Agnes ist ratlos, wie sie ihrer Freundin beistehen könnte.
Schließlich fragt sie Daniela, ob sie für die erste schlimme Zeit zu ihr ziehen kann.
Die beiden jungen Frauen waren so lange schon befreundet, waren gemeinsam zur Schule gegangen und hatten einige Jahre eine kleine Wohnung mit einander geteilt! Sie waren immer durch dick und dünn gegangen – auch damals, als der Vater von Maja die Beziehung löste und in eine andere Stadt zog . . .
Agnes richtet sich im Wohnzimmer ein. Sie bringt ein paar CD's mit, Bücher und einen vollen Einkaufskorb. Sie kocht Tee, stellt Brot, Käse und Obst auf den Tisch. Der Tisch ist schön gedeckt, in der Mitte steht eine Kerze und ein kleiner Strauß rosa Buschröschen.
Daniela setzt sich zu Tisch. Sie trinkt einige Schluck Tee. Das Essen rührt sie nicht an. Doch Agnes weiß, dass sie einen wichtigen Schritt weiter gekommen war in ihren Bemühungen, ihrer Freundin aus der Erstarrung ihrer Trauer herauszuhelfen!
Sie nimmt Danielas eiskalte Hände in ihre warmen Hände, streichelt sie sanft, immer wieder im gleichen Rhythmus.
Da legt Daniela ihren Kopf auf Agnes Schulter. Sie lässt sich ganz fallen – und spürt, wie sich in ihr ein Knoten löst. Sie spürt, wie eine Flut an Tränen nach außen drängt, und endlich kann sie nachgeben. Von Weinen geschüttelt liegt sie in den Armen ihrer Freundin. Lange weint Daniela ihre Qual aus sich heraus. Und Agnes hält sie, streichelt sie, wiegt sie wie ein kleines Kind. Als das Schluchzen aufhört, spürt Agnes, eine ganz andere Kraft in Daniela. Die junge Frau löst sich von ihrer Freundin und ein kleines Lächeln huscht über ihr Gesicht: „Danke".
Die beiden Frauen verbringen die folgende Nacht im Zimmer von Maja.
Daniela fühlt sich zum ersten Mal stark genug, die Spielsachen ihrer Tochter in die Hand zu nehmen, die Bilderbücher durchzublättern und die kleinen Sommerschuhe unter das Bett zu stellen.
Noch ist es zu früh, etwas zu verändern, noch ist jede Spur von Maja „heilig", darf nicht verwischt oder verändert werden.
Immer wieder wird Daniela von Weinkrämpfen geschüttelt, dann wieder fließen die Tränen still und sanft über ihr Gesicht. Geredet wird kaum. Schließlich nimmt Daniela die Lieblingspuppe von Maja, holt ihre Bettdecke und legt sich auf den Boden zum Schlafen. Agnes lässt die kleine Nachtischlampe brennen, schaltet im Wohnzimmer ruhige Musik ein und versucht selbst, Schlaf zu finden.
In den folgenden Wochen und Monaten erfährt Daniela viel Zuwendung von ihrer Familie, von Freunden, Kollegen – ja selbst von wildfremden Menschen, die vom tragischen Tod der kleinen Maja gehört haben.
Einige schicken kleine Büchlein mit trostspendenden Bildern und Texten, andere Sträuße aus Trockenblumen oder Kerzen. Dann bekommt sie einen Brief von einer Frau, deren Sohn vor drei Jahren bei einem Segelunfall tödlich verunglückte. Der Brief ist in seiner Schlichtheit genau das Richtige für Daniela. Diese Mutter drängt sich mit ihrer eigenen Geschichte nicht auf, sie schreibt nur, wie sehr sie sich in Danielas Situation einen Menschen gewünscht hätte, der selbst erfahren hat, was es heißt, ein Kind zu verlieren . . .
Sie gibt ihre Adresse und Telefonnummer an – ein Angebot, kein Muss!
Daniela legt den Brief zu Seite. Nein, keine fremden Geschichten, kein fremdes Leid, wo sie doch mit ihrem eigenen Schmerz so randvoll ist! Nach einigen Tagen fällt ihr der Brief jedoch wieder in die Augen und sie beschließt, die Nummer zu wählen.

In Frau M., der Schreiberin des Briefes, findet Daniela eine einfühlsame Zuhörerin, eine mütterliche Freundin und zurückhaltende Ratgeberin.
An einem heißen Spätsommertag nimmt Daniela Frau M. mit zu Majas Grab. Die beiden Frauen haben einen kleinen Blumenstrauß mitgebracht und eine Kerze.
Die Sonne entfaltet ihre ganze Kraft, eine intensive Wärme umhüllt Daniela. Sie schließt die Augen, atmet den Duft der Rosen ein und fühlt sich mit einem Mal wohl und geborgen. Sie steht hier am Grab ihrer Tochter, spürt sich in noch nie dagewesener Weise mit ihrem Kind verbunden und plötzlich hat sie die innere Gewissheit, dass Maja bei ihr ist, auf immer und ewig in ihrem Herzen! Sie umarmt Frau M., kniet nieder, richtet die Blumen, legt ihre Hände auf die warme Erde und spürt, wie ihre alte Kraft wieder kehrt. Dankbar und beglückt kehrt Daniela von diesem Friedhofbesuch nach Hause zurück.
Doch der Weg durch das Land der Trauer ist noch nicht zu Ende. Daniela erfährt schmerzhaft, wie lange so eine Reise durch dieses unbekannte Land Trauer dauern kann und wie wenig sie über die Gefahren in diesem Land Bescheid weiß. Sie erlebt Zorn und Wut auf die Freunde, die sie zu dem Gartenfest eingeladen haben, an dem Maja im Badeteich ertrank. Sie lehnt sich gegen Gott auf, der ihr Sinn und Mittelpunkt ihres Lebens genommen hat. Sie ist neidisch auf alle jungen Frauen, die mit kleinen Kindern an der Hand vorbeigehen. Voll Verzweiflung fragt sie sich, warum es gerade ihre Maja treffen musste: warum? Niemand kann ihr darauf eine Antwort geben. Am Schlimmsten sind für Daniela die Träume von Maja. Sie träumt so intensiv von ihrer Tochter, dass sie meint, den Duft ihres Kindes zu riechen, ihre zarte Haut zu spüren und ihr glockenhelles Lachen zu hören. Verzweifelt wehrt sie sich nach solchen Träumen, aufzuwachen. Sie presst die Augen zusammen, sie dreht sich hin und her, sie will nur eines: weiterträumen!
Im Herbst kommt Agnes wieder häufiger vorbei und holt Daniela zum Spazierengehen ab. Der nahegelegene Wald mit den wunderschön verfärbten Blättern ist genau der richtige Rahmen für gute Gespräche. Daniela kann mit Agnes über alles reden, was sie so bedrückt – auch über diese Träume!
Agnes fordert ihre Freundin auf, ihr doch die Träume zu erzählen. „Noch einmal erzählen, noch einmal alles aussprechen, was mir das Herz zerreißt?!" Daniela ist wütend. Doch dann versucht sie es doch und im Erzählen merkt sie, wie nicht nur der Traum lebendig wird, sondern auch andere Erinnerungen an Maja auftauchen. Sie erzählt und erzählt . . . und merkt, wie wichtig ihr die inneren Bilder von Maja sind. Auch wenn es weh tut, so ahnt Daniela, dass ihr diese Bilder auch die Kraft geben, die positiven Seiten des Lebens wieder sehen zu lernen.
Ein Jahr ist vergangen, der Todestag naht und Daniela weiß nicht, wie sie das aushalten soll. Sie beschließt: wegzufahren, durchzuschlafen, allein zu sein, zu Freunden zu fahren, ans Grab zu gehen, „unterzutauchen" . . . Erschöpft setzt sie sich in ihr Arbeitszimmer, das ehemalige Zimmer von Maja. Hier an diesem Ort fühlt sie sich mit ihrem Kind auf eine so wohltuende Art und Weise verbunden. Und hier an diesem Ort fasst Daniela den Entschluss, die Freunde anzurufen, bei denen das Unglück geschah.
Otto ist am Telefon und sie hört am Klang seiner Stimme, dass er sich über ihren Anruf freut. Er lädt sie zum Essen ein.
An diesem Abend reift in Daniela der Wunsch, den Todestag ihrer Tochter hier am Ort des Unfalls zu begehen. Dieses Grundstück mit den schönen Bäumen, dem Badeteich und den verwilderten Blumenbeeten war ja nicht nur ein Ort des Schre-

ckens. Hier hat Daniela mit Maja viele schöne Tage verbracht, hier hat Maja ihre ersten Schritte über die Wiese gemacht, hier hat sie Gänseblümchen gepflückt und Schnecken gesammelt. Barbara, Ottos Frau, umarmt Daniela und wischt sich die Tränen aus den Augen. Ja, sie sei dankbar und glücklich, dass Daniela zu ihnen zurückgefunden habe. Die Gefühle der Schuld, des Mitverschuldens, seien in den vergangenen Monaten so groß gewesen! Daniela drückt Barbara die Hand ...

Gemeinsam planen sie dann die kleine Feier, zu der sie Freunde und Verwandte einladen. Ein Rosenstock soll gepflanzt werden, rosa Buschröschen. Sie bereiten Texte vor und schreiben die Einladungen. Es soll ein „Rosenfest" werden ...

In den folgenden Jahren bekommen Kollegen, Nachbarn, Freunde und Verwandte an jedem Todes-Jahrestag von Maja Einladungen zum Rosenfest. Über die Jahre hin hat sich das Fest verändert. Aus einem traurigen, stillen Gedenken rund um den neu gesetzten Rosenstrauch wird ein Fest des Innehaltens, der Freundschaft und Solidarität. Einmal werden viele Luftballons, versehen mit Grußworten und Adressen, in die Lüfte entlassen – zu neuen noch unbekannten Freunden. Ein anderes Mal werden Windharfen in die Bäume gehängt und erfüllen den Ort der Trauer mit sanften Klängen. Immer aber war und ist es ein Fest, an dem man Freunde treffen kann und mit Menschen ins Gespräch kommt, die man sonst nur selten zu Gesicht bekommt.

Es ist ein Fest, bei dem Kinder ebenso willkommen sind wie Großeltern und Nachbarn, ein Fest, bei dem gemeinsam gegessen, getrunken, erzählt und zugehört wird.

Manchmal meint Daniela, dass zwischen den Zweigen des Buschrosenstrauchs das Gesicht von Maja verschmitzt lächelnd hervorschaut ...

(SPECHT-TOMANN, M.)

Welche Impulse sind von dieser Geschichte auch auf andere Situationen zu übertragen?

- Nach einem Unglücksfall Hilfestellungen anbieten, das gedankliche Chaos zu ordnen.
- Menschen nicht allein lassen; besonders Alleinstehenden sollte man das Angebot einer kurzfristigen „rund um die Uhr Begleitung" machen.
- Sorgen, dass der tägliche Rhythmus aufrechterhalten bleibt (Essen/Trinken/Schlafen/Wachen ...).
- Körperkontakt; gleichmäßige, rhythmische Bewegungen wirken beruhigend.
- Keine zu raschen Veränderungen in der unmittelbaren Umgebung vornehmen.
- Kleine Gesten der Zuwendung, Angebote – keine Zwangsbeglückungen.
- Gemeinsames Tun, etwa Grabbesuche.
- Beachten von kritischen Jahrestagen und Jahreszeiten.
- Spazierengehen.
- Zuhören, erzählen lassen, negative Inhalte aushalten.

- Akzeptieren, dass Trauer lange anhält.
- Aussprache über belastende Gefühle, Aussöhnung, Versöhnung.
- Unterstützung bei Ritualen, Herausfinden persönlicher Rituale.
- Gemeinschaftserleben, Gesten der Solidarität .

Jeder Verlust löst Trauergefühle aus. Es gibt allerdings Verlustsituationen, die schwerer zu tragen sind als andere. In aller Regel gilt, je *näher* uns der Mensch steht, den wir verlieren, um so intensiver sind die Gefühle der Trauer. In erwachsenen Jahren zählt der Verlust des Ehepartners und der Verlust eines Kindes zu den schwierigsten Trauerfällen. Kinder – und ganz besonders die eigenen Kinder – sind Symbolträger der Zukunft. Oft sind sie die zentralen Personen im Leben der Eltern, binden viel Liebe, Aufmerksamkeit und Energie und sind wichtige Hoffnungsträger. Stirbt ein Kind, verlieren viele Eltern gleichsam ihren Mittelpunkt (vgl. 4.4).
Wie gut die Trauer bewältigt werden kann, hängt jedoch nicht nur von der Nähe zum verstorbenen Menschen ab, sondern auch von der *Qualität* der emotionalen Beziehung. Viele Trauerkomplikationen sind die Folge von seelischen Verstrickungen mit dem Verstorbenen, von Schuldgefühlen, ungelösten Konflikten, unbewältigten Gefühlen wie Zorn, Wut, Hass, Neid oder Missgunst. Wird einem Menschen durch den Tod die Möglichkeit einer Aussöhnung genommen, können sich die Trauerprozesse schwierig gestalten. In diesen Fällen kann ein klärendes Gespräch mit einem professionellen Helfer oder Trauerbegleiter hilfreich sein.
Eine besonders schwierige Trauersituation stellen Scheidungen dar. Nicht nur für die Kinder (vgl. 3.4) sind Scheidungen echte emotionale Bedrohungen, die existenzielle Verlustängste auslösen können. Gerade die emotionalen Gräben, die im Vorfeld der Trennungen aufbrechen, führen bei den Partnern selber zu schwierigen Trauerprozessen. Erschwerend kommt hinzu, dass Trauer im Zusammenhang mit Scheidungen in aller Regel gesellschaftlich nicht toleriert wird. Zwar gesteht man den Partnern Wut, Hass, Rache u. ä. zu, doch Trauer scheint im gesellschaftlichen Denken für so ein Ereignis nicht vorgesehen. Viele Geschiedene berichten von der großen Einsamkeit, dem Gefühl der Leere und Trauer, die sie nicht zeigen konnten – schon gar nicht, wenn sie selbst die Scheidung angestrebt hatten. Wenn man sich jedoch vor Augen hält, dass Trauer *die* Reaktion schlechthin auf Verlust ist, dann kann man vielleicht als Mitmensch mehr Verständnis auch für diese Facette der Trauer auf-

bringen. Vielleicht wird es dann möglich, Geschiedenen Anteilnahme, Begleitung und Beistand anzubieten- ohne zu (be)werten und zu(ver)urteilen!
Schwer ist auch jene Trauer zu bewältigen, die gleichsam im stillen Kämmerlein passieren muss, weil der Anlass der Trauer gesellschaftlich tabuisiert ist. Dazu gehören Fehlgeburten und Abtreibungen ebenso wie die Tatsache, keine Kinder bekommen zu können. Frauen mit so einem Schicksal erleben ihren Schmerz gleichzeitig als Schmach und Schande. Da sie in den meisten Fällen keine Möglichkeit haben, ihre Trauer in einer Gemeinschaft aufarbeiten zu können, bleiben sie zutiefst allein. Ihre Trauer muss sich andere Kanäle suchen als die allgemein üblichen. Und so treten hartnäckige Kopfschmerzen, unerklärliche Panikattacken, schwer lösbare Schlafstörungen . . . an Stelle relativ kurzfristig auftretender Trauersymptome. Speziell eingerichtete Beratungsstellen können jedoch gerade Frauen mit diesem Schicksal wirkungsvolle Hilfe anbieten. Allein die Tatsache, dass sie in ihrem Schmerz wahr- und angenommen werden, stellt den ersten Schritt in einer Kette von Hilfestellungen dar. Das Auftauchen aus der Einsamkeit der „nicht herzeigbaren" Trauer kann der Beginn für eine heilsame und dringend zu leistenden Trauerarbeit sein.
Trauer hat viele Gesichter und Trauer hat viele Anlässe. Nicht immer geht es um Tod im engeren Sinn. Wie bereits an anderer Stelle besprochen (vgl.; 4.4), können ganz unterschiedliche Anlässe Trauer auslösen. Immer ist es für den Betroffenen wichtig, dass er in seiner Trauer verstanden und ernst genommen wird. Die Konfrontation mit schweren Erkrankungen ist ebenfalls ein Anlass, bei dem massive Trauergefühle auftreten können. Aus der Arbeit mit Krebspatienten wissen wir, dass der Weg dieser Patienten von all den Gefühlen gesäumt wird, die wir aus Trauerbegleitungen kennen. Die Konfrontation mit einer so schwerwiegenden Diagnose ist ein Schock, auf den Menschen mit Verdrängen und Nicht-Wahrhaben reagieren solange, bis der erste schreckliche Schmerz etwas nachlässt, bis sie aus der Betäubung aufwachen können. Dann setzen Wut und Zorn, Hass und Verzweiflung ein . . . Sterbe- und Trauerprozess sind wie zwei Geschwister, die bei schwerkranken Patienten Hand in Hand neben einander gehen. Ein schwerkranker Mensch hat soviel, was es zu betrauern gibt. Schließlich steht er vor der Situation, alles zu verlieren, was er je in seinem Leben hatte und was ihm wichtig war. Sterbebegleitung ist demnach immer auch Trauerbegleitung und in jeder Trauerbegleitung steckt ein Stück Sterbebegleitung! Dies gilt nicht nur für

die Betroffenen selbst, sondern auch für deren Angehörigen und andere ihnen nahe stehende Menschen.
Ein intensives Erleben von Trauer wird auch von jenen Patienten berichtet, die von einer unheilbaren – wenngleich nicht unmittelbar zum Tode führenden Krankheit betroffen sind. Querschnittsgelähmte, Amputierte, Dialysepatienten, schwere Diabetespatienten oder unerwartet Erblindete kennen alle Gefühle tiefer Traurigkeit. Sie alle müssen sich mit einer radikal veränderten Wirklichkeit auseinandersetzen: mit der Wirklichkeit, dass sie einen Teil des „normalen" Lebens verloren haben, meist unwiderruflich, endgültig. Auch diese Menschen brauchen Begleiter, die diese ganz spezielle Trauersituation verstehen und aushalten können. Annahme des Verlustes bedeutet in diesen Situationen etwas anderes als bei einem Todesfall! Das Gefühlsrad der Trauer wird sich oft über viele, viele Jahre immer wieder drehen. Auch die Lösungsansätze für diese Art von Trauer werden anders sein. Hier geht es in der Trauerarbeit nicht nur um die Annahme des Verlustes. Es geht vielmehr darum, Wege zu finden, die eigene Einstellung zum Krankheitsprozess zu verändern. Und es geht darum, neue Quellen einer veränderten Lebensqualität zu suchen.

Abschließend mögen einige Aussagen Betroffener zeigen, was in der schweren Zeit der Trauer als hilfreich und tröstlich empfunden wurde.

„Nach dem Tod meines Mannes wollte ich auch nicht mehr leben. Die Kinder waren aus dem Haus und ich konnte die Stille nicht ertragen. Zum Glück kam Anja, meine Schwiegertochter, mit meinem *Enkelkind* sehr oft zu Besuch. Der Andreas hat seine Autos und Malsachen mitgebracht. Und das hat wieder Leben in die Wohnung gebracht. Ja, das hat mir wirklich geholfen, der Andreas . . ."
(Anna, 74 Jahre; ihr Mann ist nach langer Krankheit an Herzversagen gestorben)

„Wenn ich an die Zeit zurückdenke, in der Jürgen verunglückte, bekomme ich heute noch ganz schwache Beine. Es war alles so unwirklich. Ich weiß eigentlich gar nicht so recht, wie ich das überstanden habe. Was mir geholfen hat? Dass ich Jürgen noch einmal *sehen* konnte – trotz seiner Verletzungen. Was noch? Die Menschen, die da waren und mich gehalten haben. Ja, ich hatte Glück, so viele *Freunde* zu haben, die mir alle zusätzlichen Lasten abgenommen haben."
(Sandra, 43 Jahre; ihr Mann ist bei einem Autounfall tödlich verunglückt)

„Beim Tod meines Vaters war ich zwar schon über Vierzig, aber ich habe mich plötzlich wie ein kleines Kind gefühlt, das von Gott und der Welt verlassen ist. Geholfen hat mir der intensive *Kontakt mit meinen zwei Kindern*. Und die *Gespräche am Arbeitsplatz*, die waren zwar nicht immer sehr tiefschürfend, aber mir war dieser Kontakt wichtig."
(Bernhard, 42 Jahre; sein Vater ist nach kurzer, schwerer Krankheit gestorben)

„Mir hat nach dem Tod von Florian das *Gespräch mit Freunden* sehr geholfen. Mein Mann war ja selbst so betroffen – wir konnten uns nur in die Arme nehmen und gemeinsam weinen. Ich habe vor allem den Kontakt zu Menschen gesucht, die meinen Florian schon von Klein auf kannten. Da hatte ich das Gefühl, ich kann alle meine *Erinnerungen* auspacken und werde verstanden. In der ersten Zeit nach dem Unglück haben mir auch Gebete geholfen, ganz einfache *Gebete* – ich glaube es waren Kindergebete. Ich habe mich auch an alle Gebete erinnert, die Florian im Kindergarten gelernt hatte ... Sie waren irgendwie eine Brücke zu Florian."
(Silvia, 29 Jahre; ihr Sohn kam bei einem Unfall ums Leben)

„Immer wenn ich wieder zu einer Untersuchung musste oder zur Chemotherapie, habe ich mir ein gutes *Buch* zurecht gelegt und eine *Musikkassette*. Andrea, das ist eine gute Freundin von mir, hat mir diesen Rat gegeben. Das hat mir sehr geholfen, diesen traurigen Tag für mich ein bisschen positiver zu gestalten. Ich war bei jedem neuen Kliniktermin so furchtbar niedergeschlagen, es war keine Angst oder Panik – ich war nur einfach todtraurig. Andrea hat mir geholfen, *auf mich* zu *schauen*. Ich habe gelernt, gerade an diesen Tagen besonders liebevoll mit mir selbst umzugehen."
(Ingeborg, 52 Jahre, Krebspatientin)

„Ich habe meine Schwester in den letzten Wochen ihres Lebens gepflegt. Nach ihrem Tod musste ich mich erst einmal um meine Familie, das Haus und den Garten kümmern. Mir hat es geholfen, eingespannt zu sein, *Aufgaben* zu haben, den *Alltag* einfach leben zu müssen. Was war noch gut? Ja, die *Arbeit im Garten* habe ich sehr wohltuend erlebt. Ich konnte beim Unkrautzupfen meinen Gedanken nachhängen. Es war gut, dass mir da niemand zugesehen hat! Mein Gesicht war sicher oft ganz mit Erde verschmiert, wenn ich mir mit den erdigen Händen meine Tränen abwischte. Ja, das war gut, der *Kontakt zum Boden, zur Natur ...*"
(Christine, 50 Jahre; ihre Schwester ist an einer Krebserkrankung gestorben)

„Bis heute frage ich mich, ob dieser Unfall von Ralf nicht vielleicht ein Selbstmord war. Was mir geholfen hat? Ich bin mit meiner Frau zu dem *Ort* gefahren, an dem es passiert ist. Ich wollte den Baum *sehen*, gegen den er gefahren war. Ute war immer bei mir, sie ist überall mitgegangen ohne viel zu fragen. Dann wollte ich noch das Wirtshaus sehen, in dem Ralf vor seinem Unfall mit Freunden gefeiert hat. Ja, ich weiß nicht, ob mir das alles wirklich geholfen hat, aber leichter war's schon. Die *Arbeit und die Kollegen* waren in der Zeit auch gut. Keiner hat einen Bogen um mich gemacht, auch wenn schon über Selbstmord getuschelt wurde."
(Hermann, 31 Jahre; sein Bruder verunglückte mit seinem Motorrad tödlich)

„Mir hilft jeden Tag aufs Neue das *Gebet*. Ich beginne meinen Tag mit einem Morgengebet und stimme mich auf den Tag ein. Das macht mich ruhiger und gelassener – auch wenn es jeden Tag wieder schwer ist ... Ich bin schon sehr oft traurig, dass so vieles nicht mehr geht, Radfahren, Fußballspielen ... aber das ist halt so. Ja, zu Mittag ist es schön, wenn ich die 12-Uhr Glocken läuten höre! Meine Gebete sind nicht großartig und auch selten so die üblichen. Ich versuche meine eigenen Worte zu finden – klingt jetzt vielleicht komisch – ich versuche, mich mit Gott zu unterhalten. Und am Abend mache ich so eine kleine *Tagesrückschau* – dann kann ich besser schlafen. Mir hilft der *Glaube*, mit meiner Krankheit besser zu Recht zu kommen."
(Alexander, 27 Jahre; nach einem Autounfall mit einer Querschnittslähmung an den Rollstuhl gebunden)

Abb. 32: Hoffnung

„Am meisten habe ich darunter gelitten, dass alle im Dorf einen Bogen um mich gemacht haben. Zwar war es *Franz*, der mich nach über 20 Ehejahren mit einer jungen Frau verlassen hat – aber fast alle haben mich so komisch angeschaut. Was mir geholfen hat? Komisch, da fällt mir zuerst *meine Schwiegermutter* ein. Die hat mich in der ersten Zeit oft angerufen. Wir haben uns auch zum Kaffee getroffen. Gut war auch, dass sie nicht über Franz geschimpft hat. Sie hat sich für mich interessiert und wollte den Kontakt nicht verlieren. Und dann Barbara. Sie ist meine Chefin und hat viel *Verständnis* für mich aufgebracht, ich hab' oft Pausen einlegen dürfen und konnte auch mal zu spät kommen. Ich glaube, sie war die einzige, die verstanden hat, dass meine Trauer grenzenlos war. Die anderen hatten nur so flotte Sprüche wie „Denk' nicht länger an ihn, such' dir doch einen neuen!". Das hat weh getan."
(Annemarie, 41 Jahre, nach der Scheidung)

„Nach dem Tod von Roland war ich irgendwie dankbar, dass er von seinem Leiden erlöst war. Das war alles so schrecklich – zum Schluss, so qualvoll ... Ich wollte dann *Allein-Sein*, das hat mir gut getan, in Ruhe an die gemeinsame Zeit denken können ... auch *Bewegung, Laufen* ... das hat geholfen. Und die Sicherheit, dass meine *Freunde* da sind, wenn ich sie brauche."
(Kai, 36 Jahre; sein Lebenspartner ist an Aids gestorben)

„Wirklich geholfen hat mir eine Kollegin, die mir die *Adresse einer Ärztin* und Therapeutin gegeben hat. Nach dem Tod von Andreas habe ich gedacht, dass ich es allein schaffen muss. Die Kinder, den Beruf, die Wohnung, das Finanzielle ... halt alles. Ich hab' gar nicht gesehen, dass Peter kaum nach Hause kam. Sandra hat nur mehr ans Essen gedacht und ist immer dicker und dicker geworden. Es hat viel Überwindung gekostet, zur *Beratung* zu gehen, das muss ich schon sagen ... Aber diese Gespräche haben uns allen geholfen. Ja, das war eine echte Hilfe!"
(Brigitte, 37 Jahre; ihr Mann ist an einem Hirntumor gestorben)

„Wenn ich ehrlich bin, hat mir nur die *Zeit* geholfen. Mit der Zeit ist der Schmerz über Astrids Tod weniger stark gewesen. Ich habe irgendwann wieder an andere Dinge denken können. Wie lange das gedauert hat? Ich weiß nicht genau ... Monate ... manchmal denke ich Jahre. Jetzt sind es dann bald 4 Jahre her ... Ich habe gelernt, mit Astrids Augen durch die Straßen zu gehen. Das ist gut."
(Helmut, 63 Jahre; seine Frau ist an multipler Sklerose gestorben)
(Die Gespräche führte M. Specht-Tomann)

Zum Schluss haben wir ein Gedicht von Heinrich Heine ausgewählt:

Herz, mein Herz, sei nicht beklommen

Herz, mein Herz, sei nicht beklommen,
Und ertrage dein Geschick,
Neuer Frühling gibt zurück,
Was der Winter dir genommen.

Und wie viel ist dir geblieben,
Und wie schön ist noch die Welt!
Und, mein Herz, was dir gefällt,
Alles, alles darfst du lieben!
(HEINE, H.)

„. . . so möge uns beide *eine* Stunde dahinnehmen."

5 LITERATURVERZEICHNIS

ANDERSEN, H. Ch.: „Die Geschichte von einer Mutter" und „Die Schneekönigin", aus: Die schönsten Märchen von Andersen, Bd. 1. Magnus Vlg., Stuttgart o. J.

ANDERSEN, H. Ch.: „Das kleine Mädchen mit den Schwefelhölzchen", aus: Die schönsten Märchen von Andersen, Bd. 2. Magnus Vlg., Stuttgart o. J.

ANTHONY, S.: Das Märchen vom Löwenzahn. Vlg. Am Eschbach, Eschbach 1995

ARBEITSGRUPPE „Der frühe Tod von Kindern" (Hrsg.): Wenn das Leben mit dem Tod beginnt. Elwin Staude Vlg., Hannover 1994

ARIES, P.: Geschichte des Todes. dtv-Vlg., München 1999

BACQUE, M.-F.: Mut zur Trauer. Die Akzeptanz eines notwendigen Lebensgefühls. dtv.-Vlg., München 1996

BAßLER, M., SCHINS, M. T.: Warum gerade mein Bruder? Trauer um Geschwister. Rowohlt Vlg., Reinbek/Hamburg 1992

BEAUVOIR, S., de: Die Zeremonie des Abschieds. Rowohlt Vlg., Reinbek/Hamburg 1986

BEHRINGER, H. G.: Die Heilkraft der Feste. Der Jahreskreis als Lebenshilfe. Kösel Vlg., München 1997

BELOUBEK-HAMMER, A.: Ernst Barlach, Kindertod (Kindergrab), 1919, Holzschnitt. Zeichnerische und graphische Meisterwerke. E. A. Seemann-Verlag, Leipzig, 1997

BOOGERT, A.: Beim Sterben von Kindern. Erfahrungen, Gedanken und Texte zum Rätsel des frühen Todes. Vlg. Urachhaus, Stuttgart 1995

BROCHER, T.: Wenn Kinder trauern – Wie sprechen wir über den Tod? Kreuz Vlg., Stuttgart 1980

BRÜDER GRIMM: „Die Boten des Todes" und „Eisenhans", aus: Kinder- und Hausmärchen. Gondrom Verlag, Bayreuth 1978

BRUMANN, U., KNOPFF, H. J., STASCHEIT, W.: Projetk Tod. Materialien und Projektideen. Verlag an der Ruhr, Mülheim/R.1998

BRUNNHUBER, U.: Die Zeit des Weißdorns. Den Rhythmus der Trauer durchschreiten. Herder Vlg., Freiburg/Breisgau 1992

BURKHARD, G.: Das Leben in die Hand nehmen – Arbeit an der eigenen Biographie. Vlg. Freies Geistesleben, Stuttgart 1992

BURNINGHAM, J., KORSCHUNOW, I.: Mein Opa und ich. Parabel Vlg., Zürich 1984

CANACAKIS, J.: Ich begleite dich durch deine Trauer. Kreuz Vlg., Zürich 1990
CANACAKIS, J.: Ich sehe deine Tränen. Kreuz Vlg., Stuttgart 1987
CANACAKIS, J., BASSFEKD-SCHEPERS, A.: Auf der Suche nach den Regenbogentränen. Bertelsmann Vlg, München 1994
CANACAKIS, J., SCHNEIDER, K.: Krebs. Die Angst hat nicht das letzte Wort. Kreuz Vlg., Stuttgart1993
DÖBLER, H.: Kultur und Sittengeschichte der Welt. Berteslmann Kunstverlag, Gütersloh 1972
DONNELLY, E.: Servus Opa, sagte ich leise. Oetinger Vlg., Hamburg 1985
DREWERMANN, E.: „Ich steige hinab in die Barke der Sonne" – Meditationen zu Tod und Auferstehung. dtv.Vlg., München 1990
DREWERMANN, E.: Lieb Schwesterlein, laß mich herein. Grimms Märchen tiefenpsychologisch gedeutet. dtv-Vlg., München 1992
ECO, U. u. a.: Das Ende der Zeiten. DuMont Vlg., Köln 1999
EGNER, H. (Hrsg.): Lebensübergänge oder der Aufenthalt im Werden. Walter Vlg., Düsseldorf 1995
ENNULAT, G.: Kinder in ihrer Trauer begleiten. Herder Vlg., Freiburg/Breisgau 1998
ENZENSBERGER, H. M.: Allerleirauh, „Alter Kindervers". Suhrcamp Vlg., Frankfurt/M. 1961
ERIKSON, E.: Identität und Lebenszyklus. Suhrcamp Vlg., Frankfurt/M. 1979
FINGER, G.: Mit Kindern trauern. Kreuz Vlg., Stuttgart 1998
FRANKL, V.: . . . trotzdem Ja zum Leben. dtv-Vlg., München 1982
FRANKL, V.: Der Mensch vor der Frage nach dem Sinn. Piper Vlg., München 1997
FREUD, S.: Gesammelte Werke, Studienausgabe. Fischer Vlg., Frankfurt/M. 1971
FRITSCH, J.: . . . Unendlich ist der Schmerz. Eltern trauern um ihr Kind. Kösel Vlg., München 1995
FURTH, G. M.: Heilen durch Malen – Die geheimnisvolle Welt der Bilder. Walter Vlg., Olten 1991
GALATOPOULOS, S.: Maria Callas. Die Biographie. Fischer Vlg., Frankfurt/M. 1999
GECK, M.: Ludwig van Beethoven. Rowohlt Vlg., Reinbek/Hamburg 1996
GEIGER, R.: Märchenkunde. Vlg. Urachhaus, Stuttgart 1982
GIUDICE, L.: Ohne meinen Mann. Aufzeichnungen einer Witwe. Kreuz Vlg., Stuttgart 1992
GOETHE, J. W.: „Ach neige . . .", aus: Hundert Gedichte, Parkland Verlag, 1987
GUARDINI, R.: Die Lebensalter. Matthias Grünewald-Vlg., Mainz 1986

HÄBERLE, H., NIETHAMMER, D. (Hrsg.): Leben will ich jeden Tag. Leben mit krebskranken Kindern und Jugendlichen – Erfahrungen und Hilfen. Herder Vlg., Freiburg/Breisgau 1995
HARDER, G. M.: Sterben und Tod eines Geschwisters. Vlg. pro juventute, Zürich 1992
HÄRTLING, P.: Alter John. Beltz Vlg, Weinheim 1988
HÄRTLING, P.: Herzwand. Mein Roman. dtv-Vlg., München 1995
HÄSING, H., MUES, I. (Hrsg.): Du gehst fort und ich bleib da. Gedichte und Geschichten von Abschied und Trennung. Fischer Vlg., Frankfurt/1989
HEIMERAN, M.: Von der Religion des kleinen Kindes. Vlg. Urachhaus, Stuttgart 1970
HEINE, H.: „Herz, mein Herz ...", aus: ERLER, G., KAUFMANN, H.: Heine. Ein Lesebuch für unsere Zeit. Aufbau Vlg., Berlin/Weimar 1989
HERMANN, I.: Du wirst immer bei mir sein. Patmos Vlg., Düsseldorf 1999
HESSE, H.: Die Gedichte. Suhrkamp Vlg., Frankfurt/M. 1970
HILDESHEIMER, W.: Mozart. Suhrcamp Vlg., Frankfurt/M. 1993
HUCH, F.: Beethoven. Leben und Werk des großen Komponisten. Lübbe Vlg., Bergisch-Gladbach 1990
IMHOF, A. E.: Ars moriendi. Die Kunst des Sterbens einst und heute. Böhlau Vlg., Wien 1991
INTERNATIONALE Gesellschaft für Sterbebegleitung und Lebensbeistand: Trost in der Trauer, Trösten im Leid. Im Rheinblick 16, D 55411 Bingen/Rhein
JUNG, C. G.: Erinnerungen, Träume und Gedanken. Sonderausgabe. Walter Vlg., Olten 1986
KAISER-STEARNS, A.: Und plötzlich ist alles anders. Verluste verstehen und meistern. Kösel Vlg., München 1991
KAST, V.: Zäsuren und Krisen im Lebenlauf. Wiener Vorlesungen. Picus Vlg., Wien 1997
KAST, V.: Imagination als Raum der Freiheit. Dialog zwichen Ich und Unbewußtem. dtv-Vgl., München 1997
KAST, V.: Sich einlassen und loslassen. Herder Vlg., Freiburg/Breisgau 1994
KAST, V.: Wenn Geburt und Tod zusammenfallen: Trauer aus der Sicht der Therapeutin. In: LUTZ, G., KÜNZER-RIEBEL, B.(Hrsg.): Nur ein Hauch von Leben. Fischer Vlg., Frankfurt/M. 1991
KAST, V.: Trauern. Phasen und Chancen des psychische Prozesses. Kreuz Vlg., Stuttgart 1988
KEARNEY, M.: Schritte in ein ungewisses Land. Seelischer Schmerz, Tod und Heilung – Geschichten und Erfahrungen. Herder Vlg., Freiburg/Breisgau 1997

KELLER, L.: Ammenmärchen europäischer Völker. Englisches Volksmärchen „Tittymaus und Tattymaus". J. Ch. Mellinger Vlg., Stuttgart 1986
KESTING, J.: Maria Callas. Econ Vlg., München 1998
KITZINGER, S., KITZINGER, C.: Mit Kindern sprechen über Gott und die Welt. Kösel Vlg., München 1991
KLEMM, M., HEBERLE, G., HÄCKER, W. (Hrsg.): Tränen im Regenbogen. Phantastisches und Wirkliches aufgeschrieben von Mädchen und Jungen der Kinderklinik Tübingen. Attempo Vlg., Tübingen 1990
KOLLWITZ, K.: Tagebucheintragung, aus: Katalog einer Ausstellung der Akademie der Künste der DDR und des BM für Wissenschaft und Forschung der Republik Österreich, Wiener Künstlerhaus, Wien 1984
KÖRNER-ARMBRUSTER, A.: Totgeburt – weiblich. Ein Abschied ohne Begrüßung. Goldmann Vlg., München 1996
KROEN, W. C.: Da sein, wenn Kinder trauern. Herder Vlg., Freiburg/Breisgau1998
KÜBLER-ROSS, E.: Leben bis wir Abschied nehmen. Gütersloher Verlagshaus Mohn, Mainz 1991
KÜBLER-ROSS, E.: Die unsichtbaren Freunde. Oesch Vlg., Glattbrugg-Zürich 1985
KÜBLER-ROSS, E.: Über den Tod und das Leben danach. Vlg. Die Silberschnur, Melsbach 1984
KUMMER, I.: Wendezeiten im Leben der Frau. Krisen als Chance zur Wandlung. dtv Vlg., München 1994
LAMP, I.: So alt ihr auch werdet. Biblische Perspektiven fürs Älterwerden. Verlag Butzon & Bercker, Kevelaer 1994
LAMP, I., MEURER, Th.: Abschied – Trauer – Neubeginn. Erfahrungen mit Tod und Trauer. Vlg. Butzon & Bercker, Kevelaer 1997
LEE, C.: Trauer kennt viele Wege. Für einen individuellen Umgang mit Schmerz und Verlust. Knaur Vlg, München 1996
LINDGREN, A.: Die Brüder Löwenherz. Oetinger Vlg., Hamburg 1973
LOTHROP, H.: Gute Hoffnung – Jähes Ende. Kösel Vlg., München 1991
MAI, M.: Vom Traurigsein. Loewe Vlg., Bindlach 1996
MEBS, G.: Birgit – eine Geschichte vom Sterben. dtv.Vlg, München 1986
MICHEL, G.: Ich trage dich wie eine Wunde. Nach dem plötzlichen Säuglingstod . . . Herder Vlg., Freiburg 1996
MOSER, E.: Ein Käfer wie ich. Beltz Verlag, Weinheim/Basel 1984
MÜLLER, M., SCHNEGG, M.: Unwiederbringlich – Vom Sinn der Trauer. Herder Vlg., Freiburg/Breisgau 1997
MÜLLER, W.: Meine Seele weint. Die therapeutische Wirkung der Psalmen für die Trauerarbeit. Vier Türme Vlg., Münsterschwarzach 1993
NIJS, M.: Trauern hat seine Zeit. Abschiedsrituale beim frühen Tod eines Kindes. Hogrefe Vlg., Göttingen 1999

ONKEN, J.: Feuerzeichen. Ein Bericht über die Wechseljahre. Beck'sche Vlg.- Reihe, München 1988
OYLER, Ch.: Mami, muss ich sterben? Bericht einer Mutter. Piper Vlg., München 1994
PALMEN, C.: I. M. Ischa Meijer – In margine, In memoriam. Diognès Vlg., Zürich 1999
PELZ, M.: „Nicht mich will ich retten." Die Lebensgeschichte des Janusz Korczak, Beltz Vlg, Weinheim 1997
PERA, H.: Sterbende verstehen. Herder Vlg., Freiburg/Breisgau 1995
PHILIPE, A.: Nur einen Seufzer lang. Meditationen der Trauer über den Tod ihres Mannes, Gérard Philipe. Rowohlt Vlg., Reinbek/Hamburg 1969
PINCUS, L.: Das hohe Alter – Lebendig bleiben bis zuletzt. Piper Vlg., München 1992
PINCUS, L.: „. . . bis daß der Tod euch scheidet." Zur Psychologie des Trauerns. Stuttgart 1977
PLUHAR, E.: Marisa. Rückblenden auf eine Freundschaft. dtv-Vlg., München 1998
RETHEL, A.: Der Tod als Freund. Amsler & Ruthardt, Berlin W8. Holzschnitt. Blatt in Privatbesitz
RILKE, R. M.: Werke in drei Bänden. Insel Verlag, Frankfurt/M. 1966
RÜCKERT, F.: „Kindertotenlieder", aus: BRAUN, F.: Der tausendjährige Rosenstrauch, Paul Zsolnay Vlg., Wien/Hamburg 1973
SACHS, N.: Çhor der Tröster", in: Fahrt ins Staublose. Suhrkamp Vlg., Frankfurt/M. 1961
SATIR, V.: Selbstwert und Kommunikation. Pfeiffer Vlg., München 1989
SCHIBILSKY, M.: Trauerwege. Beratung für helfende Berufe. Patmos Vlg.,Düsseldorf 1996
SCHIELE, E., LEOPOLD R.: Trauernde Frau, 1912, Öl auf Holz. Die Sammlung Leopold, Wien. Ausstellungskatalog der Neuen Galerie am Landesmuseum Joanneum, Graz 1997
SCHIFF, H. S.: Verwaiste Eltern. Kreuz Vlg., Stuttgart 1990
SÖLLE, D.: „Trauerarbeit", aus: fliegen lernen. gedichte. Fietkau Vlg., Berlin 1980
SONNECK, G. (Hrsg.): Krisenintervention und Suicidverhütung. Universitätsverlag Facultas, Wien 1995
SPECHT, R.: Wie ein Film in meinem Kopf. Deutsch-Schularbeit, Graz 2000
SPECHT-TOMANN, M., TROPPER, D.: Hilfreiche Gespräche und heilsame Berührungen im Pflegealltag, Springer 2000
SPECHT-TOMANN, M., TROPPER, D.: Wir nehmen jetzt Abschied. Kinder und Jugendliche begegnen Sterben und Tod. Patmos Vlg., Düsseldorf 2000

SPECHT-TOMANN, M., TROPPER, D.: Zeit des Abschieds. Sterbe- und Trauerbegleitung. Patmos Vlg., Düsseldorf 1998
SPILLING-NÖKER, C.: Der Himmel ist in dir. Glück- und Segenswünsche. Vlg. Am Eschbach, Eschbach/Markgräflerland 1997
SPÖLGEN, J., EICHINGER, B.: Wenn Kinder dem Tod begegnen. Fragen – Antworten aus der Erfahrung des Glaubens. Erich Wewel Vlg., München 1996
STOLL, H. W.: „Orpheus und Eurydike", „Hektors Tod", „Niobe", „Antigone", „Sisyphos" und „Philemon und Baukis", aus: Sagen des klassischen Altertums. Magnus Vlg., Stuttgart o. J.
STUDENT, J.Ch.: Im Himmel welken keine Blumen. Herder Vlg., Freiburg/Breisgau 1998
TAUSCH, D.: Die Vorstellung des möglichen Sterbens einer nahestehenden Person. Lang Vlg., Frankfurt 1987
TAUSCH, R.: Lebensschritte. Umgang mit belastenden Gefühlen. Rowohlt Vlg., Reinbek/Hamburg 1993
TAUSCH, R., TAUSCH,A.: Wege zu uns und anderen. Rowohlt Vlg., Reinbek/Hamburg 1988
TAUSCH-FLAMMER, D., BICKEL, L. (Hrsg.): Spiritualität der Sterbebegleitung. Herder Vlg., Freiburg/Breisgau 1997
TAUSCH-FLAMMER, D., BICKEL, L.: Wenn Kinder nach dem Sterben fragen. Herder Vlg., Freiburg/Breisgau 1994
TRAKL, G.: „Der Herbst des Einsamen", aus: BRAUN, F.: Der tausendjährige Rosenstrauch, Paul Zsolnay Vlg., Wien /Hamburg 1973
TROPPER, E.: Unveröffentlichte Gedichte, Graz 1998, 1999
TROPPER, S.: Einsamkeit und Trauer. Deutsch-Schularbeit, Graz 2000
UFFMANN, A.: Trauern und leben. Begleitung durch die Landschaft der Trauer. Kreuz Vlg., Stuttgart 1998
ULBRICH, Karin: Wie könnte der Text weitergehen? Deutsch-Schularbeit, Graz 1999
WANDER, M.: Leben wär' eine prima Alternative. Sammlung Luchterhand, Darmstadt/Neuwied 1981
WEISS, P.: Abschied von den Eltern. Fischer Vlg., Frankfurt/M. 1992
WELSH, R.: Eine Hand zum Anfassen – ein Briefroman. Vlg. Jungbrunnen Wien/München 1985
WILLEBEEK LE MAIR, H.: Wieviele Monat hat ein Jahr? – Ein Jahrbuch mit Bildern. Parabel Vlg., Feldafing 1982
WIMMER, M.: Wer Tränen abwischt, macht sich die Hände naß. Eine Erzählung. Rowohlt Vlg., Reinbek/Hamburg1990
WOLTERSTORFF, N.: Klage um einen Sohn. Vlg. Vandenhoeck & Ruprecht, Göttingen 1988
WYNANDS-SCHÜLLER, M.: Wo ist mein Opa jetzt? Mit Kindern über Sterben und Tod reden. Bausteine Kindergarten und Grundschule. Vlg. Bergmoser & Höller, Aachen 1996

ABBILDUNGSVERZEICHNIS

BILDNACHWEIS

Fotos: Doris Tropper und Monika Specht-Tomann
Digitale Bildbearbeitung: bild+grafik, Hans-Georg Tropper, Graz
Abb. 4, 6, 7, 11, 12, 14, 17, 21 Elisabeth Tropper
9 a und 9 b: Volksschule der Ursulinen, Graz
9 c und 9 d: Hanna Specht
Abb. 15 Konvent der Ursulinen, Graz
Abb. 22 a – c Familie Ursula und Florian Tropper-Salvisberg, Schweiz
Abb. 24 a – d Familie Wilhelm, Graz
Abb. 27 Schiele: Trauernde Frau (Öl auf Holz, 1912), Inv. Nr. 461, mit freundlicher Genehmigung des Leopold-Museums – Privatstiftung, Wien
Abb. 28 Barlach: Kindertod (Holzschnitt, 1919) aus E.A. Seemann-Verlag: Ernst Barlach – Zeichnerische und graphische Meisterwerke von Anita Beloubek-Hammer, S. 79, mit freundlicher Genehmigung der Dornier Medienholding